Quarda Saillo wurde 1974 im Haus ihrer Berber-
großmutter am Rande der marokkanischen Sahara
geboren. Sie durchlitt eine schicksalhafte Kindheit.
Nach der École Secondaire arbeitete sie als Kellnerin
und Verkäuferin. Mit neunzehn Jahren befreite sie
sich aus den Fesseln der Gesellschaft und ging nach
Deutschland. Heute lebt sie mit ihrer Familie in
München und arbeitet dort als Erzieherin.

Weitere Titel der Autorin:

61580 Tränenmond

Ouarda Saillo

Die Spur
der Tränen

Mein Leben
in der Fremde

BASTEI
LÜBBE

BASTEI LÜBBE TASCHENBUCH
Band 61658

1. Auflage: Dezember 2009

Vollständige Taschenbuchausgabe
der in Ehrenwirth erschienenen Hardcoverausgabe

Bastei Lübbe Taschenbücher und Ehrenwirth
in der Verlagsgruppe Lübbe

Copyright © 2008 by Verlagsgruppe Lübbe GmbH & Co. KG,
Bergisch Gladbach
Textredaktion: Inge Leo, Wertingen
Stammbaum, Landkarte: Reinhard Borner, Wipperfürth
Die Fotos im Tafelteil stammen, wenn nicht anders vermerkt,
von Bethel Fath, München (© Bethel Fath, Fotodesign, München)
Titelbild: © Bethel Fath, München
Umschlaggestaltung: Gisela Kullowatz
Autorenfoto: © Markus Telleskino
Satz: Dörlemann Satz, Lemförde
Gesetzt aus der Adobe Caslon
Druck und Verarbeitung: CPI – Ebner & Spiegel GmbH, Ulm
Printed in Germany
ISBN 978-3-404-61658-9

Sie finden uns im Internet unter
www.luebbe.de
Bitte beachten Sie bitte auch: www.lesejury.de

Die von der Autorin ins Leben gerufene Hilfsorganisation für die *petites bonnes*,
die kleinen Sklavinnen, finden Sie unter: www.traenenmond.de

Der Preis dieses Bandes versteht sich einschließlich
der gesetzlichen Mehrwertsteuer.

O Allah, ich suche Zuflucht bei Dir davor, dass ich irregehe oder irregeführt werde, dass ich Fehler begehe oder von anderen dazu gedrängt werde, dass ich anderen Unrecht zufüge oder mir von anderen Unrecht zugefügt wird und dass ich mich gegen andere töricht benehme oder andere sich mir gegenüber töricht benehmen. Mit dem Namen Allahs, auf Allah verlasse ich mich. Es gibt keine Macht noch Kraft außer bei Allah.
Islamisches Gebet vor dem Verlassen des Hauses*

* Ein Glossar mit den wichtigsten arabischen Begriffen befindet sich am Ende dieses Buches.

INHALT

Als ich vor vier Jahren Kraft genug hatte, um meine Lebensgeschichte aufzuschreiben, ahnte ich nicht, welche Folgen das haben würde. Ich hatte beschrieben, wie mein Vater am 19. September 1979 meine Mutter auf dem Dach unseres Hauses tötete. Ich war damals fünf Jahre alt.

In den Jahren danach lebten meine Geschwister und ich im Haushalt von Verwandten und erlebten schreckliche Demütigungen, Gewalt, sexuelle Übergriffe und Hunger. Unsere Nachbarn und Freunde waren ebenso wenig wie die Behörden gewillt, dagegen einzuschreiten. In jener Zeit galten Frauen und Kinder in meinem Heimatland nicht viel.

Erst als ich neunzehn Jahre alt war, gelang mir die Flucht aus Elend und Unterdrückung, weil mich ein Mann aus Deutschland heiratete und nach Europa mitnahm.

Das Buch, das aus meinem Bericht entstand, trägt den Namen *Tränenmond*. Die Arbeit daran half mir, meine Trauer und Wut über das, was damals geschehen war, zu verarbeiten. Beseitigen konnte sie die Narben an meiner Seele nicht. Auch wenn man den

Schmerz versteht, der den Schlaf vertreibt und das Herz zerreißt, ist er dadurch nicht besiegt.

Tränenmond wurde ein Bestseller in Deutschland, in Holland und vielen anderen europäischen Ländern. Das hatte ich nicht erwartet und war deshalb überrascht, wie viele Zeitungen, Zeitschriften und Fernsehsender über mich und mein Schicksal berichten wollten.

Zusammen mit meinem Mann Michael Kneissler, der als Journalist und Autor viel Erfahrung mit den Medien hat, beschloss ich, den Erfolg mcines Buches *Tränenmond* und das Interesse der Öffentlichkeit zu nutzen, nicht nur über mich zu sprechen, sondern darüber, dass es auch heute noch sehr viele Kinder und junge Frauen gibt, die am Rand der marokkanischen Gesellschaft leben.

Ich habe beschlossen, mich für diese Menschen einzusetzen. Ich kann ihre Lebenssituation gut verstehen, schließlich bin ich in ähnlichen Verhältnissen aufgewachsen. Ich war die Sklavin meiner eigenen Verwandten, und ich wurde von meinen Cousins sexuell belästigt.

Auf das Schicksal dieser Frauen und deren Kinder und auf die Organisation Oum el Banine (Mutter der Kinder), die diesen Mädchen Zuflucht gewährt, werde ich in diesem Buch ausführlich eingehen.

Der Erfolg meines Buches *Tränenmond* hat es mir möglich gemacht, auf diese Missstände in meinem Mutterland hinzuweisen und Oum el Banine zu unterstützen. Dafür habe ich den Verein namens Tränenmond e.V. gegründet, der vom deutschen Finanzamt als mildtätig anerkannt ist und Oum el Banine bei ihrer wichtigen Arbeit hilft. Außerdem unterstützen wir das Kinderschutzzentrum in Agadir (ein Heim für Straßenkinder) sowie Schule und Kindergarten in Igraar, dem Lehmhüttendorf am Rande der Sahara, in dessen unmittelbarem Nachbarort ich das Licht der Welt erblickt habe. Wenn Sie mehr über diese Projekte wissen oder uns sogar helfen wollen, können Sie unsere Homepage *www.traenenmond.de* anschauen.

Die Entscheidung, nicht mehr über mein Schicksal zu schweigen, und der Erfolg von *Tränenmond* hatten aber auch negative Folgen. Im Islam ist es nicht gestattet, Schlechtes über die eigene Familie zu berichten. Das aber konnte ich nicht vermeiden, wenn ich ehrlich sein wollte: Schließlich passierte in meiner Familie ein Mord, ich wurde misshandelt und gequält an Leib und Seele und musste schon als Sechsjährige zusammen mit meinen Geschwistern um mein Leben und um meine Würde kämpfen.

Trotzdem gab es in Marokko viele Anfeindungen. Ich bin stolz darauf, dass meine Schwestern zu mir stehen. Besonders meine mutige und kluge »kleine« Schwester Asia, die in Agadir eine Schule betreibt, ist zu meiner wichtigsten Verbündeten geworden. Obwohl sie verheiratet, berufstätig und Mutter eines wunderbaren Sohnes namens Suleiman ist, kümmert sie sich mit großer Energie um alle Belange von Tränenmond e.V. in Marokko. Nur mit ihrer Hilfe konnten wir so viel Leid lindern und sogar Menschenleben retten.

In Deutschland musste ich mich zunächst an die Reaktionen von Rassisten und Neonazis gewöhnen, die es nie wagten, mir auf meinen Lesungen direkt entgegenzutreten, dafür aber im Internet umso ekelhafter agierten. Speziell nach Lesungen im Osten Deutschlands fanden sich dann in Chatrooms und Foren Beiträge wie zum Beispiel dieser: »Schade, dass das Benzin so teuer ist, so viel ist es mir dann doch nicht wert, die schwarze Schlampe abzufackeln.«

So etwas zu lesen ist unangenehm, aber es berührt mich nicht wirklich. Für diese Menschen empfinde ich nichts als Verachtung. Tiefer getroffen haben mich die Anfeindungen von Muslimen in Deutschland, die mich telefonisch terrorisierten und bedrohten. Mich schmerzte, wie wenig Offenheit und Toleranz diese Personen haben. Sie empfanden mein Buch als Angriff auf die marokkanische Monarchie und den Islam im Allgemeinen. Wahrscheinlich haben sie es nie gelesen.

Viel häufiger als Drohungen und Verfluchungen waren aber die positiven Briefe und Mails aus ganz Europa. Vor allem die Briefe aus Marokko berührten mich sehr. Viele der Absenderinnen hatten Ähnliches erlebt wie ich und verstanden genau, warum ich über die Verhältnisse in meinem Land nicht mehr schweigen wollte.

Diese Reaktionen machen mich stolz auf mein Mutterland, das sich mit rasender Geschwindigkeit verändert. Es wird immer freier, gerechter und moderner. Der junge König Mohammed VI. hat die Rechte der Frauen gestärkt wie in kaum einem anderen islamischen Land, und jedes Mal wenn ich nach Hause komme, bin ich erstaunt, wie selbstbewusst und stark meine marokkanischen Schwestern unterdessen auftreten.

In diesem Buch will ich beschreiben, wie mein persönlicher Weg verknüpft ist mit dem Weg, den mein Land geht. Ich musste mich aus Abhängigkeiten und Ängsten befreien und meinen Platz in der modernen westlichen Welt erkämpfen, ebenso wie Marokko sich von den Fesseln der Vergangenheit befreien muss, um sich der Zukunft stellen zu können.

Für mich war es kein leichter Weg. Ich konnte ihn gehen, weil mein Sohn Samuel mir die Kraft gab, niemals aufzugeben, und weil mein Mann Michael zu mir stand. Ich habe meine Ausbildung zur Kinderpflegerin beendet und erfolgreich in meinem Beruf gearbeitet.

Jetzt habe ich die Energie, einen weiteren Schritt zu machen und zu beschreiben, wie es mir in Deutschland erging, warum ich im Frauenhaus Schutz suchen musste und wie ich den Weg zurückfand in jenes faszinierende und einzigartige Land zwischen Wüste, Bergen und Meer, in dem ich geboren wurde und dem mein Herz gehört.

Es ist eine schmerzhafte, grausame und harte Geschichte, die ich hier erzählen muss. Es ist meine Lebensgeschichte. Sie hat mich an meine Grenzen gebracht, aber ich bin mit ihr gewachsen. Es gibt deshalb keinen Grund zu klagen. Ganz im Gegenteil: Es gibt hundert Gründe, dankbar zu sein.

Al hamdu li-ilahi, »Lobpreis sei Allah«.

TEIL 1:

*M*ÜNCHEN–AGADIR

(17.–24. DEZEMBER 2001)

Mein Vater starb am 17. Dezember 2001, zweiundzwanzig Jahre nachdem er meine Mutter auf dem Dach unseres Hauses in Agadir ermordet hatte. Er hatte sie erstochen, er hatte sie mit Sand erstickt, und er hatte sie verbrannt. Wie mein Vater den Tod fand, scheint niemand zu wissen. Wir wissen nur, dass er in Taroudant starb, einem malerischen Ort am Fuß des Antiatlas, und nicht in Essaouira am Atlantik, wo er seine Gefängnisstrafe verbüßte.

Ich war weit von ihm entfernt, als es passierte, unendlich weit. Bis nach Europa war ich geflohen vor dem, was mein Vater uns angetan hatte. Meinen Körper hatte ich in Sicherheit gebracht. Aber mein Herz war noch immer verwundet.

Seit neun Jahren lebte ich in München. Ich hatte geheiratet, ich war geschieden, ich hatte ein Kind bekommen. Jetzt war ich fast achtundzwanzig Jahre alt und besuchte wieder die Schule, um Kindergärtnerin zu werden. Es sah aus, als hätte ich die Schatten der Vergangenheit hinter mir gelassen.

Doch dann klingelte das Telefon: meine kleine Schwester Asia aus Marokko.

Ich hörte ihre vertraute Stimme.

»Ouarda? Ouarda, setz dich hin.« Meine Beine zitterten. »Möge Allah uns gnädig sein«, sagte Asia.

Ich fühlte meine Beine nicht mehr. Ich fühlte gar nichts mehr. Nur Schmerz. Einen Schmerz, der in meinem Innern wühlte, einen Schmerz, der das Herz aus meiner Brust reißen wollte. Einen Schmerz, der unerträglich war.

Ich wusste, was Asia sagen würde. Und als sie es sagte, lag ich auf der Straße, und mein Körper zitterte und wollte nicht mehr damit aufhören.

»Ouarda, unser Vater …« Ihre Stimme wurde leiser. »Unser Vater. Er ist tot.«

Fremde Menschen schoben mich in ein Taxi. Es fuhr mich nach Hause, zu meinem Mann, zu meinem Sohn. Ich liebte sie, aber jetzt konnte ich die Liebe nicht spüren. Wie kann man überhaupt etwas spüren, wenn man sich selbst nicht mehr spürt?

Ich wusste, dass dieser Moment mein Leben verändern würde wie jener damals, als die verbrannte Leiche meiner Mutter an mir vorbeigetragen wurde und ich die Hand meiner kleinen Schwester so fest umklammerte, dass meine Knöchel schmerzten. Nun war ich wieder mit dem Tod konfrontiert. Er hatte mich bis nach Europa verfolgt.

Jetzt zog er mir den Boden unter den Füßen weg, stahl mir die Sicherheit der Entfernung und des Erwachsenseins und machte mich wieder zu dem Kind, das ich war, als er mir die Mutter genommen hatte.

In meinem Kopf breitete sich das Summen aus, das ihn auch damals erfüllte, als ich mit Tränen in den

Augen durch Agadir stolperte, jene Stadt am Meer, in der ich aufgewachsen bin.

Doch nun blieben meine Augen trocken, und das Summen verwandelte sich in eine fordernde, dröhnende Stimme, die meinen Schädel zu spalten drohte: »Geh nach Hause! Geh nach Hause! Geh nach Hause!«

Ich hatte keine Chance. Ich musste Deutschland verlassen. Ich musste mein Kind und meinen Mann zurücklassen, ich musste dorthin gehen, wo der Tod war. Ich musste nach Hause. Ich musste Schmerz und Trauer erleiden, wo sie am stärksten waren. Ich musste mich von meinem alten Leben verabschieden. Erst dann konnte ich ein neues beginnen.

Ohne nachzudenken, machte ich mich auf den Weg.

Die Reise zurück war beschwerlich. Es gab keine Direktflüge nach Agadir. Ich musste in Frankfurt, Paris und in Casablanca umsteigen. Mit jeder Station kam ich meiner eigenen, schrecklichen Vergangenheit näher.

Die Welt veränderte sich. Oder war ich anders geworden? Die Menschen nahmen mich scheinbar nicht mehr wahr. In den Gängen der Flughäfen wichen sie mir nicht aus, an den Gates wurde ich ignoriert, als sei ich unsichtbar. Ich war kaum in der Lage, auf mich aufmerksam zu machen. Dazu fehlte mir die Kraft.

In Paris ging ich auf die Flughafentoilette und betrachtete mich im Spiegel. Ein fremdes Gesicht schaute mich an. So bleich, so durchsichtig, so unendlich traurig. Ich musste weinen, als ich mich sah.

Später, in der Warteschlange am Gate, schaute ich zu Boden. Ich hatte mich verkrochen in meiner verwundeten Seele. Die Schatten der Vergangenheit hüllten mich ein.

In der Erinnerung sah ich meinen Vater vor mir, bei unserer letzten Begegnung in der Gefängniskantine von Essaouira, seinen ausgemergelten Körper, seinen kraftlosen Blick, den Mund ohne Zähne. Ich fühlte seine verzweifelte Umarmung, die mich nicht tröstete, ich roch seinen schlechten Atem, der mich nicht abstieß. Ich zitterte. Ich war traurig, und ich war wütend, weil er gegangen war, ohne mit mir zu reden über das, was geschehen war.

Vater war zu früh gestorben. So wie er mir vor über zwanzig Jahren die Mutter genommen hatte, so hatte er mir jetzt die Möglichkeit genommen, mich zu verabschieden. Ich wollte ihm verzeihen, bevor er starb. Ich wollte ihn lieben. Ich wollte ihn hassen. Ich wollte, dass er mich kennenlernt, dass er mich versteht. Ich wollte ihm meine Trauer zeigen, meine Wut, meine Einsamkeit. Ich hatte nur diesen Vater. Und wieder ließ er mich im Stich.

Plötzlich spürte ich einen fremden Blick in meinem Rücken. Ich drehte mich um – und zuckte zusammen. Die Augen meines Vaters blickten mich an. Sie gehörten einem alten Mann, den ich nicht kannte. Ich starrte zurück, ohne etwas zu sehen. Wieder musste ich weinen. Als ich die Tränen weggewischt hatte, war der Mann verschwunden. Das Entsetzen in meinem Gesicht hatte ihn in die Flucht getrieben.

Auf dem Weg von Paris nach Casablanca, als das Flugzeug Europa verließ, das Mittelmeer überquerte und Afrika am Horizont auftauchte, war ich mir plötzlich sicher, dass Vater nicht einfach so aus dem

Leben gegangen war. Er musste uns etwas hinterlassen haben! Eine Botschaft? Einen Brief? Vielleicht einen letzten Satz, der mir Ruhe geben würde?

In Casablanca rief ich Asia an. »Hat Vater etwas gesagt, bevor er starb? Gibt es eine Nachricht für uns?«

»Nein«, sagte Asia, und meine Hoffnung starb, »es gibt keine Nachricht. Vater hat gar nichts hinterlassen außer den Briefen unserer Schwester Rabiaa, die sie ihm geschickt hat. Das Gefängnis hat mir ein ganzes Paket davon übergeben.«

Ich konnte meine Schwester kaum verstehen, weil mich eine Gruppe von Frauen und Männern umringte, die von der Reise nach Mekka zurückkkam. Eigentlich war es nicht die Zeit für den Hadsch, die große Pilgerfahrt, zu der jeder Muslim verpflichtet ist. Die findet im heiligen zwölften Monat des islamischen Jahres statt, dem *dhu l'hiddscha*. Jetzt war aber erst *shawwal*, der zehnte Monat. Trotzdem hatte diese Gruppe die Heiligtümer in Saudi-Arabien besucht. Eine Pilgerreise außerhalb des zwölften Monats nennt man *umrah*, kleine Reise. Sie ist freiwillig, unterliegt aber denselben strengen Regeln wie der Hadsch.

Die Männer trugen deshalb lange Bärte, wie es sich für Gläubige auf dem Weg zum Allerheiligsten der Muslime gehört, denn man darf auf der Pilgerfahrt weder Haare noch Fingernägel schneiden. Tücher umhüllten ihren Leib, weil man den schwarzen Stein, die Kaaba, nicht mit gesäumter Kleidung anbeten soll. Die Tücher waren weiß wie Bettlaken und erinnerten mich an die Stoffbahnen, in welche man die Toten vor der Beerdigung hüllt.

Zwei Stunden war ich von den Hadschis umringt, bis der Flug der Royal Air Maroc nach Agadir endlich aufgerufen wurde. Das Einsteigen erwies sich als nicht so einfach. Die alten Männer drängelten nach vorn, wie sie es von den überfüllten Bussen in ihren Heimatdörfern gewohnt waren. Als ich endlich das Flugzeug betrat, gab es einen Aufruhr in der Businessclass. Anscheinend hatten ein paar alte Männer die besten Plätze besetzt. Geschäftsleute fuchtelten mit ihrer Bordkarte und riefen nach der Stewardess.

»Hadschi«, sagte die Stewardess mit der Ehrfurcht, die einem Rückkehrer von Mekka gebührt, zu einem der alten Männer, »kann ich bitte einmal Ihre Bordkarte sehen?«

»Tochter«, antwortete der Hadschi, »ich bin ein alter Mann, und mir gefällt dieser Platz hier sehr gut. Ich brauche keine Papiere, Allah beschütze dich und unseren Flug.«

Die Stewardess deutete mit dem Kinn auf einen gut gekleideten Herrn mit Krawatte. »Hadschi, es tut mir leid, aber auf Ihrem Platz sollte dieser Herr sitzen. Er hat dafür bezahlt.«

»Tochter«, sagte der alte Mann, »sag dem Herrn mit der schönen Krawatte, dass er heute freie Platzwahl hat. Er kann sich hinsetzen, wo er will. Meine Knochen schmerzen von der langen Reise zu unserem Propheten, ich kann heute nicht mehr aufstehen, Allah sei mein Zeuge.«

Wenn Hadschis in flatterigen weißen Tüchern Allah zum Zeugen anrufen, wird es schwierig für Stewardessen und Krawattenträger. Ein großes Palaver brach in der Businessclass von Royal Air Maroc los. Jeder hatte etwas zur Diskussion beizutragen. Elegante Frauen gaben ihre Meinung zum Besten, Kinder begannen zu weinen, und schließlich kam sogar der Pilot aus dem Cockpit, um die Ruhe wiederherzustellen.

»Wir können nicht losfliegen, wenn Sie hier sitzen bleiben, Hadschi«, sagte er.

»Ach, Sohn«, rief der alte Mann, »vertraue auf den Barmherzigen. Er wird uns schon sicher nach Agadir bringen.«

Schließlich verzogen sich die Geschäftsleute auf die billigen Plätze im Heck des Flugzeugs, der Pilot ging zurück ins Cockpit, und die alten Männer machten sich triumphierend in den ersten Reihen breit.

Das war der Moment, in dem ich zum ersten Mal spürte, dass ich wieder zu Hause war, in dem chaotischen und liebenswerten Land am Atlantik, das ich Jahre zuvor verlassen hatte. Ich musste an den beliebten marokkanischen Witz über den Berber im Flugzeug denken und konnte zum ersten Mal seit der Todesnachricht wieder ein wenig lächeln.

Berber sind die Ostfriesen Marokkos. Der Witz geht so: Ein Berber fliegt von Agadir nach Casablanca. Weil er Sorge hat, nicht mitzukommen, drängelt er sich als Erster in die Maschine und setzt sich ganz vorne hin. Die Stewardess macht ihn darauf aufmerksam, dass sein Platz in der letzten Reihe sei. Aber der Berber will davon nichts wissen. Er zwinkert der jungen Frau verschwörerisch zu und sagt: »Schwester, guter Trick. Aber ich lass mich nicht reinlegen. Ich bin zu schlau dafür.« Die Stewardess denkt kurz nach. Dann sagt sie: »Sidi, ich weiß, dass Sie klug sind. Aber die erste Reihe in dieser Maschine fliegt gar nicht nach Casablanca, die landet in Rabat.« Und noch bevor sie den Satz ganz ausgesprochen hat, ist der Berber schon unterwegs zur letzten Reihe …

Der Flug von Casablanca nach Agadir verlief ohne besondere Vorkommnisse, wenn man davon absieht, dass Marokkaner sich auch von Lautsprecherdurchsagen kaum abhalten lassen, die ganze Zeit lauthals zu telefonieren.

Gut eine Stunde später flogen wir dicht an der mächtigen Kasbah vorbei, die hoch über Agadir thront. Es war dunkel, die Leuchtschrift auf der Flanke des Berges blinkte zum Flugzeug empor. Sie verkündete die Parole meiner Stadt und meines Landes. *Allah, Al Watan, Al Mallik*, »Gott, das Land, der König.«

Kurz darauf landeten wir auf dem Flughafen Al Massira. Hinter der Absperrung wartete Asia auf mich. Sie trug ihre *dschellaba* und das dunkle Kopftuch. Ich stürzte mich in ihre Arme, und wir hielten uns so fest umschlungen, dass wir kaum atmen konnten.

Schließlich löste Asia die Umarmung. »Schön, dass du da bist, Schwester«, sagte sie, »und jetzt beeil dich, die Totenmesse hat schon begonnen.«

Die Straßen von Agadir waren dunkel, als wir das bescheidene Haus in der Rue el Ghazoua Nummer 23 erreichten, das für mich mehr mit Tod und Trauer in Verbindung steht als jedes andere Gebäude. Hier hatte mein Vater meine Mutter getötet. Hier waren wir von unseren eigenen Verwandten gedemütigt, misshandelt und im Stich gelassen worden. Hier hatte ich um meine Würde, meine Unversehrtheit und mein Leben kämpfen müssen. Als ich Marokko verließ, hatte ich geschworen, nie wieder an diesen Ort zurückzukehren.

Jetzt stand ich im Dunkel der Nacht vor jenem Haus, das für mich ein Ort des Schreckens geworden war. Es war als Einziges in der Straße hell erleuchtet. Aus den offenen Fenstern und Türen hörte man die Geräusche der Trauergemeinde. Sie wurden übertönt von der *talba*, einer Gruppe Männer in weißen *dschellabas* mit über den Kopf geschlagener Kapuze, die den Koran rezitierten und Gebete sprachen:

O Allah, gib Deine Vergebung den Lebenden und den Toten, den Anwesenden und Abwesenden, den Jungen und Alten, Männern und Frauen. O Allah, der Du uns leben lässt, lasse uns im Islam leben, und der Du uns abrufst, lasse uns im Glauben sterben. O Allah, verweigere unseren Verstorbenen die Belohnung nicht und setze uns keinen Prüfungen aus nach unserem Tod.

Zwischen den Gebeten und Koransuren riefen sie die rituelle Formel *Allah'u akbar*, »Allah ist groß«, bevor ihr melodischer Singsang wieder einsetzte.

Ich war als Letzte in Agadir eingetroffen. Meine Geschwister Jamila, Jaber, Ouafa und Asia lebten in Agadir. Meine älteren Schwestern Rabiaa und Mouna-Rachida waren nicht nach Marokko gekommen. Rabiaa, die in den Vereinigten Emiraten geheiratet hatte, war hochschwanger, und Mouna aus Belgien hatte kaum noch Kontakt zu uns.

Der Nachtwind trug den Geruch des Meeres in unsere Straße, und in mir wurden Erinnerungen wach, die lange Zeit geschlummert hatten. Hier hatte die Spur der Tränen ihren Anfang genommen und mich nie wieder verlassen.

Vor dem Haus standen Menschen, sie rauchten, sprachen leise miteinander, schwiegen. Als unser Auto hielt, löste sich ein alter Mann aus der Ansammlung und kam auf mich zu.

Es war Onkel Hassan, der Bruder meines Vaters, der Mann, in dessen Familie ich die schlimmsten Jahre meines Lebens verbracht hatte. Er wohnte noch immer mit seiner Frau und seinen inzwischen erwachsenen Kindern im Haus meines Vaters. Nur das Erdgeschoss hatte er geräumt für meinen Bruder

Jaber, der dort auf engstem Raum mit Frau und Sohn hauste.

»Allah sei deinem Vater gnädig«, murmelte Onkel Hassan und breitete die Arme aus. Zum ersten Mal in meinem Leben hatte ich keine Angst vor ihm. Es war, als hätte alles Brutale, alles Ungerechte ihn verlassen. Er kam mir plötzlich klein und schwach und armselig vor. Und ich konnte seine Seele fühlen; sie war zerbrochen, so wie er einst versucht hatte, meine Seele zu zerstören. Aber jetzt, im Augenblick der größten Trauer, war ich stärker als er.

Ich ließ es geschehen, als er mich in den Arm nahm, und ich spürte seine Tränen an meiner Wange. Dann hörte ich dieses Geräusch, das tief aus seinem Innern kam. Es begann mit einem Wimmern und steigerte sich zu einem Schluchzen, in dem der furchtbare Schmerz lag, der uns von jeher verband.

Ganz still stand ich in seiner Umklammerung, und erst als sein Weinen so laut wurde, dass es die Gesänge der *talba* übertönte, nahm auch ich ihn in meine Arme. Es war ein ungewohntes Gefühl, meinem Onkel so nah zu sein, aber es war ein gutes Gefühl. Wir waren vereint in einem kurzen Augenblick der Ruhe und des Friedens inmitten der Trauergemeinde, die den Tod meines Vaters beklagte.

»Geh, Tochter«, sagte er, »geh hinein ins Haus. Dort wartet man auf dich.«

Asia war an meiner Seite, als wir das Haus betraten. Obwohl sie meine jüngste Schwester ist, denke ich manchmal, dass sie mehr innere Kraft hat als wir anderen zusammen. Sie ist das eigentliche Oberhaupt der Familie, regelt alle bürokratischen Dinge (und das erfordert in Marokko gelegentlich viel Geduld, Diplomatie und Energie) und hat eigentlich immer alles im Griff. Inzwischen ist sie verheiratet mit einem Busschaffner und hat einen kleinen Sohn namens Suleiman, aber das hindert sie nicht daran, weiterhin ihre eigene Schule für Sprach- und Nähkurse zu leiten.

Asia nennt mich liebevoll Tasuk'hit – das bedeutet in Tashl'hit, der Berbersprache meiner Mutter, »Neger« –, weil ich die dunkelste Haut in der Familie habe. Und ich nenne sie *Bubi*, Hund, weil sie wie ein Straßenköter ständig unterwegs ist, um hier etwas zu erledigen, dort etwas zu organisieren und ihre Schule am Laufen zu halten.

Nun spürte ich ihre kräftige Hand an meinem Oberarm. »Komm schon, Neger«, flüsterte sie mir ins Ohr, »wir ziehen das jetzt durch.«

Die Männer hatten sich im Erdgeschoss versammelt und rezitierten zusammen mit der *talba* Koranverse. Die Frauen waren im Obergeschoss. In der Moschee und bei Trauerfeiern verlangt der Islam eine strikte Trennung der Geschlechter.

Ich ging durch den Flur mit dem Mosaik, in dem ich früher oft die Hausaufgaben gemacht hatte, weil es nur dort elektrisches Licht gab. Damals war er mir groß vorgekommen. Jetzt erschien er mir winzig und eng. Am Ende des Flurs führte eine schmale Treppe hinauf in die erste Etage mit dem offenen Innenhof, in dem sich die Frauen versammelt hatten.

Khalti Zaina kam auf mich zu, Hassans Frau. Ihre Missgunst und ihr Hass hatten mich während meiner Kindheit ständig verfolgt.

Jetzt säuselte sie: »Hallo, Ouarda, schön, dass du da bist.« Ihr Gesichtsausdruck zeigte mir, dass sie genau das Gegenteil meinte. »Bitte setz dich doch.«

Wie immer tat sie so, als sei es ihr Haus und ich der Gast. Aber es war nicht ihr Haus, sondern das meines Vaters und meiner Familie. Khalti Zaina und Onkel Hassan hatten es uns weggenommen. Ich fühlte Zorn in mir aufsteigen, aber Asia verstärkte den Druck ihrer Hand an meinem Oberarm, und ich nahm mich zusammen.

»Danke«, sagte ich kurz. Ich hatte mich geweigert, sie Mama zu nennen, als ich ein Kind war. Und jetzt, als erwachsene Frau, weigerte ich mich, sie Khalti zu nennen. Khalti bedeutet Tante und ist ein Ehrentitel. Wer Khalti sagt, zeigt seinen Respekt. Aber vor dieser Frau hatte ich keinen Respekt.

Es blieb nicht viel Zeit, darüber nachzudenken, denn nun kam das, was für mich eine Tortur war: die Begrüßung aller anwesenden Frauen. Es waren Dutzende. Und jede wollte mich küssen, und jede wollte von mir geküsst werden. Sie saßen auf den Polstern an der Wand entlang, aufgereiht wie Hühner auf der Stange: Tanten, Cousinen, Nachbarinnen, Bekannte, Freundinnen, Kinder und jede Menge wildfremder Gesichter.

Alle wandten sich mir erwartungsvoll zu, und ich ergab mich in mein Schicksal. Es war so skurril, dass ich für einen Moment fast die Trauer um meinen

Vater vergaß. Es ist nicht einfach, in Marokko richtig zu küssen. Die Zahl und die Intensität der Küsse hängen stark von der Art der persönlichen Beziehung ab. Aber ich erinnerte mich an viele dieser Frauen nicht mehr. Deshalb ließ ich mich treiben von Umarmung zu Umarmung, von den tränenerstickten Worten, die mir ins Ohr geflüstert wurden, von den Küssen an meinen Schläfen, meinen Wangen, meinem Hals.

Die Nachbarsfrau, die uns damals, als wir hungerten, ab und zu ein Brot zusteckte, küsste mich. Meine Cousine, die Lehrerin, herzte mich. Die Nachbarin, die meine Schwester Jamila hochhielt, damit sie besser sehen konnte, wie unsere Mutter verbrannte, küsste mich nicht nur, sie heulte mir auch ins Ohr. Lala Sahra, die uns aufnahm, als die Leiche unserer Mutter weggekarrt wurde, drückte mich an ihren mächtigen Busen. Und als alle mich umarmt, geküsst, bemitleidet und mit ihren Tränen benetzt hatten, gab es etwas zu essen. Dann beteten die Frauen:

Im Namen Gottes, des sich Erbarmenden, des Barmherzigen. Allah, gib diesen armen Waisenkindern Deine Gnade, jetzt, wo auch der Vater gestorben ist, der dieser Familie so viel Leid zugefügt hat. Halte Deine schützende Hand über sie, und achte darauf, dass das Leben ihnen künftig Freude und Ehre zuteilwerden lässt. Der Allerbarmer möge diese jungen Frauen beschützen auf ihrem schwierigen Weg. Allah ist groß. Amen.

Es war sehr berührend. Trotzdem verabschiedeten meine Schwestern und ich uns schon bald und fuhren in Jamilas Wohnung im Stadtteil Dscheira, einem südlichen Vorort von Agadir. Dort bauten wir uns ein Matratzenlager, zogen unsere Nachthemden an, kuschelten uns zusammen und begannen hysterisch zu lachen.

Wir lachten, bis wir nicht mehr konnten. Dann begannen wir zu reden. Wir redeten über Vater, der innerhalb von vierundzwanzig Stunden nach seinem Tod in Taroudant begraben wurde, wie es der Brauch im Islam ist. Nur Onkel Hassan und mein Bruder Jaber waren dabei, als der in weiße Tücher eingenähte Leichnam in die staubige Erde des Gräberfeldes gesenkt wurde.

Wir hofften, dass irgendjemand ihn im Moment des Sterbens an das islamische Glaubensbekenntnis erinnert hatte, das notwendig ist, um das Paradies zu erlangen: »Es gibt nur einen Gott, Mohammed ist sein Prophet.« Und wir wünschten uns, dass jemand sein Gesicht gegen Mekka ausgerichtet hatte, als er die letzten Worte sprach, die jeder Muslim sprechen soll, bevor er abgerufen wird: *Aschadu-anna la ilaha illa-llahu,* »Ich bezeuge, dass es keinen Gott gibt außer Gott.«

Aber wir wussten nichts darüber, wie er zu Tode kam. Bis heute haben wir nur ermitteln können, dass er wegen seiner Zuckerkrankheit in die Klinik von Taroudant verlegt und dort angeblich operiert worden war.

Wir redeten und redeten, obwohl wir todmüde waren. Mit letzter Kraft fragte ich: »Wer von euch kann Vater verzeihen, wer kann ihn in Frieden gehen lassen?«

Ich war noch nicht bereit dazu, Ouafa auch nicht. Asia weigerte sich, eine Antwort zu geben. Nur Jamila, meine große, starke Schwester, die immer etwas zu sagen hat, hatte auch jetzt die richtigen Sätze parat: »Allah sei gnädig mit ihm. Ich lasse ihn gehen. Ich verzeihe Vater. Allah kümmert sich um alles. *Inshallah*.«

Ich schlief einen tiefen, traumlosen Schlaf.

Agadir liegt an der schönsten Küste der Welt. Jenseits des weiten Strandes mit den hohen goldenen Dünen brechen sich die mächtigen Wellen des Atlantiks. Die riesigen, luxuriösen Hotelanlagen am Strand wirken bescheiden angesichts der gewaltigen Dünen und endlosen Sandflächen, die der Ozean in Millionen von Jahren geschaffen hat.

Auf mich übte das Meer schon immer eine seltsame Faszination aus. Am Tag nach der Trauerfeier für Vater zog es mich dorthin. Ich ging den Weg, den ich als Kind tausendmal gegangen war, vorbei an den bescheidenen Häusern der Siedlung Talborjt, durch den Park mit den armseligen grauen Bäumen, über die große Straße und zwischen den Hotels hindurch. Die Sonne schien so klar vom Himmel, wie sie es nur im Winter tut, und mit jedem Schritt wurde der Geruch des Meeres stärker. Als ich den Schatten der letzten Hotelanlage vor dem Strand verließ, lag der Ozean vor mir. Sein Blau war so dunkel wie die Tücher der Nomaden aus der Wüste, seine Wellen unaufhaltsam wie der Lauf der Zeit und seine Weite unendlich wie der Himmel.

Als Kind war ich oft hinausgeschwommen, so weit ich nur konnte, um beschützt zu sein vor dem Bösen, das mir an Land widerfuhr. Im salzigen Wasser des Atlantiks, das meinen kleinen Körper trug, fühlte ich mich sicher und frei, auch wenn gelegentlich ein Fischerboot Kurs auf mich nahm und die Männer nach mir riefen.

»Brauchst du Hilfe?«

Ich schwieg.

»Wir können dich rausholen und an Land bringen.«

Ich antwortete nicht. Ich wollte nicht an Land gebracht werden. Ich wollte mich dem Meer ausliefern. Ich wollte allein sein und keine Menschen sehen.

Schließlich drehten die Fischer wieder ab, und irgendwann spülten die Wellen mich an den Strand.

Jetzt wandte ich mich zum Sommerpalast des Königs, weil es dort ruhiger ist als in der Richtung zum Hafen. Dort suchte ich mir einen Liegestuhl und setzte mich so hin, dass nichts in meinem Blickfeld lag außer dem Meer.

Gerade begannen meine Gedanken zu wandern, als mich eine Stimme unterbrach.

»Schwester, so geht das nicht. Du brauchst eine Matratze, dann ist dein Leben gleich doppelt so weich und angenehm.«

Der Liegestuhlwächter stand neben mir. Ein braun gebrannter Typ mit gegeltem Haar und blendend weißen Zähnen. Über der Schulter trug er ein Schaumgummipolster.

»Bruder«, sagte ich, »ich möchte gern, dass mein Leben künftig doppelt so angenehm wird wie bisher.

Meinst du, deine Matratze kann mir dabei wirklich helfen?«

Der Liegestuhlwächter brauchte ein paar Augenblicke, um zu entscheiden, ob ich ihn veräppeln wollte oder nur die letzten Jahre im Ausland gelebt hatte und deshalb ein wenig seltsam redete.

Dann wurde sein Lächeln noch breiter. »Selbstverständlich, Schwester. Meine Matratze erleichtert dir das Leben. Und deine zwanzig Dirham machen mir das Leben leichter. Also tauschen wir Matratze und Geld und sind alle glücklich.«

Er kassierte seine Gebühren, ließ das Polster zurück und verschwand wortlos, was mich angenehm überraschte. Normalerweise hat man es als alleinstehende Frau am Strand nicht so leicht, Gesprächen mit interessierten jungen Männern aus dem Weg zu gehen. Aber anscheinend spürte er, dass ich keinen Wert auf Small Talk legte.

Ich weiß nicht, ob ich eingeschlafen bin auf der weichen Matratze des Liegestuhlwächters, aber als ich wieder aufschaute, neigte sich die Sonne bereits dem Horizont zu. Ich hatte die letzten Stunden in einer anderen Welt verbracht. Ich war in Gedanken zurückgekehrt in meine Kindheit, in eine Zeit, in der mein Vater meine Mutter noch nicht getötet hatte und wir auf den ersten Blick eine ganz normale Familie zu sein schienen.

Die dunklen Schatten, die damals schon auf der Seele meines Vaters lagen und ihn schließlich in den Wahnsinn und in den Mord an seiner Frau trieben, konnten wir nicht ahnen.

Vater war ein Saharaoui, einer jener wilden und stolzen Männer aus der Wüste. Sein vollständiger Name lautete Houssein Ben Mohammed Ben Abdallah: Houssein, der Sohn Mohammeds, welcher der Sohn des Abdallah ist. Er reparierte Radiogeräte, Fernsehapparate, Schreibmaschinen und Telefone. Sein Geschäft lief sehr gut, bis er anfing, immer mehr von dem bitteren Hanfgras aus dem nördlichen Rif-Gebirge in seine Zigaretten zu drehen.

Mutter war elf Jahre jünger als Vater. Ihr Name war Safia el Fakhir. Sie stammte aus dem Dorf E-Dirh am Fuß des Antiatlas-Gebirges und war die Tochter einer *sherifa*, einer weisen und heilkundigen Frau. Als sie Vater heiratete, war sie siebzehn. Elf Jahre später lag ihr Leichnam auf dem Dach unseres Hauses, und in ihrem Leib starb mit ihr das siebte Kind, das sie Vater schenken wollte.

Nach dem Mord war Vater dorthin gegangen, wo ich mich jetzt befand: zum Meer. In der Vernehmung durch die Polizei sagte er, er habe sich im salzigen Wasser des Atlantiks stundenlang das Blut vom Körper geschrubbt. War das alles? Oder versuchte er, sich dadurch auch von der Schuld reinzuwaschen, die er auf sich geladen hatte?

Ich stellte mir diese Frage auf der Matratze des Liegestuhlwächters, während meine Gedanken weit zurückgingen in die Vergangenheit. Aber ich wusste keine Antwort. Ich wusste auf viele Fragen keine Antwort.

Wer war dieser Mann, der mich Ouarda-ti, meine Wüstenblume, nannte und mir das Liebste nahm, was ich hatte – meine Mutter? Wer war dieser Mann, der so klug und mutig war und dennoch nicht zu erkennen vermochte, dass ein böser Dämon in ihm wohnte?

Ich kannte ihn nicht.

Jetzt, wo er tot war, wurde mir klar: Dieser Mann war stets ein Fremder in meinem Leben gewesen. Er hatte mich auf seinen Armen getragen, ohne meine Seele zu berühren. Ich hatte ihn im Gefängnis besucht, ohne ihm näherzukommen. Er hatte mein ganzes Leben bestimmt, aber niemals hatte er sich mir offenbart. Ich kannte nicht Houssein Ben Mohammed Ben Abdallah, der mein Vater war. Ich kannte nur den Schatten dieses Mannes.

Er hatte mir keine Chance gegeben, ihn zu verstehen. Und nun war es zu spät. Er hatte mir die Mutter genommen und jetzt auch den Vater. Er war verschwunden aus meiner Welt, ohne sich zu erklären, ohne sich zu verabschieden.

Die Wellen brachen sich am Strand, und ich fühlte in der unendlichen Weite des Ozeans die unendliche Einsamkeit meiner Seele.

Das Rund der Sonne am Horizont war nur noch halb zu sehen und rötete den Himmel über dem Meer, als mich ein Räuspern aus der Vergangenheit in die Gegenwart zurückholte. Es war der Liegestuhlwächter.

»Schwester«, sagte er, »es ist schön, dass meine Matratze dich so zu entspannen vermag, dass du gar nicht mehr aufstehen willst. Aber der Abend naht, und ich muss nach Hause gehen. Du kannst gern noch weiter hier liegen bleiben, aber ohne meine Matratze.«

Schnell gab ich ihm seine Matratze zurück und dankte ihm: »*Shokran.*«

Er konnte nicht wissen, dass ich damit nicht seine Matratze meinte, sondern die Tatsache, dass er mich aus dem Strudel meiner Erinnerungen zurückgeholt hatte, bevor ich darin unterging. Aber er schien etwas zu spüren.

»Keine Ursache«, sagte er, »Allah möge dich in seiner unermesslichen Güte und Barmherzigkeit beschützen vor dem Bösen, das unsere Seelen in Besitz nehmen will. *Inshallah.*«

»Amen«, sagte ich, »deine Wünsche kann ich gut gebrauchen.«

Dann zog der Liegestuhlwächter mit seiner Matratze ab. Als die Sonne endgültig unterging und die Kälte der kommenden Nacht von den Bergen herunterkroch, war ich allein am Strand. Hinter mir lagen die Lichter der Stadt, vor mir die Schwärze des Meeres. Aber es störte mich nicht. Ich fühlte mich wohl an diesem Ort zwischen den Welten.

TEIL 2:

München

(1993–1996)

Am 17. Juli 1993 gegen Abend landete die Maschine der Royal Air Maroc in Frankfurt. Hart setzte sie auf, und ich klammerte mich an den Armlehnen meines Sitzes fest. In wenigen Minuten würde ich zum ersten Mal in meinem Leben ein fremdes Land betreten. Mein Herz schlug schneller vor Furcht und Erwartung.

Von meinem Fensterplatz aus hatte ich die gewaltige Stadt mit ihren Hochhäusern gesehen. Ich konnte mir kaum vorstellen, dass Menschen hinter den hell erleuchteten Fenstern dieser schlanken Betonfinger arbeiten und leben konnten, so dicht unter dem Himmel.

Das einzige Hochhaus, das ich bisher kennengelernt hatte, war der plumpe Kasten im Zentrum von Agadir, in dessen Erdgeschoss die größte Buchhandlung meiner Stadt war. Sie hatte eine Sammlung wunderbarer Koranausgaben mit Goldschnitt und Ledereinband, und ich hatte mich manchmal in den düsteren Laden geschlichen, nur um diese schönen Bücher zu sehen und vielleicht ein einziges Mal zu berühren. Aber die strengen Männer in den *dschellabas*, welche die Bücher bewachten, scheuchten mich jedes Mal aus dem Laden, bevor ich auch nur in die Nähe der Koranbände kam. Sie sahen es als ihre Aufgabe an, das heilige Buch vor schmutzigen Kinderhänden zu schützen.

Im Vergleich zu den Gebäuden, die ich aus dem Flugzeugfenster sah, war das Hochhaus in Agadir allerdings lächerlich in seinen Abmessungen. Es hatte nur zehn Stockwerke. Als Kind fand ich es aber extrem hoch. Manchmal fuhr ich heimlich mit dem Lift hinauf bis zum Dach. Von dort blickte ich hinunter auf die Straße, wo die Menschen und Autos ganz klein waren. Damals kam ich mir sehr groß und mächtig vor, wenn ich auf dem Dach stand. Während ich mich über die Brüstung beugte und die winzigen Menschen unten beobachtete, wurde es mir fast schwindlig vor Aufregung.

Als das Flugzeug endlich zum Stehen kam, hörte ich nichts mehr außer meinem rasenden Herzschlag, der mir in den Ohren dröhnte wie die peitschende Berbermusik, die bei Feiern nachts in den Dörfern am Rande der Wüste gespielt wird.

Ich presste meine Nase ans Fenster und beobachtete das Durcheinander auf dem Flugfeld: Flugzeuge fuhren hin und her, dazwischen flitzten Autos mit Blinklichtern von rechts nach links, und Menschen wuselten unter den Bäuchen der großen Maschinen herum. Es war unglaublich, mit welcher Geschwindigkeit sich alles bewegte, und noch unglaublicher kam es mir vor, dass nirgends jemand herumstand und einfach nur faulenzte, wie ich es aus Marokko gewohnt war. In dem irrwitzig aussehenden Chaos schien es eine innere Ordnung zu geben. Das gefiel mir gut. In dieser Welt, in der selbst das Chaos sich an Regeln hielt, würde auch mein Leben in Ordnung kommen.

»Es kann nur besser werden«, flüsterte ich.

Das war mein Mantra in dieser Zeit.

»Es kann nur besser werden.«

Plötzlich spürte ich eine Hand auf meiner Schulter. »Mademoiselle, hier ist die Endstation. Wollen Sie vielleicht bei Gelegenheit auch aussteigen? Oder gefällt es Ihnen bei Royal Air Maroc so gut, dass Sie sich gar nicht mehr von uns trennen können?«

Die Stewardess! Bestimmt eine der arroganten, gut aussehenden, selbstbewussten Frauen aus Casablanca! Ich packte schnell und wortlos meine Sachen zusammen und hastete hinter den anderen Passagieren her. Irgendwo musste der Mann sein, der mir versprochen hatte, mich zum Lufthansa-Schalter für die Maschine nach München zu bringen. Ohne ihn war ich verloren. Ich sprach kein einziges Wort Deutsch, ich war noch nie in einem fremden Land gewesen, und allein würde ich mich in dem gewaltigen Flughafengebäude bestimmt verlaufen.

Der Mann wartete auf mich. »*Al hamdu li-ilahi*«, sagte ich, »Lobpreis sei Allah.«

»Da bist du ja, Schwester«, sagte der Mann, »ich habe auch nicht ewig Zeit.«

Er ging mit mir durch die Passkontrolle, wo mir ein freundlicher Beamter in einer hässlichen beige-grünen Uniform in die Augen sah, bevor er noch einmal in meinen Pass blickte.

Ja, dachte ich mir, der wundert sich bestimmt, dass ich wie eine Lady aussehe, obwohl ich erst neunzehn bin. Für mich war klar, dass dies an dem nagelneuen bordeauxroten Wildlederkostüm lag, das mir mein zukünftiger Ehemann vor der Abreise spendiert hatte. Außerdem trug ich diese modernen Stöckelschuhe, in denen ich mich zwar unglaublich sexy fühlte, aber stets Angst haben musste, ins Straucheln zu kommen. Ich kam mir in diesem Aufzug ein wenig tussig, aber sehr europäisch vor.

Vor ein paar Minuten hatte ich die Schuhe noch verflucht. Das war, als ich zum ersten Mal eine Rolltreppe betrat. So etwas kannte ich nicht. Ich beobachtete zunächst die anderen Leute und wunderte mich, wie selbstverständlich sie es schafften, das rasende silberne Band zu betreten. Dann wagte ich es auch. Natürlich knickte mein Knöchel um, als die Stufe, auf der ich stand, sich plötzlich hob. Aber ich hatte mich derart professionell an dem schwarzen Handlauf festgeklammert, dass ich nicht stürzte. Vorsichtig schaute ich mich um, ob jemand sehen konnte, wie unerfahren ich war. Aber keiner beachtete mich.

Ich wurde mutiger und lehnte mich an die Seitenwand der Treppe, wie man es meiner Meinung nach tat, wenn man ein erfahrener Rolltreppenfahrer war. Aber das erwies sich sogleich als Fehler. Die Seitenwand bewegte sich nicht mit, sondern blieb stehen und versuchte, wie ein Radierer mir das bordeauxfarbene Wildlederkostüm vom Leib zu reißen. Ich richtete mich schnell wieder auf, aber mein Rock hatte sich schon halb um meinen Körper gewickelt.

Am Ende der Rolltreppe machte ich vorsichtshalber einen weiten Sprung, um wieder sicheren Boden zu erreichen. Unauffällig richtete ich mein Kostüm. Ich schwitzte vor Aufregung, aber ich war auch ein wenig stolz auf mich, wie souverän ich dieses Abenteuer bewältigt hatte.

Der freundliche Beamte lächelte, sagte etwas Nettes auf Deutsch, das ich nicht verstehen konnte, stempelte meinen Pass und winkte mich durch.

Eine Stunde später saß ich in einem Flugzeug, wie ich es noch nie gesehen hatte. Ich war bisher nur drei Mal mit einem Flugzeug von Royal Air Maroc geflogen. Im Vergleich dazu war die Lufthansa-Maschine, die mich nach München bringen sollte, so sauber und luxuriös, dass ich es kaum wagte, etwas zu berühren. Die Sitze standen so weit auseinander, dass meine Beine gut und gern doppelt so lang hätten sein können und ich trotzdem mehr als genug Platz gehabt hätte. Die Stewardessen waren nicht ganz so attraktiv wie ihre Kolleginnen bei Royal Air Maroc, aber das machten sie durch ihre Professionalität und Freundlichkeit wett.

Obwohl ich vor lauter Aufregung bestimmt zwanzigmal fragte, ob diese Maschine wirklich nach München fliege, bekam ich keine einzige arrogante Antwort, sondern eine Stewardess bot mir sogar ein Fläschchen Sekt an. Wahrscheinlich hoffte sie, dass ich mich damit ein wenig entspannte und endlich Ruhe gäbe. Ich lehnte das Angebot natürlich ab, denn ich hatte noch nie Alkohol getrunken: Das gilt in Marokko als unfein.

Trotzdem fühlte ich mich bei der Lufthansa gut aufgehoben. Diese Sauberkeit, diese Professionalität – das ist mein neues Leben, dachte ich bei mir.

In München wartete bereits Walter auf mich, der Mann, den ich heiraten würde. Er umarmte mich.

»Willkommen im Paradies«, sagte Walter.

Ich lehnte mich an seine breite Brust und wusste, dass ich es geschafft hatte. Ich war angekommen. Dies war die erste Minute meines neuen Lebens. Die erste Minute in Freiheit. Der Beginn des Glücklichseins.

Vor der Ankunftshalle stiegen wir in das schönste Auto der Welt – ein großes schwarzes Mercedes Cabriolet mit Ledersitzen und edlem Holz am Armaturenbrett –, das einem Freund von Walter gehörte. Damit brachte er uns vom Flughafen in die Stadt, bevor er schließlich vor Walters Haus hielt. Walter wohnte gegenüber einem Park in der neunten Etage. Von seiner Terrasse aus sah man die grünen Rasenflächen und die üppigen Bäume. Aus der Hi-Fi-Anlage erklang wunderbare Musik. Walter sagte, diese Musik nenne man Klassik.

Ich musste weinen.

Walter war mehr als doppelt so alt wie ich, aber ich gewöhnte mich schnell an den Altersunterschied. Er war durch die regelmäßigen Reisen nach Marokko braun gebrannt und hielt sich durch seine noch regelmäßigeren Besuche im Fitnessstudio topfit. Außerdem liebte ich diesen Mann.

Er war sehr gebildet, in seiner Wohnung gab es so viele Bücher, wie ich sie bisher nur in der Buchhandlung in dem lächerlich niedrigen Hochhaus in Agadir gesehen hatte, und wenn man ihn etwas fragte, wusste er immer eine Antwort.

Er erklärte mir den Zweiten Weltkrieg und erwähnte dabei zu meinem Erstaunen, dass Adolf Hitler ein Verbrecher war. In Marokko hatten mir immer alle erzählt, dass Hitler ein lobenswerter Mann gewesen sei, weil er so viele Juden umgebracht hatte. In Marokko sind Juden nicht beliebt. Es heißt, Juden seien die schlimmsten Feinde des Islam und man solle sie meiden. Falls man aus Versehen einen Juden berührt, muss man Allah ausdrücklich um Verzeihung bitten.

Durch Walter lernte ich eine andere Welt kennen, in der unterschiedliche Religionen gleichbedeutend nebeneinanderstehen und Menschen mit unterschiedlichen Lebenskonzepten sich gegenseitig tolerieren. Ich fand das faszinierend, und zum ersten Mal verstand ich die Sure Nr. 109 »Die Ungläubigen«, die wir als Kinder auswendig lernen mussten, in einer positiven Weise:

Im Namen Allahs, des Erbarmers, des Barmherzigen.
O ihr Ungläubigen.
Ich verehre nicht, was ihr verehrt,
und ihr verehrt nicht, was ich verehre.
Und ich werde kein Verehrer dessen sein,
was ihr verehrt,
und ihr werdet keine Verehrer dessen sein,
was ich verehre.
Euch euer Glaube und mir mein Glaube!

In meinem Koranunterricht war dieser Vers immer sehr negativ ausgelegt worden, als seien Ungläubige verdammenswerte Menschen und Feinde des Islam. Jetzt, mit meiner neuen Sicht der Dinge, überraschte mich diese Interpretation der Sure, denn der Text gab absolut keinen Anlass für solche Intoleranz.

Aber auch in Alltagsdingen musste ich viel lernen. »Ist das eine Prostituierte?«, flüsterte ich Walter auf der Straße zu, wenn eine junge Frau im Minirock und mit durchsichtigem T-Shirt ohne BH an uns vorbeiging.

»Nein«, flüsterte Walter zurück, »das ist wahrscheinlich eine Studentin, die zur Uni geht.«

Für mich war das ein Schock. Frauen, die so aufreizende Kleidung trugen, waren in Marokko immer

Prostituierte. Ich begann zu ahnen, dass das Leben in Deutschland nicht ganz so einfach sein würde, wie ich gehofft hatte. Viele der Signale, die in Marokko eine eindeutige Bedeutung hatten, zeigten hier etwas ganz anderes an.

Wenn ich auf der Straße einen schwarzhaarigen Menschen mit dunklerem Teint sah, lächelte ich gleich und rief ihm ein fröhliches »*Salam aleikum*« zu. Für mich war klar, dass es sich um einen Araber handeln musste. Umso enttäuschter war ich, wenn ich keine Antwort bekam und Walter mir sagte: »Das ist kein Araber, das ist bestimmt ein Türke.« Oder: »Das ist ein Pakistani.« Oder: »Ich denke, diese junge Frau kommt aus Südamerika.« Ich hätte nie gedacht, dass in Deutschland so viele Menschen aus anderen Ländern leben.

Zu Hause hörte Walter Musik, die ich noch nie gehört hatte. Es gab Schallplatten mit quietschendem Gekreische, die er besonders zu mögen schien. »Countrymusic«, sagte er. Ein Lied spielte er mir öfter vor. Es war von einer Sängerin namens Alexandra und lautete so: »Mein Freund der Baum ist tot. Er fiel im frühen Morgenrot.«

Ich verstand kein Wort davon, fand aber die Melodie sehr schön. Sie war genauso traurig wie ich in manchen Momenten. Später, als ich genug Deutsch konnte, um auch den Text zu verstehen, beeindruckte mich das Lied nicht mehr so sehr. In Marokko würde kein Mensch auf die Idee kommen, wegen eines Baums zu weinen. Wir haben ganz andere Probleme.

Walter organisierte mein neues Leben perfekt. Er hatte mir ein Notizbuch vorbereitet, in dem alle wichtigen Namen und Telefonnummern, alle U-Bahn-Verbindungen, Stadtpläne und Behördenadressen standen. Er meldete mich in einem Sportstudio an und beim Goethe-Institut. Er kaufte mir Schulhefte, Kleidung und Schuhe. Zum ersten Mal in meinem Leben hatte ich mehr als ein Paar Schuhe und konnte auswählen.

Es gab sogar einen Schrank für meine Sachen – mein eigener Schrank! Niemand würde versuchen, mir die schönsten Kleidungsstücke zu entwenden, alles würde noch da sein, wenn ich von draußen zurückkam. Meine Zahnbürste konnte unbeaufsichtigt im Badezimmer bleiben. In Marokko musste ich sie immer mit mir herumtragen, weil sie mir sonst von meinen Verwandten weggenommen worden wäre. Ich fühlte mich wie eine Prinzessin.

Und dann kaufte Walter Bücher: ein Jugendlexikon, einen Kinderatlas, Wörterbücher – die sollte ich durcharbeiten. Ich vertraute ihm völlig. Walter nahm mich an der Hand, und ich beschloss, mit ihm zu gehen, egal, wohin. Manchmal war mir all das, was er von mir verlangte, fast zu viel. Aber er duldete keine Ausreden.

»Ich möchte, dass du selbstständig bist und auf eigenen Füßen stehst, wenn mir etwas zustößt«, sagte er.

»Was soll dir zustoßen?«, fragte ich.

»Man weiß ja nie«, antwortete er.

Mich beunruhigte das, ich fühlte mich kein bisschen selbstständig, sondern vollkommen abhängig von

Walter. Abends, vor dem Einschlafen, betete ich zu Allah, dass ihm nichts geschehen möge.

Die standesamtliche Trauung war für den 22. September vorgesehen. Am Tag davor brachte mich Walter zu einem Notar, bei dem Gütertrennung und der Verzicht auf Unterhaltszahlungen vereinbart wurden. Eine Dolmetscherin übersetzte alles ins Französische, aber ich verstand nicht so richtig, um was es ging. In Marokko war es damals selbstverständlich, dass Frauen bei der Scheidung nichts bekommen. Sie wurden aus dem Haus gejagt – und fertig.

Die Trauung war wenig romantisch. Ich trug die Stöckelschuhe aus Marokko, aber nicht das bordeauxrote Wildlederkostüm. Walter hatte mir einen schwarzen Minirock sowie einen sommerlichen Blazer mit kurzen Ärmeln und pompösem Blumenmuster besorgt. Er selbst hatte eigens einen beigefarbenen Anzug gekauft, in dem er sehr chic aussah, vor allem, weil er bei seinem schwarzen Hemd die obersten drei Knöpfe aufgelassen hatte.

Außerdem hatte er die Trauzeugen organisiert: den Freund mit dem Mercedes Cabriolet, der ein feuerwehrrotes Jackett trug, und seine Freundin, eine hübsche Blondine mit Dauerwelle, Fußkettchen und schickem Handtäschchen. Ich hatte einen kleinen Blumenstrauß in der Hand, aber einen Ring steckte mir Walter nicht an den Finger.

Nach der Trauungszeremonie fuhr uns der Freund mit dem Cabriolet zu einem vornehmen Restaurant, und es wäre bestimmt ein sehr schöner Tag geworden, wenn ich nicht zum ersten Mal in meinem Leben ein Carpaccio gegessen hätte. Das hatte zur Folge, dass ich mich unmittelbar nach dem Essen erbrechen musste. Aber bis zum Abend hatte sich mein Magen wieder etwas beruhigt, und ich konnte den Deutschkurs im Goethe-Institut besuchen.

Am nächsten Tag waren wir mit dem Trauschein beim Ausländeramt, und ich bekam eine Aufenthalts-genehmigung für drei Jahre.

Ich hatte keine Ahnung, dass meine Ehe nicht ein-mal so lange halten würde.

Ich hatte Marokko als Jungfrau verlassen, war mir aber bewusst, dass dieser Zustand nicht für immer so bleiben würde. Mir war klar, dass Walter, der sich um alles kümmerte, sich auch dieser Sache annehmen würde. Ich wusste nur noch nicht, wie und wann.

Wenn es nach mir ging, konnte es sofort nach der Hochzeit geschehen. Ich fühlte mich an Walters Seite so erwachsen, so schön und so sexy, dass ich mehr als bereit war.

In Marokko war die Entjungferung mit viel ängstlicher Erwartung verbunden. Alle Mädchen bewahrten sich ihre Jungfräulichkeit bis zur Hochzeitsnacht, manche mit dem einen oder anderen Trick. Eine Freundin in Agadir hatte mir erzählt, dass es Ärzte gebe, die sich darauf spezialisiert hätten, gerissene Jungfernhäutchen wieder zu flicken. Es gebe sogar künstliche Jungfernhäutchen, die einfach eingesetzt würden, wenn das Original beschädigt war.

Eine andere sagte großspurig: »Ich kenne eine, die macht das ganz anders.«

Wir trauten diesem Mädchen alles zu, auch dass es

Frauen mit ganz ausgefallenen und unanständigen Tricks in ihrem Bekanntenkreis gibt.

»Wie macht die es denn?«, fragten wir gespannt, obwohl wir gar nicht so sicher waren, ob wir hören wollten, was dieses Mädchen zu erzählen hatte.

»Sie macht es ganz oft. Und ist immer noch Jungfrau.«

Wir staunten: »Wie geht das denn?«

»Überlegt halt ein bisschen, stellt euch nicht so dämlich an.«

Wir überlegten, aber wir fanden keine Lösung für das Problem.

Das Mädchen mit der erfahrenen Bekannten ließ uns noch ein wenig zappeln, dann flüsterte es verschwörerisch: »So wie es im Koran verboten ist.«

Wir schwiegen entsetzt, dann klopften wir sofort auf Holz und riefen: *»Allah yeh'fad!«*, »Gott bewahre!« Wir hatten nicht erwartet, dass die Bekannte unserer Freundin so weit gehen würde. Jede Muslima weiß, dass im Islam Analverkehr und Verkehr während der Menstruation untersagt sind.

Der größte Stress für jede marokkanische Braut ist aber die Hochzeitsnacht. Dann erwartet die Festgesellschaft ein blutbeflecktes Laken. Während sich das Brautpaar nach den anstrengenden Feierlichkeiten und Essgelagen im Ehebett abmüht, lungert zumindest die Brautmutter vor der Tür herum und wartet auf den Vollzug.

Einmal beobachtete ich bei einer solchen Gelegenheit, wie sich die Brautmutter aufführte, nachdem das Brautpaar schon über eine Stunde lang im Entjung-

ferungszimmer mit den blütenweißen Bettlaken verschwunden war und offensichtlich den Beweis nicht
erbrachte.

Sie hämmerte wie wild an die Tür und kreischte:
»Allah, der Barmherzige, sei mir gnädig. Wollt ihr
meinen Ruf für immer und ewig ruinieren? Wollt ihr
mich zum Gespött der ganzen Stadt machen? Wollt
ihr mich in den Wahnsinn treiben? Womit habe ich
das verdient? War ich keine gute Mutter?«

Dabei zerkratzte sie sich das Gesicht, und die kleineren Kinder hingen an ihrem Rockzipfel und weinten. Ich wurde selbst ganz traurig, denn ich kannte die
Braut und wusste, dass sie ein anständiges Mädchen
war. Wenn es mit dem Blutfleck auf dem Laken nicht
klappte, musste das andere Gründe haben. Vielleicht
war der Bräutigam schuld.

Schließlich öffnete sich die Tür des Schlafzimmers
doch einen Spaltbreit, und die junge Frau reichte das
traditionelle Tablett heraus. Darauf lag das Laken ordentlich drapiert mit einem winzigen Blutfleck.

Sofort war die Hysterie der Brautmutter verflogen,
und sie brach in das vorgesehene Gekreische aus, das
dem ganzen Viertel signalisiert, dass alles gut gegangen ist.

Der Brautvater übernahm das Tablett mit dem
Laken, hielt es hoch über seinen Kopf und tanzte damit unter dem Applaus der Zuschauer durch den Hof.
Alle waren erleichtert, weil die Hochzeit doch noch
zu einem gottgefälligen Ende gefunden hatte und weil
man endlich nach Hause gehen konnte.

Meine Entjungferung ging viel weniger dramatisch vonstatten. Und wenn ich ehrlich bin, vermisste ich den ganzen Aufruhr ein wenig, der in Marokko stattfindet. Besonders vermisste ich meine Mutter, weil keine Braut in meiner Heimat heiraten würde, ohne ihre Mutter an ihrer Seite und im entscheidenden Moment vor der Schlafzimmertür zu haben.

Aber dann dachte ich an meine Tante, die meine tote Mutter bei einer offiziellen marokkanischen Hochzeit hätte vertreten müssen – und war froh, weit weg zu sein von dieser Frau, die mich jahrelang misshandelt und gedemütigt hatte. Ihr wollte ich auf keinen Fall die Ehre erweisen, mich in die Ehe begleiten zu dürfen. Ich wollte nicht, dass alle Verwandten und Bekannten ihr die Stirn küssen, wie es in Marokko üblich ist, wenn eine Mutter ihre Tochter wohlbehütet an den künftigen Ehemann übergibt.

Diese Frau hatte mich nicht behütet. Im Gegenteil, sie hatte mich beständig den übelsten Gefahren ausgesetzt. Nur meine Schwestern hatten um meine Unversehrtheit gekämpft, nicht die Tante, die in unser Haus gekommen war, uns aus unseren Betten verjagt und behandelt hatte wie Sklavinnen.

Als Walter mir die Jungfräulichkeit nahm, waren wir allein in der Wohnung. Es war keine besonders romantische Stimmung. Ich glaube, das lag daran, dass Walter mindestens so verklemmt war wie ich. Wir gingen ins Schlafzimmer, legten uns aufs Bett – und dann war es schon geschehen.

Plötzlich gab es einen kleinen, etwas enttäuschenden Schmerz, und Walter setzte seine Brille auf.

»Du blutest ja«, sagte er, nachdem er den Tatort in Augenschein genommen hatte, und wirkte etwas überrascht. Offenbar hatte er mit Entjungferungen auch nicht viel mehr Erfahrung als ich.

Ich sprang sofort auf und rannte ins Bad, wo ich mir ein weißes Handtuch zwischen die Beine klemmte, um das Blut aufzufangen. Es war nur ein bescheidenes Tröpfchen, aber ich dachte tatsächlich einen Moment daran, das Handtuch mit dem nächsten Flugzeug nach Agadir zu schicken, um allen zu beweisen, dass ich tatsächlich noch Jungfrau war, als ich Walter heiratete.

Aber schließlich steckte ich das Tuch nur in die Waschmaschine, wo alle Spuren dieser Nacht im Hauptwaschgang beseitigt wurden.

Ich lernte kaum Deutsche kennen. Die Mädchen im Sprachkurs an der Volkshochschule kamen aus Italien, Tschechien oder Russland, und wir alle konnten in den ersten Monaten so wenig Deutsch, dass Unterhaltungen nur mühsam in Gang kamen.

Walter hatte wenige Freunde, und die waren alle in seinem Alter. Bei ihm störte mich das nicht. Aber seine Bekannten kamen mir schon ziemlich betagt vor. Selbst wenn ich mich mit ihnen hätte unterhalten können, hätte ich nicht gewusst, worüber. Außerdem hatte ich die Vermutung, dass mich diese Menschen nicht richtig ernst nahmen.

Einmal trafen wir einen von Walters Freunden in der Stadt. Die Männer begrüßten sich. Dann stellte Walter mich vor: »Das ist meine Gattin, rate mal, wie alt sie ist?«

»Siebzehn!«, rief der Freund.

Und dann lachten beide schallend. Ich kam mir schäbig vor und begutachtet wie eines der Kamele, die in der Wüstenstadt Guelmim auf dem Markt den Besitzer wechseln.

Walter stammte aus Niederbayern. Er sagte mir, er sei Privatier und lebe von einem großen Erbe, das er vor allem in Immobilien angelegt habe. Ich wollte die Häuser gern sehen, aber Walter fand immer einen Grund, warum das gerade nicht möglich war.

Ungern redete er auch über die Zeit vor seiner Erbschaft. Er deutete nur an, dass dies eine wilde Phase in seinem Leben gewesen war, und ich hatte den Eindruck, dass der Freund mit dem Mercedes Cabriolet und den bunten offenen Hemden ebenso aus dieser Zeit stammte wie auch die Blondine mit der Dauerwelle, dem Fußkettchen und dem schicken Handtäschchen.

Ich spürte, dass es Dinge in Walters Vergangenheit gab, die er nicht mit mir teilen wollte. Er behandelte mich nicht wirklich wie einen erwachsenen Menschen, sondern eher wie ein Kind. Ich hatte zwar einen Wohnungsschlüssel, aber den hatte auch seine Exfreundin. Als Walter einmal ein paar Tage nicht da war, kam sie in die Wohnung, und ich hatte den Verdacht, dass ich kontrolliert wurde.

Zuerst fiel mir das gar nicht auf. Ich war froh, dass ein Mann die Rolle meines Vaters übernahm, die dieser nie ausfüllen konnte. Walter kümmerte sich um mich. Er hatte dafür gesorgt, dass meine maroden Zähne gerichtet wurden, er hatte mich aus Marokko herausgeholt, er lernte mit mir Deutsch, zeigte mir München, brachte mir Allgemeinwissen bei und fragte mich ab wie ein Nachhilfelehrer. Walter war mein Retter.

Ich gewöhnte mich so schnell an Walters Vaterrolle, dass ich abends manchmal überrascht war, wenn er in die Rolle des Ehemanns schlüpfte. Es störte mich nicht, ganz im Gegenteil, ich hatte meine Sexualität gerade erst entdeckt und war begierig, Erfahrungen zu sammeln. Aber seltsam ist es schon, wenn die Vaterfigur vom Tag sich nach Einbruch der Dunkelheit zum Liebhaber wandelt.

Ein paar Wochen nach meiner Ankunft in Deutschland lernte ich eine andere Marokkanerin kennen. Sie stammte aus Marrakesch, wo die lustigsten, lautesten und selbstbewusstesten Menschen meiner Heimat leben. Sie unterscheiden sich von den Berbern aus dem Süden wie die Rheinländer von den Schwaben. Wo die einen lachen, singen und tanzen, versuchen die anderen, möglichst niemals aufzufallen. Leute aus Marrakesch zum Beispiel tragen ihre Papiere und Wertgegenstände gern in reich verzierten Taschen über der *dschellaba*, damit jeder sieht, was sie haben. Das würde ein Berber niemals tun. Er versteckt sein schäbiges Beutelchen unter der *dschellaba* – hat aber meistens mehr drin als der Marrakschi.

Die Frau aus Marrakesch stand plötzlich im Lift neben mir. Ich wollte zu Walters Wohnung in den neunten Stock hinauffahren. Sie wohnte zwei Etagen über uns.

»Hey, bist du die andere Marokkanerin aus unserem Haus?«, rief sie in breitem Darija, dem Dialekt meines Heimatlandes.

»Ja«, sagte ich vorsichtig. Alle Berber werden vorsichtig, wenn sie unverhofft auf die lauten Leute aus Marrakesch treffen.

»Mein Gott, Schwesterchen«, rief die andere, »was bist du süß! Wie heißt du denn?«

»Mein Name ist Ouarda.«

»Die Blume! Was für ein süßer Name. Die Blume aus der Wüste. Komm, lass dich umarmen.«

Und dann drückte sie mich im Aufzug an sich, und ich vergrub meine Nase in ihrem Haar, und alles roch nach zu Hause, nach Heimat, nach Marokko. Ich wollte meine Nase gar nicht mehr aus ihrem Haar nehmen, aber sie schob mich von sich.

»Schwesterchen, komm, wir müssen aussteigen, wir sind da.«

Wir standen vor ihrer Wohnungstür, aber sie bat mich nicht herein.

»Schwesterchen«, flüsterte sie, »ich muss erst mal nachsehen, ob das Arschloch da ist.«

»Das Arschloch?«

Ich fand, dass die Frau aus Marrakesch ziemlich ordinär redete. Aber das beunruhigte mich im Moment vor lauter Freude über die Begegnung überhaupt nicht.

»Mein Mann«, sagte sie, »der nervt nur rum, wenn ich so ein hübsches Mädchen wie dich mitbringe. Süße, ich will mich mit dir unterhalten und nicht ständig dem Arschloch erklären müssen, was wir gerade reden.«

Sie kontrollierte, ob die Luft rein war, dann erst durfte ich eintreten. Die Wohnung war viel kleiner als unsere. Wir setzten uns auf eine Bank, und ich schaute mir die Frau aus Marrakesch zum ersten Mal genauer an. Sie war etwas kleiner als ich und mager, aber sehr hübsch mit ihren glatten schwarzen Haaren bis zum Po. Sie trug Stiefel mit hohen Absätzen, die weit über das Knie gingen. Trotzdem sah man noch ziemlich viel Oberschenkel, weil ihre Hotpants sehr kurz waren. Ihre kleinen Brüste hatte sie bis knapp unter das Kinn gepusht, und ihre Augen waren so stark geschminkt, dass sie riesenhaft wirkten. Ich schätzte sie auf etwa fünfundzwanzig Jahre, und sie kam mir sehr erfahren und mit ihrer lauten, ordinären Art ziemlich verrucht vor.

Es stellte sich heraus, dass sie Iman hieß und zwei Wochen nach mir nach Deutschland gekommen war. Ihren Mann, das »Arschloch«, hatte sie auf dem Djamaa el-Fna kennengelernt, dem berühmten Hauptplatz von Marrakesch, wo früher die Verurteilten gehenkt wurden und heute Gaukler, Händler, Schlangenbeschwörer, T-Shirt-Händler, Wahrsager, Henna-Malerinnen, Suppenköche und Märchenerzähler die Touristen anlocken.

Iman kochte bitteren Minztee, der in hohem Strahl dunkel und süß aus der silbernen Kanne in fein ziselierte Teegläser schoss. Dazu gab es Gebäck aus meiner Heimat, die halbmondförmigen mit Mandelmasse und Orangenblütenwasser gefüllten Gazellenhörnchen Kaab el Ghazal, die sandig krümeligen el R'ryba und Kokosmakronen, meine Lieblingskekse. Und selbstverständlich hatte Iman bereits das Videoband von ihrer Hochzeit im Rekorder stecken. Stolz schaltete sie das Gerät an.

In Marokko gilt es keineswegs als unfein, wenn der Fernsehapparat läuft, obwohl Besuch da ist. Im Gegenteil: Kaum betreten Gäste die Wohnung, werden alle Elektrogeräte eingeschaltet, die man besitzt. Damit demonstriert man, was man hat und dass man die Stromrechnung am Ende des Monats nicht fürchten muss.

So kann es passieren, dass man bei Tante Amina im Wohnzimmer sitzt, während in der Küche der Mixer lautstark rödelt, der Kassettenrekorder läuft und eine DVD den Fernsehschirm mit bunten Bildern füllt. Davon lässt sich aber niemand abhalten, Gespräche zu führen. Man muss eben ein wenig lauter reden. Besuche finden deshalb stets in einem Höllenlärm statt. Aber vermutlich würden die Gäste mit Depressionen nach Hause gehen, wenn es anders wäre.

Die Heirat, die dann über den Bildschirm flimmerte, war pompöser als alle Hochzeiten, die ich jemals gesehen hatte. Imans Bräutigam erwies sich als älterer, gut aussehender Mann von kleiner Statur, und Iman überstrahlte in ihren prunkvollen Gewändern sogar die Sonne, die im Sommer auf Marrakesch brennt. Musikgruppen zogen in den Festsaal ein und wieder aus, Berittene schossen mit altertümlichen Gewehren in die Luft, die Tische bogen sich unter erlesenen Speisen, und für die Geschenke mussten eigene Stellagen aufgebaut werden, um die Fülle zu fassen und angemessen den Kameras zu präsentieren.

»Siehst du«, rief Iman, »das hat alles mein Papa bezahlt. Das Arschloch hatte keinen Pfennig, der hat sogar bei uns gewohnt.«

»Warum hast du ihn dann geheiratet?«, fragte ich mit vollem Mund. Ich hatte mir unauffällig zwei Kokosmakronen hineingeschoben.

»Warum? Warum? Warum?«, rief Iman. »Weil er behauptet hat, dass er sein ganzes Geld in Deutschland habe. Er hat mir sogar Fotos von einer Villa und einem Mercedes gezeigt, die ihm gehörten, und er wollte mir einen Friseursalon einrichten.«

In Deutschland angekommen, stellte sich aber heraus, dass ihr Mann nur eine kleine Wohnung und keinen Mercedes hatte, dafür stand vor dem Haus ein orangefarbener Kleinbus, mit dem er Iman an den Stadtrand fuhr und dort parkte.

»Ich wusste erst gar nicht, was ich da in der Pampa tun sollte«, sagte Iman, »bis der erste Kunde ans Fenster klopfte. Als er wieder ging, hatte ich fünfzig Mark, die ich dem Arschloch geben musste.«

Iman hatte keinerlei Hemmungen, mir detailliert zu berichten, was da am Stadtrand geschah. Um ehrlich zu sein: So genau wollte ich es gar nicht wissen. Außerdem wusste ich nicht, ob das alles stimmte, was Iman mir gerade erzählt hatte. Für mich war das eine fremde Welt. Natürlich gab es auch in Agadir Prostituierte, weil es für junge Mädchen die leichteste Art war, Geld zu verdienen. Aber ich hatte für mich selbst beschlossen, diesen Weg niemals zu gehen.

Ich fand es empörend, dass Männer aus Deutschland sich die schönsten Mädchen aus meinem Land kauften und dann auf den Strich schickten. Und gleichzeitig war ich froh, dass Walter offenbar nicht daran interessiert war, mich mit anderen zu teilen.

Iman redete und redete, während im Hintergrund immer noch das Hochzeitsvideo lief. Mittlerweile war sie dabei, mir zu beschreiben, wie sie ihren Mann um die Ecke bringen würde.

»Glas!«, rief sie. »Ich zerstampfe Glas in einem Mörser, bis es fein wie Puderzucker ist, und dann tue ich es dem Arschloch in den Tee. Das wird ein langer und qualvoller Tod, ich schwör's.«

Ich hatte keine Ahnung, ob man mit zerstoßenem Glas wirklich jemanden umbringen kann, aber den Leuten aus Marrakesch war alles zuzutrauen. Ein bisschen tat mir ihr Mann schon leid. Zwar hatte er Iman offenbar betrogen und in die Prostitution gezwungen. Aber dafür hatte ihn Allah mit einer Frau bestraft, die schon kurz nach der Hochzeit Pläne schmiedete, wie sie ihn loswerden könnte.

Später stellte sich heraus, dass er die Ehe mit Iman überlebt hatte, aber sie verließ ihn am ersten Tag nach Ablauf der Dreijahresfrist, die ihr eine Aufenthaltserlaubnis in Deutschland auch ohne Ehemann garantierte.

Die Begegnungen mit Iman waren für mich faszinierend und abstoßend zugleich. Sie war böse und hemmungslos und gleichzeitig die einzige Verbindung zu meiner Heimat. Ich konnte mit ihr kichern und lachen, und wenn ich mit ihr zusammen war, schmolz mein Heimweh nach Marokko wie Butter in der Sonne.

Manchmal zogen wir durch die Straßen und machten uns lustig über die Deutschen, die so große

Schwierigkeiten hatten, ihre Gefühle zu zeigen. In einem Biergarten beobachteten wir ein Liebespaar, wie es zaghaft Händchen hielt.

Iman rammte mir den Ellbogen in die Seite und zischte: »Süße, siehst du die beiden da?«

Ich nickte. »Ja.«

»Und was machen sie?«

»Händchen halten.«

»Na bitte, da hast du's.«

»Was habe ich?«

»Schätzchen, stell dich nicht so naiv an. Die werden in einer Stunde noch Händchen halten! Da läuft sonst nix! Die deutschen Männer, die haben doch nichts in der Hose. Das sind alles Schlappschwänze.«

Mir kam das ein bisschen chauvinistisch vor. Aber ich wollte mich in Sachen deutscher Männer nicht zu weit aus dem Fenster lehnen. Ich kannte ja nur Walter.

»Meinst du?«, fragte ich vorsichtig. »Aber Walter ist kein Schlappschwanz, oder?«

»Wegen dir, Schätzchen! Durch dich kommt die Leidenschaft in euer Leben. Die Deutschen haben von Leidenschaft keine Ahnung. Glaub mir, ich muss es ja schließlich wissen.«

Wir beobachteten das deutsche Pärchen noch eine Weile. Und tatsächlich, sie ließen zwar ihre Hände nicht los und schauten sich ab und zu tief in die Augen. Aber mehr passierte nicht. Ich fand das sehr romantisch.

Iman dagegen war unzufrieden. »Weiß auf weiß«, sagte sie, »geht gar nicht. Ein marokkanischer Mann hätte die Tussi schon längst mal kräftig am Arsch gepackt. Aber was machen die beiden deutschen Turteltäubchen? Sich verliebt anglotzen und Händchen halten, bis die Händchen ganz feucht sind vom Schweiß. Das hältst du ja im Kopf nicht aus!«

Wenn einer der deutschen »Schlappschwänze« allerdings allein unterwegs war und einigermaßen jung und attraktiv aussah, änderte sich Imans Verhalten radikal. Dann legte sie sich richtig ins Zeug, zog das Dekolleté noch ein wenig tiefer, drückte die Brüste noch ein wenig weiter nach oben, und dann schlenderte sie mit einem Hüftschwung über den Gehweg, wie ich ihn sonst nur vom Bauchtanz kannte.

»Iman«, flüsterte ich, »ich glaube, das ist ein Deutscher.«

»Na und«, sagte Iman und stolzierte weiter, »immer noch besser als mein Arschloch zu Hause.«

Schließlich schränkte ich den Kontakt zu Iman ein. Ihre Aggressivität und ihre Geschichten machten mich nervös. Ich mochte nicht, womit sie ihr Geld verdiente, und ich mochte nicht, wie sie über andere Menschen redete. Mir kam das unehrlich vor und auch unfair. Ich war von meinem neuen Leben begeistert. Sie machte alles schlecht. Irgendwie passten wir nicht richtig zusammen.

Ein paar Monate später zeigte sich, dass mein Misstrauen berechtigt war. Iman sollte eine hinterhältige Rolle in meinem Leben spielen, die mich in große Schwierigkeiten brachte.

Meine Ehe veränderte sich. Walter war nicht mehr fürsorglich. Ständig drohte er mir. Einmal fiel mir beim Nägellackieren das Lackfläschchen um, und der Inhalt ergoss sich auf den Teppich. Ich war nicht besonders erfahren im Lackieren von Fingernägeln, denn in Marokko hatte ich nie die Möglichkeit, mit Kosmetik umzugehen.

Ich murmelte: »Entschuldigung, ich mache es wieder weg.«

Aber Walter war trotzdem wütend.

»Du Bauerntrampel, du marokkanischer«, rief er, »ich schick dich zurück nach Afrika, wenn du dir nicht mal die Nägel anmalen kannst.«

Das war für mich die schlimmste Drohung: zurückgeschickt zu werden nach Agadir, an den Ort, der mit so vielen schmerzhaften Erinnerungen verbunden war. Ich hätte als Gescheiterte vor meinen missgünstigen Verwandten gestanden, ich hätte um Unterkunft und Hilfe bitten müssen. Oder auf der Straße leben. Ich wäre endgültig gedemütigt gewesen. Schluchzend reinigte ich mit Nagellackentferner den Teppich, und Walter beruhigte sich schnell wieder.

Er fuhr mit mir in die Stadt und kaufte mir ein Fahrrad – das erste Fahrrad, das mir gehörte. Ein Jugendrad, aber sehr, sehr chic.

Vorübergehend vergaß ich seine Drohungen. Aber von diesem Tag an hatte ich ständig Angst, irgendetwas falsch zu machen. Ich verlor mein Selbstbewusstsein, ich verlor mein Lachen, und ich verlor meinen Stolz.

Dass Walter von Woche zu Woche misstrauischer und eifersüchtiger wurde, machte die Sache nicht besser. Wenn ich aus der Schule kam, wartete er oft schon davor. Wenn ich mich mit den wenigen Menschen traf, die ich im Unterricht kennengelernt hatte, um in einem Kaffeehaus mit ihnen zu lernen oder zu reden, war es nicht ungewöhnlich, dass er auf der anderen Straßenseite stand und mich mit dem Fernglas beobachtete. Ich hatte das Gefühl, ständig verfolgt zu werden.

Eines Tages fiel mir auf, dass mein Tagebuch gelesen worden war. Darin hatte ich alles notiert, was mir in Deutschland wichtig erschien: kleine Begebenheiten, Texte arabischer Liebeslieder, ein paar Strophen aus einem Gedicht. Später erfuhr ich, dass Walter arabische Studenten angeheuert hatte, die ihm meine Tagebucheinträge übersetzten.

Und dann entdeckte ich, dass er die Wohnung verändert hatte. Überall waren kleine Tonbandgeräte versteckt, hinter dem Fernsehgerät, unter der Couch, im Luftbefeuchter. Er kürzte sogar das Telefonkabel, damit ich nicht im Badezimmer telefonieren konnte, sondern bei meinen Gesprächen in der Nähe seiner

Abhöranlagen bleiben musste. Abends saß Walter oft mit Kopfhörern im Wohnzimmer und hörte die Tonbandmitschnitte meines Lebens ab.

Mir kam das komisch vor, aber zunächst fasste ich es als Spiel auf. Ich versuchte ihn auszutricksen, sprang im letzten Moment in die U-Bahn, wenn er mir wieder mal nachschlich, und beobachtete durch die Scheibe, wie er vergeblich neben der U-Bahn herrannte und dann aufgeben musste. Seine Tonbandgeräte dröhnte ich mit marokkanischer Musik und schrillen Geräuschen zu. Abends ging ich ins Bett und tat so, als schliefe ich. Aber heimlich beobachtete ich ihn mithilfe des Spiegelschranks, wie er mit seinen Kopfhörern im Wohnzimmer auf dem Sofa saß und versuchte, aus dem ganzen Lärm, den ich erzeugt hatte, noch ein paar Informationen herauszuhören.

Aber eines Morgens wachte ich auf und wusste, dass es kein Spiel mehr war.

Ich spürte, dass ich mit Walter nicht mehr glücklich sein konnte, sondern dass eine Art von Angst nach meiner Seele griff, die ich noch nicht kannte. Es war nicht die Angst meiner Kindheit vor Gewalt, Hunger und Schmerzen. Es war eine neue, unbekannte Art von Angst, die mich innerlich zittern ließ und mir die Luft zum Atmen nahm.

Zum ersten Mal in meinem Leben hatte ich mich einem fremden Menschen ausgeliefert. Ich war mit Walter nach Europa gekommen und hatte ihm mein Herz geschenkt, weil ich mich entschieden hatte, zu lieben und zu vertrauen.

Und nun fühlte ich, dass dieser Mann, der mein Ehemann war, sich jeden Tag weiter von mir entfernte. Einerseits ließ er mich nicht wirklich an seinem Leben teilhaben, andererseits gab er mir nicht die Freiheit, mich selbst zu entwickeln.

Vielleicht liebte Walter mich. Aber er liebte mich nicht so, wie ich war, sondern wie ich seiner Meinung nach sein sollte. Und weil ich seinen Anforderungen nicht entsprach, kontrollierte er mich rund um die Uhr. Ich fühlte mich wie eine Gefangene in seiner Gegenwart.

Tief atmete ich ein, um mich zu beruhigen. Aber es gelang mir nicht. Ein Knoten im Hals blockierte meine Atmung, mein Herz raste, mein Körper war wie gelähmt. Ich verlor meine Energie, ich war nicht mal mehr in der Lage, meine Gefühle zu kontrollieren.

Plötzlich stand ich auf dem Balkon. Ich sah meine Hände auf der Brüstung. Die Fingernägel waren abgekaut bis zum Fleisch. Ich hatte begonnen, mich selbst zu zerstören. Ich wollte diese armseligen, zerbissenen Finger nicht mehr sehen. Ich schloss die Augen, beugte mich über die Brüstung und fühlte den Sog der Erde tief unter mir. Aber ich sprang nicht. Ich schrie. Ich stand auf Walters Balkon und schrie um Hilfe.

»Hilfe! Hilfe! Hilfe!«

Die Schreie gellten in meinen Ohren, und Walter hastete heraus.

»Was ist los?«, fragte er.

Ich antwortete nicht. Ich schrie weiter.

»Wenn du nicht aufhörst, hole ich die Polizei!«, rief Walter.

Ich hörte auf zu schreien. Ich wurde ruhig, ganz ruhig. Eben noch hatte ich Angst gehabt, vor lauter Verzweiflung verrückt zu werden. Jetzt wusste ich, dass ich immer noch genug Kraft hatte, um zu überleben.

Meine Verzweiflung schlug um in Wut. Mein eigener Mann drohte mir mit der Polizei. Er wollte mich anscheinend loswerden. Er wollte mich nach Marokko zurückschicken! Er wollte mich zerstören! Aber das würde ihm nicht gelingen. Nicht mit mir. Ich hatte so vieles überlebt in den vergangenen Jahren. Nichts hatte mir meine Würde und mein Leben nehmen können. Nicht der Mord an meiner Mutter, nicht der Hunger, nicht die Gewalt in meiner Familie, nicht die Männer, die mich verfolgten. Und auch Walter würde mir meine Würde nicht nehmen können. Ich war bereit zu kämpfen, mein Kopf war klar, mein Herz kalt wie Eis.

Mein Überlebenswille war zurückgekehrt. Ich wusste, dass ich jetzt etwas unternehmen musste, oder ich würde mich verlieren. Für immer.

Ich rammte meinen Unterarm gegen eine spitze Kante der Balkonbrüstung, bis ich blutete.

»Die Polizei kann die Wunden in meiner Seele nicht erkennen, aber dieses Blut wird sie sehen.« Meine Stimme zitterte nicht, als ich mit Walter redete. »Wenn du die Polizei holst, werde ich sagen, dass du mich verletzt hast.«

Dann verließ ich den Balkon, wusch mich, zog mich an und ging zur U-Bahn. Ich fuhr bis zur Endstation. Dort stieg ich aus, setzte mich auf eine Mauer und sah durch die Tränen, die meinen Blick verschleierten, in den Himmel. Wolken zogen vorbei, weiß vor blauem Grund, wie es sich in Bayern gehört, und plötzlich ertappte ich mich dabei, wie ich betete.

»Allah, was hast du mit mir vor? Ich flehe Dich an: Bitte hilf mir, zeig mir einen Weg aus der Misere. Bewahre mir meine Würde und meinen Stolz. Schenke mir deine Gnade. Bitte erhöre mich. Amen.«

Das beruhigte mich etwas. Ich beschloss, systematisch vorzugehen und meine Lage genau zu analysieren, bevor ich etwas unternahm.

Die Lage war nicht gut. Ich sprach inzwischen zwar einigermaßen Deutsch, war aber weit davon entfernt, komplizierte Dinge beschreiben zu können. Und meine Beziehung mit Walter kam mir sehr kompliziert vor. Ich hatte keine Ahnung von meiner rechtlichen Situation in Deutschland, ich wusste nicht, mit wem ich über meine Probleme sprechen sollte, und auch nicht, wie es weitergehen sollte.

Die einzigen deutschen Menschen, die ich kannte, waren Walter und seine Freunde, Imans Mann aus dem elften Stock, der seine Frau – nach ihren eigenen Angaben – auf den Strich schickte, und die Lehrer aus der Volkshochschule. Sie waren zwar sehr nett, aber eben Lehrer. In Marokko sprach man nicht mit Lehrern über private familiäre Probleme. Ich wusste nicht, dass man das in Deutschland durchaus tun kann.

Dann allerdings schickte mir Allah eine junge deutsche Frau, die einen Dackel hatte. Sie wohnte in unserem Haus, sogar auf derselben Etage, und ich traf sie häufig im Lift, wenn sie mit ihrem Hund Gassi gehen wollte.

Ich hatte nie den Eindruck, dass diese Nachbarin an mir besonders interessiert war. Aber das änderte sich, als sie mich eines Tages im Lift mit der Frage grüßte: »Hallo, wie geht's?«

Das hätte sie nicht fragen sollen, zumindest nicht an diesem Tag, denn an dem Tag war ich anscheinend besonders sensibel. Selbst diese oberflächlich-höfliche Frage ließ mich die Fassung verlieren.

Statt zu antworten, begann ich zu schluchzen. Ich glaube, ich weinte so bitterlich, dass auch der Dackel zu winseln begann. Jedenfalls legte mir die junge Frau ihre Hand auf die Schulter und sagte: »Mädchen, komm mal mit, ich glaube, wir sollten reden.«

Dann saßen wir in ihrer kleinen Wohnung, die sie sich mit ihrem Freund teilte, der wie sie Jura studierte, und ich erzählte ihr, wie Walter mich bespitzelte, wie ich mich immer mehr als Gefangene fühlte und wie unglücklich mich das alles machte.

Die junge Frau mit dem Dackel war typisch deutsch. Sie redete nicht lange herum, sondern erzählte mir, dass sie Walter und mich schon länger beobachtet und gar kein gutes Gefühl habe. Sie wusste schon, dass Walter mit mir Gütertrennung vereinbart hatte, das hatte er ihr angeblich im Treppenhaus erzählt und war anscheinend auch noch stolz darauf. Sie fand das nicht in Ordnung und versprach mir, sich sachkundig zu machen.

Ein paar Tage später klingelte sie bei mir, nachdem sie gesehen hatte, dass Walter das Haus verließ.

»Ich habe eine Idee: Geh ins Frauenhaus.«

»Frauenhaus?«, fragte ich. Ich hatte dieses Wort noch nie gehört. In Marokko gibt es keine Frauenhäuser.

»Da bekommst du Hilfe, und die Leute kümmern sich um deine Rechte.«

»Okay«, sagte ich. Ich hatte noch immer nicht verstanden, dass es in Deutschland anscheinend Menschen gibt, die Frauen helfen. Frauen helfen! Gibt es dafür überhaupt ein arabisches Wort? Falls ja – ich hatte es noch nie gehört.

Und dann sagte meine Nachbarin noch etwas, was ich bis dahin noch nie gehört hatte.

»Seelische Grausamkeit«, sagte sie. »Wenn du ins Frauenhaus kommst, musst du sagen, dass du deinen Mann wegen seelischer Grausamkeit verlassen hast.«

»Seelische Grausamkeit?«, fragte ich.

»Das ist das, was dein Mann mit dir macht«, erklärte sie. Und das verstand ich.

Am Wochenende ging Walter mit seinem neuen Hund, einem Kampfhund namens Anton, zum Hundetrainer. Das dauerte drei Stunden. In dieser Zeit packte ich meine wenigen Habseligkeiten in eine blaue Mülltüte, stieg in das Auto der jungen Frau mit dem Dackel und ließ mich zum Frauenhaus fahren.

Das Frauenhaus ist ein unauffälliges Gebäude in einem weniger guten Viertel Münchens. Es gibt einen Garten und einen Spielplatz. Die Eingangstür wird durch Kameras überwacht. Hinter der Tür sitzen Sozialarbeiter, die entscheiden, wer das Haus betreten darf und wer nicht.

Als meine Nachbarin und ich dort ankamen, war es früher Abend. Sie hielt vor dem Haus, schaute mich an und sagte: »Tschüs, viel Glück.«

Ich war etwas überrascht. Ich hatte gedacht, sie würde mich in das Haus hineinbegleiten. Aber nun stand ich plötzlich allein mit meinem blauen Müllsack auf einer ziemlich einsamen Straße in München.

Am Tor gab es kein Schild mit der Aufschrift »Frauenhaus« oder etwas Ähnlichem, nur eine Klingel. Ich läutete.

»Wer sind Sie?« Die Stimme aus dem kleinen Lautsprecher neben dem Tor erschreckte mich.

»Mein Name ist Ouarda, Ouarda Saillo«, flüsterte ich. Weil ich der Meinung war, dass mein Deutsch nicht gut genug sei, hatte ich mir angewöhnt, nur noch ganz leise zu sprechen oder zu nuscheln. Ich bildete mir ein, dann könne man meine Fehler nicht so leicht entdecken.

»Sind Sie allein?«

Ich sah mich um. »Ja.«

»Werden Sie nicht von einem Mann begleitet?«

»Nein.«

»Sind Sie sicher?«

»Ja.«

»Was wollen Sie hier?«

Ich versuchte, mich krampfhaft zu erinnern, was ich sagen sollte. Meine Nachbarin hatte es ja mit mir geübt. Aber jetzt, vor der anonymen Tür mit der Klingel, wollte mir nichts mehr davon einfallen.

»Was wollen Sie hier?« Die Stimme blieb freundlich.

Jetzt hatte ich es wieder! »Seelische Grausamkeit«, nuschelte ich. »Ich komme wegen seelischer Grausamkeit. Aus Marokko.«

Einen Moment blieb es ruhig im Lautsprecher. Dann hörte ich ein Summen, und die Tür ging auf. Die Sache mit der »seelischen Grausamkeit« schien funktioniert zu haben.

Ich schleppte meinen Müllsack durch den Garten bis zum Haupteingang. Auch diese Tür öffnete sich wie von Zauberhand. Hinter der Tür wartete eine ältere Dame mit einer Blume im üppigen schwarzen Haar auf mich und führte mich in ein Büro.

Dort versuchte sie zu klären, ob ich ein Notfall war. Frauenhäuser nehmen gewöhnlich nur Frauen in einer akuten, existenziellen Krise auf. Oft werden diese Frauen von der Polizei gebracht. Dass jemand allein mit einem blauen Müllsack vor der Tür steht, ist eher eine Ausnahme, denn zum Schutz vor aggressiven Männern wird die Adresse des Frauenhauses geheim gehalten.

Das wusste ich damals aber alles nicht (die junge Frau mit dem Dackel offensichtlich auch nicht), und ich machte der älteren Dame die Sache nicht gerade leicht. Sie versuchte, die Tragödie in meinem Leben zu finden. Ich getraute mich nicht, viel mehr als Ja oder Nein zu sagen, so verschüchtert war ich. Es entwickelte sich ein etwas skurriler Dialog.

»Hat Ihr Mann Sie geschlagen?«

»Nein.«

»Hat er Ihnen gedroht?«

»Nein.«

Die ältere Dame schien mit meinen Antworten nicht zufrieden zu sein.

»Wurden Sie sexuell missbraucht?«

»Nein.«

»Wissen Sie, was sexueller Missbrauch ist? Oder soll ich es Ihnen erklären?«

»Ja.«

»Ja – erklären? Oder ja – ich weiß, was es ist?«

»Ich weiß, was es ist.«

Die Frau wirkte nun fast etwas verzweifelt. Sie schien zu fühlen, dass ich Hilfe brauchte. Aber ich gab ihr keine brauchbaren Argumente für das Aufnahmeformular, das vor ihr auf dem Tisch lag und immer noch leer war.

Mein Problem war nicht körperliche Gewalt oder sexueller Missbrauch.

Mein Problem war, dass an der Seite von Walter eine eisige Kälte in mein Herz eingezogen war, an der ich von innen heraus zu erfrieren drohte. Mein Problem war, dass ich jeden Tag ein wenig mehr Energie verlor. Mein Problem war, dass das Leben sich von mir zurückzog und dass ich spürte, wie eine schreckliche Angst von meiner Seele Besitz ergriff. Aber wie sollte ich das dieser freundlichen älteren Dame mit der Blume im Haar sagen? Ich hatte keine Worte für meine Verzweiflung. Sie war tief in meinem Innern verborgen.

»Ist Ihr Mann vielleicht Alkoholiker oder drogensüchtig?« Die Frau nahm einen letzten Anlauf.

»Nein.« Auch damit konnte ich nicht dienen.

»Aber weshalb«, seufzte sie, »sind Sie dann da?«

»Seelische Grausamkeit«, nuschelte ich wieder. »Und Angst.«

Ich glaube, das schrieb sie schließlich in ihr Formular: seelische Grausamkeit und Angst.

»Wir haben eigentlich gar keinen Platz mehr«, sagte sie, »aber ich werde Sie nicht wegschicken. Sie können hierbleiben. Ich habe noch ein provisorisches Bett für Sie.«

Das Bett erwies sich als Matratze in einem Nebenraum. Ich stellte meinen blauen Müllsack neben die Matratze. Dann ging ich zum Fenster und blickte hinaus. Ich war nicht müde, wurde die ganze Nacht nicht müde. Ich legte mich nicht auf die Matratze, sondern stand am Fenster und starrte hinaus in die Dunkelheit.

Aber ich nahm nicht wahr, was draußen geschah. Vor meinem inneren Auge sah ich das magere, schmutzige Mädchen, das ich in Marokko war, mit all seinen Sehnsüchten und Hoffnungen. Wie oft habe ich auf den armseligen Pappkartons gelegen, auf denen meine Schwestern und ich schliefen, und hatte mir gewünscht, glücklich und frei zu sein. Wie oft hatte ich mich in den Schlaf geweint, der nicht kommen wollte, weil ich Hunger hatte. Wie oft hatte ich mir gewünscht, geborgen zu sein in einer Familie, die es nicht mehr gab, nachdem mein Vater meine Mutter ermordet hatte.

Statt meiner Eltern wohnten nach dem Mord meine Verwandten in unserem Haus. Ihre Kinder bekamen unsere Betten und unser Essen, und wir schliefen auf dem Boden und mussten betteln, um zu überleben.

Als Walter mich nach Deutschland holte, war er mein Engel. Ihm hatte ich mich anvertraut in der Hoffnung, die elende Vergangenheit voller Gewalt, Demütigungen und Angst hinter mir lassen zu können und in eine Zukunft voller Liebe, Respekt und Sicherheit zu gehen.

Aber dieser Wunsch hatte sich nicht erfüllt. Jetzt stand ich da, am Fenster eines Frauenhauses, konnte keinen Schlaf finden, und neben mir lag eine blaue Mülltüte auf dem Boden, die alles enthielt, was ich besaß.

Ich war gescheitert. Und ich war verzweifelt. Nicht Walter gab ich die Schuld. Ich war schuld! Ich hatte es nicht geschafft, diesem Mann, der mein Ehemann war, eine gute Frau zu sein. An allem gab ich mir die

Schuld – am Tod meiner Mutter, dass mein Vater im Gefängnis saß. Ich hatte versagt, versagt, immer nur versagt.

Als der Morgen graute, setzte ich mich neben die Matratze auf den Boden und wartete darauf, dass etwas geschah.

Natürlich geschah nichts. Tiefe Einsamkeit hüllte meine Seele in eisige Nebel. Ich kannte niemanden in diesem fremden Land. Ich hörte das Weinen der Kinder im Frauenhaus und die schrillen Stimmen der Frauen, die hierher geflüchtet waren. Und plötzlich erkannte ich, dass es in dieser Welt nur einen einzigen Menschen gab, zu dem ich gehörte, egal, was er tat, egal, wie er mich behandelte.

Im Frauenhaus gab es eine Telefonkabine. Sie roch wie ein Aschenbecher, weil die Frauen hier rauchten. Ich tippte Walters Nummer in die Tastatur, nahm den Hörer ab und wartete auf seine Stimme.

Es klingelte nur ein Mal, dann war er schon am Apparat. Er hatte auf meinen Anruf gewartet!

»Bist du es, Ouarda?«

»Ja.«

»Wo bist du?«

»Das kann ich dir nicht sagen.«

»Egal, wo du bist. Komm nach Hause. Ich vermisse dich. Ich kann ohne dich nicht leben. Ich habe die ganze Nacht nicht geschlafen.«

Ich wusste nicht, was ich antworten sollte. Auch ich hatte in dieser Nacht nicht geschlafen. Ich fühlte mich leer und ausgebrannt.

»Nimm ein Taxi und komm«, sagte Walter.

Ich verließ das Frauenhaus und suchte mir auf der Straße ein Taxi. Den blauen Müllsack mit meinen Habseligkeiten ließ ich zurück. Zehn Minuten später nahm Walter mich in den Arm. Es fühlte sich besser an, als allein auf einer Matratze im Frauenhaus zu sitzen. Es fühlte sich aber nicht mehr gut genug an, um meine Zweifel an dieser Beziehung auszuräumen.

Walter war verzweifelt. Er hatte Angst, mich zu verlieren. Das spürte ich, und es tat mir gut. Dennoch wollte ich nicht so schnell nachgeben. Ich hatte das Gefühl, dass unsere Beziehung sich verändern musste, wenn ich glücklich werden wollte.

Walter sprach davon, dass ich vor die Hunde gehen würde, wenn ich ihn verließe. Er wolle doch nur das Beste für mich, die besten Schulen könnte ich besuchen, mich fortbilden, Karriere machen, selbstständig werden. Die Krise in unserer Beziehung sei nur ein Missverständnis. Er würde mir alles erklären, dann sei es wieder gut.

Ich weinte. Ich hörte ihm zu, wollte ihm glauben. Und ich blieb über Nacht.

Das jedoch wird im Frauenhaus nicht gern gesehen. Am nächsten Tag, als ich meinen blauen Müllsack abholen wollte, musste ich mich rechtfertigen. Eine der Frauen fing mich am Eingang ab, ich glaube, sie kam aus dem Osten Europas.

»Ey, du, bist du die Neue?«

»Ja.«

»Musst du gehen zu Chefe, ist in Büro vorn und wartet auf dich.«

In dem Büro erwartete mich eine elegante Dame mit blau lackierten Zehennägeln in hohen, offenen Schuhen. Sie betrachtete mich nachdenklich und schwieg. Es war ein angenehmes Schweigen, das mich beruhigte.

Ich hatte das Gefühl, als würde meine tote Mutter mich durch die Augen dieser Frau betrachten – sie waren voller Liebe und Verständnis. Während mich diese Augen aufmerksam betrachteten, spürte ich etwas, das ich schon lange nicht mehr gefühlt hatte: Geborgenheit.

Ich entspannte mich, obwohl die elegante Dame nun doch die unangenehmen Fragen stellte, die ich befürchtet hatte.

»Wo waren Sie heute Nacht?«

Ich log: »Bei einer Freundin.«

Ein kleiner Schatten huschte über ihr Gesicht. Sie wusste, dass ich gelogen hatte, aber sie hakte nicht nach. Sie schwieg und blickte mich an. Ich glaube, sie blickte direkt in meine Seele.

Ich beschloss, dieser Frau zu vertrauen, es hatte ohnehin keinen Sinn, ihr etwas vorzumachen. Ich erzählte ihr von meiner Situation mit Walter, von meinen Zweifeln an unserer Ehe, von meinen Schuldgefühlen, von meiner Angst, nach Marokko zurückgeschickt zu werden.

Sie schien mich zu verstehen. »Sie können sich nicht entscheiden, ob Sie mit Ihrem Mann zusammenbleiben wollen?«

Ich sagte: »Ja. Nein.«

»Nehmen Sie sich Zeit«, sagte die elegante Frau.

»Aber was soll ich tun?«, fragte ich.

»Vertrauen Sie auf Ihre innere Stimme. Sie sind etwas Besonderes, was immer Sie tun, es ist richtig.«

Ich war überwältigt. Diese Frau, die mich erst seit ein paar Stunden kannte, nahm mich ernst, stand auf meiner Seite, hielt zu mir. Ich konnte mich nicht erinnern, wann es zum letzten Mal passiert war, dass ein Mensch mich wertschätzte, so wie ich war. Ich weiß nicht, ob das überhaupt jemals vorgekommen war. Meine Mutter hatte mich geliebt, wie nur eine Mutter lieben kann, aber das war lange her.

Und nun saß ich mit dieser Frau im Büro eines Frauenhauses in München, Tausende Kilometer entfernt von meiner Heimat Agadir und den Wogen des Meeres, die meine Tränen wegzuspülen pflegten, und plötzlich begann ich, mein Herz wieder zu spüren. Ich versuchte, nicht zu weinen, aber es gelang mir nicht. Die Tränen wuschen das Gift der Angst aus meiner Seele, das sich dort gesammelt hatte. Ich fühlte mich frei und stark im Angesicht dieser Frau.

Ich entschied mich, noch einige Tage im Frauenhaus zu bleiben.

»Entschuldigung«, sagte ich, »darf ich morgen noch einmal mit Ihnen sprechen?«

Die elegante Dame lächelte. »Natürlich. Kommen Sie einfach hierher.«

Ich verabschiedete mich. Ich hatte das Büro schon verlassen, da fiel mir noch etwas ein: Ich wusste nicht, wie diese Frau hieß.

Plötzlich war es mir sehr wichtig, diesen Namen in Erfahrung zu bringen. Ich ging in die Küche des

Hauses, wo sich die Frauen trafen, wenn sie nichts anderes zu tun hatten.

»Hallo«, flüsterte ich.

»Hallo«, kam es im Chor zurück.

»Darf ich Sie etwas fragen?«

»Ja, was denn?«

»Wie heißt eigentlich die elegante Frau mit den blau lackierten Zehennägeln?«

»Welche?«

»Die im Büro.«

»Ach die! Schau doch auf dem Schild an ihrer Tür nach«, sagte eine der Frauen.

Eine andere rief: »Die heißt Stebut.«

Ich schlich mich noch einmal zur Tür des Büros zurück. Und dann schrieb ich mir den Namen ab, der auf dem kleinen Schild neben der Tür stand: von Stebut, Beate.

Ich legte den Zettel mit ihrem Namen unter mein Kopfkissen. Ich wusste, ich würde ihn noch benötigen.

Nach vier Tagen im Frauenhaus ging ich zurück zu meinem Mann. Walter hatte mir Blumen geschickt und Briefe geschrieben, in denen er sich für sein Verhalten entschuldigte und Besserung gelobte.

»Frau von Stebut«, sagte ich, »ich möchte es noch einmal mit Walter probieren.«

»In Ordnung«, erwiderte sie, »nehmen Sie sich Zeit, und kriegen Sie raus, was Sie rauskriegen müssen.«

Ich nahm meinen blauen Müllsack: »Auf Wiedersehen.«

»Auf Wiedersehen«, sagte Frau von Stebut. »Ich bin für Sie da, wenn Sie Hilfe brauchen. Rufen Sie einfach an.« Dann nahm sie mich in den Arm. Es raubte mir den Atem.

Während der Taxifahrt zu Walter flüsterte ich die Ziffern ihrer Telefonnummer lautlos vor mich hin wie einen Geheimcode, den man keinesfalls verraten durfte. Ich wollte sie nicht auf einem Stück Papier notieren, das Walter mir wegnehmen konnte, so wie er mir mein Tagebuch weggenommen hatte. Ich wollte diesen Namen und diese Telefonnummer für mich allein haben. Es war meine Notrufnummer. Als das

Taxi vor Walters Wohnung stoppte, hatte ich sie mir so tief eingeprägt, dass ich sie niemals mehr vergessen würde.

Walter hatte sich verändert. Er fuhr mit mir in Urlaub nach Tunesien. Es war der erste Urlaub meines Lebens. Für Walter war er wahrscheinlich sehr erholsam, für mich purer Stress. Ich wusste nicht, wie ich mich verhalten sollte als Frau eines Christen in einem islamischen Land. Solche Verbindungen sind vom Koran und von den Rechtsgelehrten nicht gestattet. In der 2. Koransure (221) *Al Baqara* (»Die Kuh«) heißt es dazu:

Verheiratet eure Töchter nicht an Heiden, bevor sie gläubig wurden. Wahrlich, ein gläubiger Sklave ist besser als ein Heide, so gut er euch auch gefällt. Jene laden zum Feuer ein. Allah aber lädt mit Seiner Gnade zum Paradies ein und zur Verzeihung und macht den Menschen Seine Botschaft klar; vielleicht nehmen sie es sich zu Herzen.

Zwar hatte sich Walter in Marokko für ein paar Hundert Dirham eine Bestätigung geben lassen, dass er konvertiert war, und hatte sogar die *shahada*, den magischen Satz, ausgesprochen, der jeden unverzüglich zum Muslim macht, der ihn sagt: *Aschadu-anna la ilaha illa-llahu wa aschadu-anna Muhammadan rasulu llahi* – »Ich bezeuge, dass es keinen Gott gibt außer Allah. Ich bezeuge, dass Mohammed der Gesandte Allahs ist.«

Aber in Wirklichkeit fühlte er sich nicht als Muslim, und das war für die Tunesier leicht zu erkennen.

Ich beschloss, mich als Brasilianerin auszugeben, um Konflikte zu vermeiden. Viel genutzt hat es nicht. In der Stadt wurde ich zischelnd von den Männern am Straßenrand beschimpft.

»Schaut diese Schlampe an, sie geht mit einem Europäer.«

»Unverschämtheit.«

»Eine Sünderin!«

Ich war froh, als wir endlich wieder in Deutschland waren. Aber unsere Ehe hatte keine Chance mehr. Nach einigen Monaten machte ich mich wieder aus dem Staub. Dieses Mal hatte ich nur einen kleinen Rucksack mit den Dingen dabei, die mir wichtig waren. Ein bisschen Wäsche zum Wechseln, ein Foto meiner Mutter, vierhundert Mark, die ich mir von den fünfzig Mark Taschengeld erspart hatte, das Walter mir wöchentlich gab, und eine Kopie des Thronverses *Ayat Al Kursi* in arabischer Sprache:

Allah – es gibt keinen Gott außer Ihm, dem Lebendigen, dem alles Erhaltenden. Müdigkeit und Schlaf erfasst Ihn nicht. Ihm gehört, was in den Himmeln und was auf der Erde ist. Wer ist es, der bei Ihm fürbitten wollte, es sei denn mit Seiner Erlaubnis? Er weiß, was vor ihnen ist und was hinter ihnen ist, aber sie begreifen nur das von Seinem Wissen, was Ihm recht ist. Sein Thron umfasst die Himmel und die Erde, und es ist Ihm nicht schwer, beides zu erhalten, und Er ist der Erhabene, der Mächtige.

Meine Großmutter hatte mir dieses Schutzgebet immer ins Ohr geflüstert, wenn ich sie als Kind in ihrem Lehmhaus weit im Süden besuchte. Und auch heute noch begleitet mich und meine Familie dieser Vers.

Ich kam zunächst bei einer marokkanischen Bekannten unter, die ich über meine Nachbarin in der elften Etage kennengelernt hatte. Ich nannte sie Khadush, weil der Name zu ihr passte. *Khadush* ist ein ländlicher Name und bedeutet: die zu früh Geborene. Khadush stammte aus der Gegend von Chemaia nicht weit von Safi am Atlantik und war ein richtiger Bauerntrampel: rund, ungebildet, laut und herzlich.

Ihre familiäre Situation war recht außergewöhnlich. Ihr Ehemann, ein fast vierzig Jahre älterer irakischer Autohändler, war nämlich schon verheiratet. Und zwar mit einer deutschen Putzfrau, mit der er auch erwachsene Töchter hatte. Außerdem hatte er einen unehelichen türkischen Sohn, dessen Mutter im Lauf der Zeit irgendwie abhandengekommen war. Khadush hatte er in ihrem Heimatdorf in der Moschee nach islamischem Recht geheiratet, in Deutschland lebte sie allerdings offiziell als Au-pair-Mädchen der Familie, wie mir alle Beteiligten erzählten. Inzwischen hatte sie sogar ein Kind mit dem Iraker. Die Putzfrau hatte ihren Platz im Ehebett für Khadush geräumt und ein eigenes Zimmer.

In diese Familie kam ich nun mit meinem Rucksack. Ich schlief im Wohnzimmer auf einer sehr schmalen und harten Ledercouch, wenn ich überhaupt zum Schlafen kam. Der irakische Ehemann saß nämlich bis spät in die Nacht auf meiner Couch, und ich konnte wenig dagegen tun, weil es ja eigentlich seine war. Er sah fern und trank Bier. Und wenn er genug getrunken hatte, verschwand er im besten Fall in seinem Ehebett. Im schlechteren Fall fing er betrunken an zu randalieren, krakeelte in der Wohnung herum und warf die Stühle an die Wand.

Deshalb hielt ich mich hauptsächlich in der Küche auf, wo ich im Dunst der Essensgerüche an einem kleinen Tisch saß und Deutsch lernte. Ich hatte die Grundstufe an der Volkshochschule erfolgreich abgeschlossen und begann nun den Fortgeschrittenenkurs. Allerdings stellte sich schnell heraus, dass ich nicht mehr unbehelligt zur Schule gehen konnte, weil Walter dort herumlungerte und auf mich wartete.

Die Autogeschäfte des Irakers schienen nicht besonders gut zu gehen. Die wenigen Wochen, die ich bei ihm lebte, gab es fast immer nur Reis mit gekochten Karotten und gelegentlich mal ein Stück Hühnerfleisch – und meistens hatte ich das Essen auch noch bezahlt. Nach etwa zwei Wochen waren jedenfalls meine vierhundert Mark verbraucht.

Mir war klar, dass ich nicht für immer in dieser Familie bleiben konnte, aber eine Alternative zu finden war nicht so einfach, wie ich gedacht hatte. Zwar war mein Deutsch mittlerweile so gut, dass ich mich problemlos verständigen konnte, aber an eine Arbeit war nicht zu denken, allein schon deswegen, weil ich keine Papiere hatte.

Manchmal saß ich in der Küche, und während die anderen um mich herum redeten, sangen, stritten und lärmten, beschlichen mich grundlegende Zweifel, was mein Leben betraf. Wäre es besser gewesen, Marokko niemals zu verlassen? Hätte ich noch mehr um meine Ehe mit Walter kämpfen müssen? Hatte er vielleicht recht mit seiner Prophezeiung, dass ich ohne ihn in Europa verloren sei?

Bei all dem Lärm in der Küche des irakischen Autohändlers hörte ich vor meinem inneren Ohr die Stimme von Walter:

»Ohne mich gehst du vor die Hunde. Du hast keine Papiere. Du hast keinen Job, keine Wohnung, keine Zukunft. Die schicken dich zurück. Und du kannst nichts dagegen unternehmen.«

»Und du wirst sehen, ich schaffe es.«

Ich hatte dem unsichtbaren Walter laut geantwortet, und Khadush, die gerade wieder einen großen Topf Reis kochte, schaute mich überrascht an.

Ich beschloss, meinen Weg allein zu gehen. Ich hatte so viele Schicksalsschläge überlebt, ich würde auch diese Situation überleben. Ich wollte versuchen, in Deutschland zu bleiben. Aber für den Notfall hatte ich auch einen Plan B. Sollte ich Europa verlassen müssen, würde ich auf keinen Fall nach Agadir zurückkehren, sondern in Casablanca ein neues Leben beginnen. Mein Deutsch war gut genug, um dort in der Tourismusbranche unterkommen zu können. Das redete ich mir jedenfalls ein.

Und dann lernte ich Robert kennen, der Vater meines Kindes werden sollte.

Robert arbeitete als Sachbearbeiter für eine Versicherung. Er sah gut aus und war vor allem jung: achtundzwanzig Jahre. Er hatte eine eigene Wohnung, lebte allein und verliebte sich auf der Stelle in mich – auf eine zurückhaltende Art, die mich beruhigte.

Ich war ebenfalls sehr verliebt und zog, so schnell ich konnte, zu ihm, was sich sogleich als übler Fehler herausstellte. Ich hatte Walters detektivische Fähigkeiten unterschätzt: Er wusste innerhalb von zwei Tagen alles über Robert und machte uns das Leben zur Hölle.

Kaum wohnte ich bei Robert, klingelte das Telefon, und Walter erklärte meinem neuen Freund, was ich für ein schreckliches Flittchen sei. Ein paar Tage später brachte der Postbote Aktfotos, die Walter in unserer Ehe gemacht hatte. Ich glaube, so hatte Robert sich die Sache nicht vorgestellt. Aber er hielt trotzdem zu mir.

Kurz darauf war ich bei der Ausländerbehörde abgemeldet und bekam eine Vorladung. Ich vermutete, dass Walter dahintersteckte.

Das war nun wirklich eine ernste Angelegenheit.

»Was soll ich tun?«, fragte ich Robert.

Aber er hatte keine Ahnung. Ich war seine erste ausländische Freundin. Trotzdem legte er sich ziemlich ins Zeug. Für mich allerdings war die Vorladung ein Grund, noch einmal über mein Leben nachzudenken.

Trotz aller Probleme, die ich mit Walter gehabt hatte, war er der beste Ehemann von allen, wenn ich ihn mit den Männern der anderen Marokkanerinnen verglich, die ich in Deutschland kennengelernt hatte. Iman aus dem elften Stock war von ihrem Mann – nach ihren eigenen Angaben – auf den Strich geschickt worden. Khadush wurde, wie sie mir erzählt hatte, von ihrem irakischen Autohändler verprügelt. Und all die Frauen aus dem Frauenhaus hatten auch nicht direkt Glück gehabt mit ihren Männern.

Im Vergleich dazu war Walter ein Sechser im Lotto. Er war intelligent und gebildet, wohlhabend, unternehmungslustig, erfolgreich und insgesamt ein angenehmer Typ, wenn man davon absah, dass er mir meine Freiheit raubte.

Ich musste mich entscheiden, ob ich für meine Freiheit alles aufs Spiel setzen wollte – oder bereit war, in den goldenen Käfig von Walter zurückzukehren. Mein Kopf sagte mir, dass Walter das kleinere Übel war, mein Herz hingegen, ich sollte es riskieren.

Ich hörte auf mein Herz.

Aber ich hatte Angst dabei. Ich hatte kein Geld und keine Wohnung. Ich hatte gar nichts, außer Robert. Er schien die Rettung zu sein.

Im Nachhinein betrachtet, habe ich ihm viel zu viel zugemutet. Robert war zwar sieben Jahre älter als ich und ein netter Kerl. Aber Superman war er nicht. Meine Probleme waren eine Nummer zu groß für sein Leben als Versicherungskaufmann. Und heute weiß ich, dass auch ich für ihn eine Nummer zu groß war. Aber damals hatte ich das noch nicht erkannt. Ich war einundzwanzig, und Robert war mein Held. Ich kuschelte mit ihm auf seinem Sofa und fühlte mich wohl und geborgen. Er ging mit mir Billard spielen, tanzen und stellte mich seinen Freunden vor. Ich führte jetzt ein Leben, wie es einundzwanzigjährige Mädchen als selbstverständlich ansahen.

Statt Alexandras »Mein Freund der Baum«, Johnny Cash und Schellackplatten aus den Dreißigerjahren, die bei Walter ständig liefen, hörte ich jetzt Queen, George Michael, David Bowie und jede Menge Elvis. Das war zwar nicht direkt ein Sprung in die musikalische Gegenwart, aber immerhin ein Schritt vorwärts. Dazu schleppte Robert Filme auf Video ins Haus, und jetzt sah ich alle *Rocky*-Folgen im Fernsehen auf Deutsch. Auch eine interessante Erfahrung.

Ansonsten war ich aber damit beschäftigt, die Probleme zu lösen, die Walter mir einbrockte. Er schlich bei uns durch den Hinterhof, konferierte hinter meinem Rücken mit den Behörden, telefonierte mit meinen Verwandten in Agadir und lieferte sich mit Robert einen Kampf um mich, dem Robert kaum gewachsen war.

Mein Leben hatte sich nicht verbessert, im Gegenteil: Ich merkte, wie mich der ständige Stress und

1. *(Oben)* Madame Mahjouba Edbouche (links) nimmt Lebensmittelspenden für die Kinderkrippe des Frauenhauses Oum el Banine (Mutter der Kinder) in Agadir in Empfang.

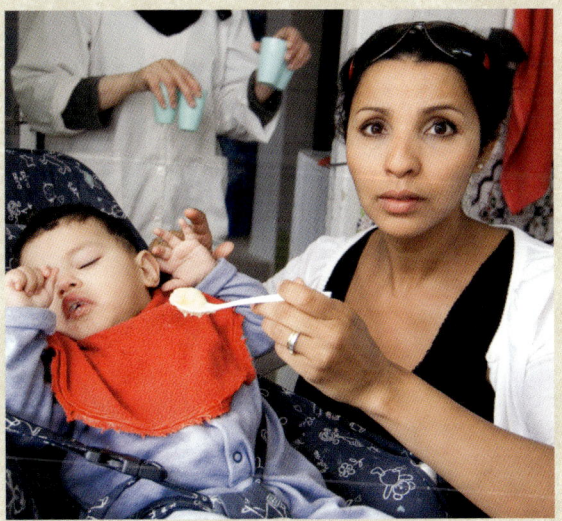

2. *(Links)* Ouarda Saillo mit Salwa aus der Kinderkrippe von Oum el Banine. Salwa ist behindert, weil ihre Mutter versuchte, sie abzutreiben.

3. (*Oben*) Eine Betreuerin in der Kinderkrippe von Oum el Banine. Hier werden vierundvierzig Kinder betreut, von denen die meisten uneheliche Kinder sogenannter *petites bonnes* sind. *Petites Bonnes* sind eine Art moderner Sklavinnen.

4. (*Rechts*) Eine kleine Sklavin (mit rosafarbenem Kopftuch) mit Betreuerin bei der Arbeit in der Kinderkrippe von Oum el Banine.

5. *(Oben)* Ouarda Saillo im Büro von
Madame Edbouche.

6. *(Unten)* Kinderhort Oum el Banine in
Agadir.

7. *(Oben)* Der Kauf einer neuen Wohnung für Oum el Banine wird beurkundet. Die Gelder dafür stammen von Tränenmond e. V., der Hilfsorganisation von Ouarda Saillo (rechts mit Urkunde), und von Sternstunden e. V., der Hilfsaktion des Bayerischen Rundfunks. Links die Beamtin, in der Mitte Mahjouba Edbouche.

8. *(Rechts)* In der neuen Wohnung. Ouarda Saillo mit zwei *petites bonnes* und ihren Kindern.

9. (Oben) Madame Edbouche in einem Kaffeehaus in Tiznit. Sie ist auf dem Weg in den Süden Marokkos, um ein vergewaltigtes Mädchen zu seiner Familie zurückzubringen.

10. (Unten) Der Marktplatz von Jemâa-n-Tirhirte. Ouarda tröstet Yamna, die in wenigen Minuten zum ersten Mal seit der Geburt ihrer Tochter ihre Familie wiedersehen wird.

11. *(Oben)* In Yamnas Dorf – ihre Nachbarn begrüßen sie.

12. *(Unten)* Yamna zwischen ihren
früheren Nachbarinnen.

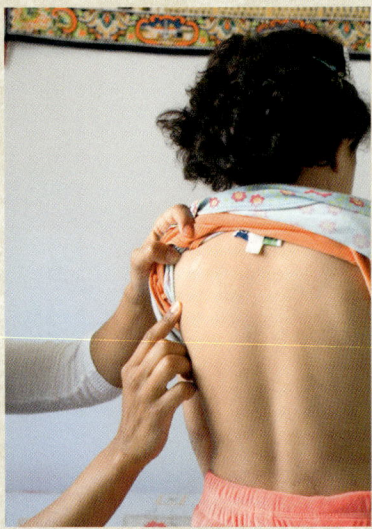

13. (*Oben links*) Yamna vor ihrer
Wohnung in Agadir.

14. (*Oben rechts*) Faisa zeigt die Narben
der Folter.

15. (*Unten*) Gemeinschaftsraum im
Frauenhaus von Oum el Banine.

16. *(Rechts)* Ouarda auf dem Friedhof von Taroudant am Grab ihres Vaters.

17. *(Unten)* Die Schule von Igraar, die mit Mitteln von Tränenmond e.V. eingerichtet wurde.

die Angst, ausgewiesen zu werden, völlig auslaugten. In Marokko hatte ich schlimme Zeiten mit Gewalt, Demütigungen und Hunger erlebt, aber ich fühlte mich nie wie eine Fremde. Ich war in Agadir zu Hause, und es gab immer jemanden, mit dem ich reden konnte. In München aber spürte ich eine große Leere und Einsamkeit, die mein Herz kalt umklammerten.

Auf wen sollte ich mich verlassen? Auf Walter, der mich formen wollte zu einem Menschen nach seinen Wünschen, der ich nicht sein wollte? Auf Robert, der von allem überfordert war, sogar von sich selbst? Oder etwa auf die Marokkanerinnen, die ich in Deutschland kennengelernt hatte und die so lebten, wie ich niemals leben wollte?

Wenn ich ehrlich war, dann war ich so allein wie noch nie zuvor. Sogar meine große Schwester Rabiaa, die in Marokko stets zu mir gehalten hatte, schlug sich nun auf die Seite von Walter und forderte mich auf, zu meinem Ehemann zurückzukehren, wie es sich für eine verheiratete Frau gehöre.

Ich verstand Rabiaa nicht. Ich las ihren Brief und sah meine Mutter vor mir, wie sie von meinem Vater geschlagen wurde, wie sie versuchte, ihr Leid und ihre Tränen vor uns Kindern zu verbergen, und wie sie schließlich den Tod fand durch die Hand meines Vaters.

»Wäre sie rechtzeitig abgehauen«, flüsterte ich, »würde sie noch leben.«

Als ich aus Marokko nach Deutschland kam, hatte ich beschlossen, ein völlig neues Leben in Europa zu beginnen. Ein Leben in Freiheit. Ein Leben ohne Angst. Ohne Unterdrückung. Ich schwor mir, niemals so zu enden, wie meine Mutter letztlich enden musste. Ich war nicht gewillt, irgendetwas von mir zu opfern, weder meinen Körper noch meine Seele, geschweige denn mein Leben.

Deshalb war es richtig, dass ich Walter verlassen hatte. Trotzdem war ich voller Angst, in diesem kalten, fremden Land völlig allein zu sein. Denn in Wahrheit gab es niemanden, dem ich vertrauen konnte.

Niemanden, außer dieser einen Person, deren Vorhandensein mich beruhigte, obwohl ich sie kaum kannte. Am nächsten Tag rief ich sie an. Die Nummer wusste ich noch immer auswendig.

Es klingelte lange.

»Bitte, Allah, lass sie da sein«, betete ich.

Endlich nahm jemand den Hörer ab: »Frauenhilfe, von Stebut, guten Tag.«

Ihre Stimme! Ihre warme, freundliche Stimme! Ich atmete aus. Vor lauter Anspannung hatte ich die Luft angehalten. Jetzt würde alles gut werden.

»Ich bin's«, sagte ich, »Ouarda Saillo, die aus Marokko. Erinnern Sie sich noch?«

Sie unterbrach mein Gestotter. »Ja, ich weiß, wer Sie sind.«

Ich glaubte, ein Lächeln in ihrer Stimme zu hören.

»Geht es Ihnen gut?«, fragte sie.

»Ja«, sagte ich, »nein. Ich muss zum Ausländeramt. Die wollen mich nach Marokko zurückschicken. Bitte helfen Sie mir, Frau Stebut.« Wie immer hatte ich das »von« in ihrem Namen vergessen.

»Wo sind Sie?«, fragte Frau von Stebut.

Ich sagte es ihr. Und sie schlug mir einen Treffpunkt in meiner Nähe vor.

»Ich glaube, wir müssen reden«, sagte sie.

»Ja, wir müssen reden.« Fast hätte ich geweint vor Erleichterung.

Das Gespräch fand am nächsten Tag in einem Café statt. Ich war schon lange vorher dort, weil ich sie auf gar keinen Fall verpassen wollte. Außerdem gestalteten sich meine Fahrten mit öffentlichen Verkehrsmitteln kompliziert, weil ich immer darauf achten musste, dass Walter mich nicht verfolgte. Deshalb hatte ich mir angewöhnt, frühzeitig das Haus zu verlassen und filmreife Ablenkungsmanöver durchzuführen. Wie ein Geheimagent auf der Flucht sprang ich im letzten Moment in die U-Bahn, hetzte durch Kaufhäuser und verdrückte mich unauffällig durch Hinterausgänge.

Endlich traf auch Frau von Stebut ein. Geduldig hörte sie sich meine verworrene Geschichte an. Ich hatte den Eindruck, als kannte sie das meiste schon. Später stellte sich heraus, dass Walter regelmäßig mit ihr telefoniert hatte.

»Fühlen Sie sich bei diesem Robert wohl?«, fragte sie schließlich.

»Ja, ich liebe ihn«, sagte ich. Aber während ich es aussprach, fühlte ich, dass es nicht die ganze Wahrheit war. Ich liebte Robert, und der Druck, den Walter auf uns ausübte, verband uns nur noch mehr. Aber gleichzeitig spürte ich auch, dass Robert nicht stark genug war, um mich wirklich zu beschützen.

»Ich liebe ihn«, sagte ich, »das schon. Aber ...«

»Aber ...?«, fragte Frau von Stebut.

»Aber ...« Ich konnte das »Aber« nicht formulieren. Denn je mehr ich versuchte, meine Sorgen in Worte zu fassen, desto größer wurden sie.

Frau von Stebut beobachtete, wie ich mich quälte. Dann sagte sie mit ihrer freundlichen Stimme: »Wissen Sie was? Kommen Sie erst mal zu uns ins Frauenhaus. Ich werde das mit meinen Kolleginnen besprechen. Rufen Sie doch einfach morgen wieder an.«

Plötzlich fühlte ich mich ganz leicht. »*Al hamdu li-ilahi*«, murmelte ich unhörbar, »Lobpreis sei Allah.« Und laut sagte ich: »Danke, danke, vielen Dank.«

Drei Tage später war ich wieder im Frauenhaus. Dieses Mal hatte ich ein eigenes Zimmer im ersten Stock. Es war vierzehn Quadratmeter groß, ausgestattet mit einem Bett, einem Tisch, zwei Stühlen, einem Schrank und einer winzigen Toilette mit Waschbecken und Spiegel. Die Duschen und das Telefon befanden sich am Ende des Gangs.

Robert fand es anscheinend in Ordnung, dass ich nicht mehr bei ihm wohnte. Er war ohnehin ein wenig überfordert von den ständigen Kontaktaufnahmen durch Walter und die drohenden Einschreiben von der Ausländerbehörde. Aber er versprach, mich aus Marokko zurückzuholen, falls ich ausgewiesen würde.

So weit wollte ich es aber gar nicht kommen lassen. Im März 1995 machte ich mich selbst auf den Weg in die Ruppertstraße, wo das Ausländeramt in einem riesigen Betongebäude untergebracht ist. Die Behörde hatte unter den Ausländern in München keinen guten Ruf. Die Beamten dort galten als streng und kaltherzig.

Ich bereitete mich sorgfältig auf meinen Auftritt vor. Mein dunkelvioletter Hosenanzug sah richtig seriös aus. Eine alte Bekannte aus Agadir, die jetzt in Düsseldorf lebte, hatte ihn mir geschenkt. Ich trug flache Schuhe, meine Papiere steckten in einem Rucksack. Robert begleitete mich.

Die Beamtin, die mich erwartete, entsprach in keiner Weise den Befürchtungen, die ich hatte. Sie war weder abweisend noch kaltherzig, sondern ausgesprochen mitfühlend. Dennoch erwies sich mein Fall als ziemlich kompliziert. Sie machte mir wenig Hoffnung, in Deutschland bleiben zu können.

»Gibt es denn gar keine Möglichkeit?«, fragte ich.

»Ich fürchte, nein«, war ihre Antwort.

Wir verließen die Behörde in gedrückter Stimmung und besuchten Khadush, die Geliebte des irakischen Autohändlers, weil sie es mit ihrer rustikalen Art schon oft geschafft hatte, mich wieder aufzuheitern.

»Ha!«, sagte sie, nachdem sie unsere Geschichte gehört hatte, »da habe ich eine Superidee für euch. Ich weiß, wie du in Deutschland bleiben kannst.«

»Wie denn?«

»Mach es einfach so wie ich. Ich habe ein Kind bekommen.«

»Ja und?«

»Wenn du ein Kind von einem Deutschen hast, dann kannst du bleiben. Schau mich an: Bin ich in Marokko oder in Deutschland?«

»In Deutschland.«

»Na bitte«, sagte sie. »*Al hamdu li-ilahi.*«

»*Al hamdu li-ilahi*«, murmelte ich.

Es stellte sich heraus, dass Khadush recht hatte: Wenn mindestens ein Elternteil deutsch ist, bekommt das Baby die deutsche Staatsangehörigkeit, und die Mutter wird dann natürlich nicht ausgewiesen.

Robert war sofort Feuer und Flamme und sprach sogar von Ehe. Auch ich hatte kein Problem damit, ein Kind zu bekommen. Erstens liebte ich Robert trotz seiner kleinen Mängel. Zweitens war es in meiner Heimat durchaus üblich, mit einundzwanzig Mutter zu werden. Und drittens hatte ich inzwischen auch ziemlich Spaß an der Tätigkeit gefunden, die zu Schwangerschaften führt. Unterschwellig kam noch ein vierter Grund dazu: Mit einem Kind wäre ich nie wieder allein. Aber das war mir damals noch nicht bewusst.

Vier Wochen später zeigte der Schwangerschaftstest, dass wir erfolgreich gewesen waren. Täglich beobachtete ich nun meinen Bauch, und schon in der sechsten Woche kam es mir so vor, als sei eine kleine Wölbung zu sehen.

Ich war glücklich. Noch ahnte ich nicht, welchen Verlauf meine Schwangerschaft nehmen sollte.

An die Zeit der Schwangerschaft habe ich nur wenige, verschwommene Erinnerungen. Aus heutiger Sicht war es eine Phase der Belanglosigkeit, obwohl ein neues Leben in meinem Leib heranwuchs, das schließlich alles verändern und eine ungeahnte Bedeutung für mich bekommen sollte. Mit der Geburt meines Sohnes würde ich zum ersten Mal nicht mehr allein sein. Nie mehr.

Aber bis dahin war ich einsamer als jemals zuvor. Ich hatte zwar einen Freund, aber der erwies sich zunehmend als nicht gerade einfach. Statt mir Halt und Kraft zu geben, musste ich ihm von den wenigen Energiereserven, die mir geblieben waren, etwas abgeben. Für mich wurde immer deutlicher, dass Robert eher ein weiteres Problem als die Lösung der bestehenden Probleme war.

Ich hätte mir einen Partner gewünscht, der mir Sicherheit, Geborgenheit und Schutz gab. Es zeigte sich jedoch, dass Robert das Gleiche bei mir suchte. Insofern waren wir ebenbürtig – aber nur in unseren Schwächen. Ob unsere Beziehung eine Zukunft haben würde, stellte ich immer mehr infrage.

Jede kleine Schwierigkeit warf Robert aus der Bahn. Einmal bekam er einen Strafzettel wegen falschen Parkens – und verfiel daraufhin für Tage in Depressionen.

»Meinst du nicht, dass du ein bisschen überreagierst? Das ist doch nur ein Strafzettel«, sagte ich.

»Ich? Überreagieren? Du weißt doch, dass ich kein Geld habe. Und jetzt nehmen die mir auch noch den letzten Pfennig weg. Denen darfst du niemals trauen. Natürlich regt mich das auf.«

Wenn irgendetwas schieflief, bezog Robert das sofort auf sich. Der Bußgeldkatalog für Autofahrer? Nur erfunden, um ihn zu quälen. Die Zigarettenpreise? Eine perfide Methode, um ihm als Raucher das Leben schwer zu machen. Vermutlich hielt er sogar mich in seinen schwachen Stunden für eine Strafe Gottes, die extra aus Marokko angereist war, um ihn um Kopf und Kragen zu bringen.

Walter tat nach wie vor alles, um Robert unter Druck zu halten. Mich ließ er in Ruhe, als er erfuhr, dass ich schwanger war. Stattdessen rief er Robert an, und der erzählte mir den Gesprächsverlauf.

»Bist du sicher, dass es dein Kind ist?«

»Natürlich«, entgegnete Robert.

»Dann wird dich der Vaterschaftstest wahrscheinlich schockieren, den ich verlangen werde.«

Und plötzlich war Robert gar nicht mehr sicher und verfolgte mich mit argwöhnischen Blicken. Man kann nicht sagen, dass er ein besonders selbstbewusster Mann war.

Dazu kamen einige Eigenschaften, die mich störten. Robert verließ nur ungern die Wohnung. Er konnte sich den ganzen Abend mit seinen Computern und der Spielkonsole befassen. Oder er schaute Filme auf Video an, die seine Mutter für ihn aufgenommen hatte. Am Wochenende fummelte er an seinem Auto herum, einem VW Golf. Mich wunderte ein bisschen, welches Engagement er für dieses Fahrzeug aufbrachte, wo er doch ständig darüber jammerte, wie teuer das Benzin sei. Trotzdem hinderte ihn das nicht daran, jeden Meter mit dem Golf zurückzulegen, auch wenn es nur zum Café ein paar Ecken weiter war.

Im Frauenhaus, wo ich immer noch wohnte, fühlte ich mich auch nicht richtig geborgen. Ich hatte keine Freundschaften, vermisste sie allerdings auch nicht. Meine einzige Bezugsperson neben Frau von Stebut war das ungeborene Kind in meinem Bauch. Ich redete mit ihm.

Wenn Robert wieder mal unerträglich war und ich aus seiner Wohnung ins Frauenhaus flüchtete, sagte ich meinem Bauch: »Mach dir keine Sorgen, wir schaffen das schon. Notfalls auch ohne Robert. Ich kümmere mich immer um dich. Versprochen.«

Das Baby trat mich schmerzhaft in den Bauch.

»Sei nicht sauer«, sagte ich, »ich liebe dich und werde dich immer lieben.«

Vermutlich hielten mich die anderen Bewohnerinnen im Frauenhaus für etwas seltsam. Mir war das egal, ich versuchte, einen liebenden Kontakt zu meinem Kind herzustellen. In Roberts Wohnung stand eine große Musikanlage. Wenn ich ihn besuchte, hielt ich meinen Bauch vor die Lautsprecher und beschallte ihn mit »You Drive Me Crazy« von Shakin' Stevens, bis ich es nicht mehr aushalten konnte und dazu tanzen musste.

Meistens war mir aber übel. Rückblickend war die Schwangerschaft eine Zeit der Übelkeit. Normalerweise wird schwangeren Frauen schlecht, wenn sie in Autos sitzen, die Kurven fahren. Mir wurde schon schlecht, wenn ich in Autos saß, die geradeaus fuhren, oder in U-Bahnen und sogar wenn ich irgendwo auf einem Stuhl saß. Ich glaube, es gibt kaum einen Ort in München, an dem ich nicht ein bisschen von dem Essen zurückgelassen habe, das ich in dieser Zeit zu mir genommen hatte.

Heute ahne ich, dass diese Missstimmung im Magen ein Symptom für die grundsätzliche Missstimmung in meinem Leben war. Ich hatte Marokko verlassen, war aber in Deutschland noch nicht richtig angekommen. Ich hatte einen Ehemann gehabt und ihn wieder verloren. Ich hatte ein neues Leben begonnen, war aber nicht sicher, ob ich es bewältigen konnte. Ich hatte einen Freund gefunden, zweifelte aber daran, ob er wirklich mein Freund sein konnte. Und ich trug ein Kind in mir, dessen Zukunft so ungewiss war wie meine eigene.

Wenn ich ganz ehrlich zu mir war, hatte ich nichts erreicht, als vor dem Elend meiner Kindheit geflüchtet zu sein. Aber in diesen Monaten vor der Geburt war ich mir nicht sicher, ob die Flucht sich wirklich gelohnt hatte. Was hatte ich denn hier in Deutschland? Einen dicken Bauch, ein Zimmerchen in einem

Frauenhaus, knapp fünfhundert Mark vom Sozialamt, einen Exehemann, einen depressiven Freund ohne Geld, ständig schlechtes Wetter und weit und breit keinen einzigen Ozean – nur den Starnberger See.

Ich war selbst knapp davor, schwermütig zu werden. Aber dann war Robert wieder so liebenswert, und selbst seine Mutter Gisela, eine fesche bayerische Mittvierzigerin, die zwei Stockwerke über Robert wohnte, wurde zu meiner Freundin. Sie kaufte mir die gleiche Hose, die sie auch trug, und zog mit mir um die Häuser. Vorübergehend vergaß ich meine Einsamkeit.

Am Abend des 20. Februar, vier Tage nach dem errechneten Geburtstermin, hatte ich regelmäßige Wehen und leichte Blutungen und fuhr fast panisch in die Klinik. Aber dort wollte man mich nicht dabehalten.

»Gehen Sie nach Hause«, hieß es barsch, »kommen Sie morgen wieder. Es ist noch nicht so weit.«

Enttäuscht, überfordert und hilflos fuhr ich mit Robert zurück zu seiner Wohnung. Ich sehnte mich nach Fürsorge und beruhigenden Erklärungen. Aber es gab niemanden, der mir die Angst nehmen konnte.

Robert verschwand im Schlafzimmer.

»Ich brauche doch auch meinen Schlaf!«, jammerte er, bevor er die Augen zumachte.

Ich lief die ganze Nacht ruhelos mit meinem dicken Bauch durch die Zimmer und erbrach mich vor Aufregung im Bad, aus dessen feuchten Wänden sich der Schimmel nicht beseitigen ließ, obwohl ich noch während der Schwangerschaft neu gestrichen hatte. Robert war der Schimmel egal gewesen. Mich ekelten der Geruch und die Vorstellung, dass die Sporen des Pilzes mit der Atemluft in meinen Körper und in die Nähe meines Babys geraten könnten.

Am nächsten Tag war Robert bereit für die Geburt. Um vierzehn Uhr begleitete er mich in den Kreißsaal, es war ein gutes Gefühl, ihn an meiner Seite zu wissen. Um 20.09 Uhr kam Samuel zur Welt. Es war der 21. Februar 1996 – der Tag, der mein Leben schon wieder vollkommen verändern sollte.

1996 war mein Glücksjahr. Ich brachte ein gesundes
Kind zur Welt. Ich bekam eine eigene Wohnung und
wurde von Walter geschieden. Und ich eröffnete mein
erstes eigenes Konto.

Samuel war ein unproblematisches Kind, abgesehen
von den Blähungen, die ihn und mich die Nacht über
wach hielten. Aber das machte er wett durch sein
strahlendes Lächeln, mit dem er mich tagsüber ansah.

Außerdem hatte er einen sehr großen ... nennen
wir es Zusatznutzen: Er war deutsch. Ich brachte seine
Geburtsurkunde zum Ausländeramt, und von diesem
Moment an gab es keine Probleme mehr mit meiner
Aufenthaltsgenehmigung. Ich konnte mich endlich
darauf konzentrieren, mein Leben in Deutschland zu
organisieren, ohne jeden Tag bangen zu müssen, dass
ich ausgewiesen wurde.

Natürlich war es nicht so, dass ich auf der Stelle
eine unbefristete Aufenthaltsgenehmigung bekam,
aber das konnte ich verstehen. Erstens waren wir in
Bayern, wo ohnehin manche Dinge anders laufen als
im Rest der Republik, und zweitens hatte ich weder

einen Job noch eigenes Geld. Mit meiner Aufenthaltsgenehmigung halste ich dem deutschen Staat zusätzliche Kosten auf. Ich war Sozialhilfeempfängerin. Und niemand konnte ahnen, dass ich schon wenige Jahre später genug verdienen würde, um alles über die Steuern zurückzuzahlen.

Mit den deutschen Behörden machte ich zunächst gute Erfahrungen. Die für mich zuständige Mitarbeiterin im Ausländeramt behandelte mich freundlich. Kaum hatte ich ein Konto eröffnet, überwies das Sozialamt anstandslos meinen Unterhalt. Das Wohnungsamt kümmerte sich um meine erste Wohnung: zwei Zimmer in einem Wohnblock im Norden von München. Im April zog ich mit Samuel bei Robert aus – und dann hatte ich zum ersten Mal in meinem Leben eine Wohnung, zu der nur ich den Schlüssel besaß und sonst niemand.

Das Nächste war die Scheidung von Walter. Ich war sehr nervös und hatte mir extra ein strenges graues Kostüm bei Quelle bestellt, das in der Gesamtwirkung etwas darunter litt, dass der Rock zu lang war und ich ihn am Bund umschlagen musste. Dazu trug ich eine Kunstlederaktenmappe. Ich fand, dass ich fast wie eine Rechtsanwältin aussah. Während Samuel bei Robert blieb, begleitete mich Frau von Stebut zum Gericht. Walter machte auf jugendlich. Er trug ein weit aufgeknöpftes Hemd, Goldketten und hörte über einen Walkman Musik. Mit mir sprach er kein Wort. Den Richter schien weder mein Kostüm noch Walters Walkman sonderlich zu beeindrucken. Innerhalb weniger Minuten waren wir geschieden. Ich verzichtete auf alle Ansprüche, Walter hatte schon genug für mich getan.

Als alles vorbei war, empfand ich ein Gefühl der Freiheit wie noch nie zuvor. Walters Kontrolle war ich entkommen, ich hatte eine eigene Wohnung, war mit freundlicher Unterstützung des Sozialamts finanziell unabhängig, musste wegen Samuel nicht mehr um mein Aufenthaltsrecht in München bangen und hatte einen Freund, der zwar noch eine Rolle in meinem Leben spielte, aber kaum noch in meinem Herzen. Das hatte Samuel erobert. Ich war vollkommen auf ihn konzentriert. Zum ersten Mal in meinem Leben fühlte ich mich wichtig. Etwas Besseres als ein Kind hätte mir nicht passieren können.

Ich dachte zurück an meine eigene Kindheit, die abrupt endete, als mein Vater meine Mutter tötete und wir Geschwister allein in einer feindlichen Welt zurückblieben. Ich beschloss, mein Leben diesem kleinen Menschen zu widmen, der nun so zufrieden an meinem Busen nuckelte.

Wenn Samuel schlief, lernte ich Deutsch. Ich studierte Grammatikbücher, hörte Sprachkassetten und arbeitete mich mühsam durch das Kinderlexikon, das Walter mir geschenkt hatte. Seit ich in Deutschland war, hatte ich gemerkt, wie gering meine Allgemeinbildung war, insbesondere wenn es um europäische Geschichte und Kultur ging. Darüber hatte ich in der Schule in Agadir nichts erfahren. Ich kannte zwar die Geschichte unseres Religionsgründers Mohammed und die des Morgenlandes auswendig, aber vom Abendland hatte ich keine Ahnung. Außerdem war mir klar, dass ich niemals richtig dazugehören würde, wenn ich nicht möglichst perfekt Deutsch sprechen könnte.

Ich wollte unbedingt dazugehören. Ich hatte mit meiner marokkanischen Vergangenheit gebrochen und bereitete mich auf eine deutsche Zukunft vor. Wenn ich in der Fußgängerzone zufällig jemanden Marokkanisch sprechen hörte, tat ich so, als verstünde ich nichts. Ich suchte eine neue Identität, indem ich meine alte verleugnete.

Heute schäme ich mich ein wenig dafür, aber ich erinnere mich auch, wie ich als kleines Mädchen am

Atlantikstrand in Agadir eine Fantasiesprache erfand, um von den europäischen Kindern für eines der ihren gehalten zu werden. Das traute ich mich aber nur, wenn wir zuvor bei der Kleiderausgabe von Terre des Hommes gewesen waren und ich Klamotten erwischt hatte, die mir sehr europäisch vorkamen.

»Anama andisch, anma adi uh ada kaib«, sagte ich.

»Hähh?«, machten die weißen Kinder.

Darauf ich: »Kalamu mala mo.«

»Mama, die spinnt!«, riefen die Kinder. Sie waren nicht auf meine kleine Vorstellung hereingefallen. Ich hatte vergessen, dass ich von der heißen Sonne Marokkos ganz schwarz gebrannt war und dass europäische Kinder nicht den ganzen Kopf voller Läuse haben.

Jetzt hatte ich zwar noch immer eine dunkle Haut, aber mein Haar war mit dem gleichen Shampoo gepflegt, das die deutschen Mädchen verwendeten, meine Kleidung stammte genauso wie ihre von H&M, von Pimkie und aus den Läden in der Fußgängerzone. Mein Kind hatte eine helle Haut. Mein Deutsch war zwar noch nicht perfekt, aber ich sprach es fast akzentfrei. Umso mehr empörte es mich, wenn ich nicht so behandelt wurde wie andere.

Die Besuche in der Ausländerbehörde wurden zunehmend frustrierend. Die freundliche Sachbearbeiterin war verschwunden und hatte einem dauerhaft schlecht gelaunten Kollegen mit dicker Brille Platz gemacht.

Dieser Mann sprach niemals in ganzen Sätzen mit mir.

Ich klopfte: »Entschuldigung …«

Der Mann sah erst gar nicht auf. »Draußen warten!«

»Ich habe ein Baby.« Im Warteraum ist ausdrücklich vermerkt, dass Mütter mit Säuglingen bevorzugt behandelt werden.

»Draußen warten!« Der Mann erhob seine Stimme. Wenn ich dann endlich an der Reihe war, verbesserte das seine Laune keineswegs.

»Können Sie Deutsch?« Noch immer vermied es der Mann, vom Schreibtisch aufzuschauen.

»Ja, ich kann Deutsch.« Vor lauter Angst, dass dieser hässliche, unsympathische Mensch mir Schwierigkeiten machen könnte, sprach ich mit der sanftesten Stimme, die mir zur Verfügung stand. Das führte aber zu keiner Stimmungsänderung.

»Was wollen Sie?«, blaffte er.

Ich trug mein Anliegen vor. Und er erledigte es mit der größtmöglichen Widerwilligkeit. Dieser Mann gab mir stets das Gefühl, unerwünscht zu sein.

Damals war ich nicht in der Lage, mich dagegen zu wehren, weil ich die Situation nicht einschätzen konnte. Ich war unsicher, was meine Rechte und seine Pflichten betraf. Heute weiß ich, dass dieser Mann seine Stellung missbraucht hat, um mich zu ängstigen und zu demütigen. Heute würde ich mich gegen diese Form des alltäglichen Rassismus zur Wehr setzen.

Ich habe in München niemals aggressiven Rassismus erlebt, wie er in Ostdeutschland üblich ist, wo ich bei Lesungen aus meinem ersten Buch *Tränenmond* immer ein etwas mulmiges Gefühl hatte, wenn ich allein unterwegs war. Im Dunkeln ließen mich die

Veranstalter niemals ohne Begleitung zum Hotel zurückgehen. »Sicher ist sicher«, hieß es.

Nach den Lesungen kursierten, wie gesagt, in rechtsradikalen Weblogs böse Beschimpfungen, in denen zum Beispiel bedauert wurde, dass das Benzin so teuer sei. Man könne es sich kaum noch leisten, schwarze Schlampen wie mich zu verbrennen.

Das ist mir in München niemals passiert. Ich wurde weder körperlich ernsthaft angegriffen noch angespuckt, was im Osten Deutschlands noch zu den harmlosen Übergriffen gehört. Aber eine unterschwellige Fremdenfeindlichkeit war auch in Bayern gelegentlich zu spüren.

Einmal meckerte ich mit Samuel in der U-Bahn, weil er auf seinen kurzen Beinchen zwischen den Fahrgästen herumwackelte und sich an der Stange halten wollte wie die Erwachsenen, anstatt sicher in seinem Buggy sitzen zu bleiben.

Samuel weinte trotzig.

Ich blieb streng: »Nein, das ist zu gefährlich. Wenn die U-Bahn bremst, fällst du hin. Also keine Widerrede! Setz dich in den Buggy!«

In diesem Moment mischte sich eine Dame mit schicker Frisur ein.

»Typisch«, keifte sie. »Man holt euch hierher, und dann behandelt ihr unsere Kinder schlecht.«

Ich war überrascht. Was meinte diese Frau wohl? Aber dann fiel mein Blick auf Samuels helle Haut. Ich betrachtete die Haut auf meinen Armen: schwarz gebrannt von der Sommersonne. Und der Fall war klar: Die Frau hatte mich für ein Kinder- oder Au-pair-

Mädchen gehalten. Aber ich war weder das eine noch das andere, sondern die Mutter dieses kleinen Jungen.

»Es tut mir leid für Sie«, sagte ich, »aber das ist *mein* Kind.«

Ich fand, dass ich angemessen reagiert hatte, denn ich war verletzt. Ich hatte nicht erwartet, dass irgendjemand übersehen könnte, dass Samuel aus mir geboren worden war. Für mich war das selbstverständlich, für diese Dame in der U-Bahn anscheinend nicht.

In dieser Situation schauten die anderen Fahrgäste nur interessiert zu, wie sich die Lage entwickeln würde. Aber ein anderes Mal reagierten sie auch. Ein etwa fünfzigjähriger Mann weigerte sich, von der U-Bahn-Tür zurückzutreten, als ich versuchte, Samuel in seinem Kinderwagen in den Waggon hineinzuwuchten.

»Entschuldigung«, sagte ich, »würden Sie bitte ein wenig Platz machen?«

Der Mann sagte nichts. Er schaute mich nur provozierend an und machte sich noch ein wenig breiter, als er ohnehin schon war. Langsam wurde die Sache gefährlich. In den nächsten Sekunden würden sich die Türen der Bahn schließen, und der Kinderwagen war fast schon drin, während ich noch auf dem Bahnsteig stand.

Das erkannten andere Fahrgäste und mischten sich sofort ein.

»Lassen Sie die Frau doch einsteigen!«, rief eine Dame. »Was Sie tun, ist ungehörig.«

»Nazi«, grölten ein paar Studenten aus dem Hintergrund.

Ein kräftiger Bayer griff zum Kinderwagen, schob

den Mann einfach zur Seite, rief: »Geh weida, du Depp!« – und ich war drin. Keine Ahnung, ob der Mann ein Ausländerfeind oder ein Kinderhasser war, die Mehrheit der Fahrgäste in dieser U-Bahn war jedenfalls auf meiner Seite. Ein gutes Gefühl.

Am schlimmsten empfand ich die Fremdheit, als Jamila, meine große Schwester aus Paris, mich besuchte. Sie hatte sich entschieden, Kopftuch zu tragen, und dazu trotz milder Temperaturen einen großen dunklen Wintermantel meines Exmannes angezogen, um ganz sicher zu sein, dass kein fremder, männlicher Blick ihrem üppigen Körper nahe käme. Ich fand auch, dass sie etwas seltsam aussah, aber ich hatte nicht damit gerechnet, wie die deutsche Umwelt reagieren würde.

Menschen tuschelten und zischelten, andere glotzten nur. Eine Oma mit geschlossenem Regenschirm zeigte schon von Weitem, dass ihr nicht gefiel, was sie sah, obwohl ich wirklich lässig europäisch angezogen war in Jeans, Sweatshirt, Turnschuhen und einer Baseballkappe auf den offenen schwarzen Locken.

Das besänftigte die Oma überhaupt nicht. Ein paar Meter vor uns zückte sie den Schirm wie ein Schwert und kam mit Raubtierblick auf uns zu, ohne auch nur einen halben Schritt zur Seite zu gehen, sodass wir gezwungen waren, nach links und rechts auszuweichen. Allein das schon war als Demütigung gedacht. Während sie zwischen uns hindurchhumpelte, zischte sie: »Scheißausländer.« Und als ob das nicht schon unverschämt genug gewesen wäre, versetzte sie mir noch einen Schlag mit dem Schirm gegen den Oberschenkel.

Ich war so schockiert, dass ich gar nicht schnell genug reagieren konnte. Und als ich endlich reagieren konnte, war die alte Frau schon längst in der Menschenmenge verschwunden.

»Hast du das gesehen?«, sagte ich zu Jamila.

»Ja«, sagte sie ganz entspannt.

»Und findest du das nicht eine Frechheit?«, empörte ich mich.

»Ja«, sagte Jamila.

»Ja, ja, ja!«, rief ich. »Kannst du auch was anderes sagen?«

»Was soll ich denn sagen?«, fragte Jamila. »So sind sie halt, die Ungläubigen. Da kann man nichts machen.«

Dieser Fatalismus empörte mich fast so stark wie die Schirmattacke der Oma. In meinen Augen gibt es aktiven und passiven Rassismus. Die rabiate Rentnerin war eine aktive Rassistin, meine Schwester eine passive. Sie duldete den Übergriff, ohne sich zu wehren. Ich dagegen war nicht bereit, solche Dinge zu akzeptieren.

Wir redeten am Abend noch einmal über dieses Thema. Aber Jamila war davon überzeugt, dass es nichts nützt, sich bei diesen Christenmenschen aus Europa zur Wehr zu setzen. Das wiederum empfand ich ebenfalls als eine Art Rassismus, dieses Mal in die andere Richtung.

»Tasuk'hit«, sagte sie zu mir in der Berbersprache, »wenn ich mich in Paris jedes Mal aufregen würde, wenn jemand mir komisch kommt, dann hätte ich den ganzen Tag nichts anderes zu tun. Die Leute wollen eben keine Ausländer in ihren Städten haben. *U'Allah* – im Namen Allahs, glaube es mir.«

Jamila nennt mich im Spaß Tasuk'hit, weil ich die dunkelste Hautfarbe in der Familie habe. Ich revanchiere mich mit Tath'boust, dicke Plunze, weil sie die traditionellste Figur in der ganzen Familie hat, so nennt man das in Afrika.

Wir kamen an diesem Abend zu keiner Einigung. Aber mittlerweile ist Jamila längst nicht mehr so duldsam wie damals. Sie wohnt nun schon so lange in Paris, dass sie weiß, wie man sich vor Rassismus schützt: Sie ist in ein Viertel gezogen, in dem fast nur Marokkaner leben. Wenn hier jemand in der Minderheit ist, dann sind es die Franzosen. Und als kürzlich eine Lehrerin ihre hochbegabte Tochter Shaima in der Schule nicht so bewundernd behandelte, wie Jamila das erwartet hatte, machte sie ihr so lange in perfektem Französisch die Hölle heiß, bis die Frau zu der Einsicht kam, dass es besser sei, sich zu entschuldigen, bevor es eine Anzeige wegen Rassismus gab. Heute ist die Lehrerin Shaima gegenüber die freundlichste Person, die man sich vorstellen kann.

Besonders demütigend war das Verhalten mir gegenüber, als Samuel einen Platz in der Kinderkrippe bekam und ich eine Arbeitsstelle suchte. Ich hatte beschlossen, wieder etwas zu tun, um meinen Lebensunterhalt selbst zu verdienen und unter Menschen zu sein. Die Beziehung zu Robert war gescheitert, meine finanzielle Situation war durchaus verbesserungsfähig, und ich war fast nur noch mit meinem kleinen

Sohn zusammen. So hatte ich mir das Leben in Deutschland nicht vorgestellt.

Ich stellte mich bei einem großen Modehaus in der Münchner Innenstadt vor. Mit dem Aufzug fuhr ich zur Personalabteilung in der obersten Etage.

»Was kann ich für Sie tun?«, fragte die Dame am Empfang.

Ich erklärte ihr meine Situation und sagte: »Ich möchte mich beruflich orientieren und wollte fragen, ob ich nicht ein Praktikum bei Ihnen machen und später eventuell eine Lehrstelle bekommen kann.«

Die Frau nahm meine Daten auf. »Okay«, sagte sie, »wir rufen Sie morgen an.«

Noch während die Frau mit mir redete, betrat ein gut aussehender älterer Herr mit grauen Haaren im schwarzen Anzug den Raum. Im Arm hielt er einen Schoßhund mit weißem Fell. Schweigend lehnte er sich schräg hinter mir mit einer Pobacke an den nächsten Schreibtisch. Es war eine Pose, die ich bisher nur in alten Filmen gesehen hatte. Gedankenverloren streichelte er seinen Hund.

Plötzlich zeigte er mit dem Finger auf mich und rief: »Was willst du hier? Wo kommst du her? Du bist doch bestimmt Asylantin? Was hast du angestellt in deinem Land, dass du es verlassen musstest?«

Ich war völlig überrascht von diesem Angriff. Zunächst schaute ich mich um, wen er meinen könnte. Aber ich war eindeutig die einzige Ausländerin in diesem Raum. Hilfe suchend blickte ich meine Gesprächspartnerin an. Aber die war ebenso verdutzt wie ich. Mit großen Augen beobachtete sie den Mann mit dem Hund und sagte kein Wort. Ihr Blick flackerte. Ich glaube, sie hatte Angst, die ganze Angelegenheit könne eskalieren.

Ich spürte, dass hier etwas nicht stimmte. Irgendetwas stimmte hier ganz und gar nicht. Die Atmosphäre, die bis vor wenigen Augenblicken noch so positiv gewesen war, kippte innerhalb einer Sekunde. Ich spürte, wie meine Augen feucht wurden, und hasste diese Tränen, die ich nicht zeigen wollte.

»Wer sind Sie?«, rief ich. »Wer gibt Ihnen das Recht, so mit mir zu sprechen?«

»Ich bin der Besitzer persönlich«, knarrte er und nannte seinen Namen.

Ich schaute diesen Mann an, von dem ich heute weiß, dass er Mitglied einer konservativen christlichen Splitterpartei ist, die es nie in einen Landtag, geschweige denn in den Bundestag geschafft hat. Er kam mir unheimlich schäbig, geradezu ekelerregend vor, wie er da im schwarzen Anzug mit dem weißen Köter im Arm am Schreibtisch lehnte und ein junges Mädchen aus Afrika anpöbelte, das nichts anderes wollte, als sein Leben zu organisieren.

»Ich bin froh, dass ich Sie heute schon kennenlernen konnte«, sagte ich und hoffte, dass er meine Tränen nicht sah. Dann drehte ich auf dem Absatz um, rannte die Treppen hinunter, verließ das Haus und ging mit feuchten Augen durch die Fußgängerzone, bis sich die Enttäuschung in Wut verwandelte und ich wieder klar sehen konnte.

»Bitte, Allah«, flüsterte ich, »lass ihn spüren, was

ich jetzt spüre, damit er weiß, wie sehr er mir weh-getan hat. *Ya'rabbi*, ›o Gott, erhöre mich‹.«

Noch am gleichen Tag bekam ich einen Anruf aus der Personalabteilung des Modehauses. Ich nahm das Gespräch nicht an. Die Nachricht auf meinem Anruf-beantworter lautete: »Wir möchten Sie gern zu einem offiziellen Vorstellungsgespräch einladen.« Danach wurde ein Termin genannt. Ich habe das Gespräch ge-löscht und das Modehaus nie wieder betreten.

Teil 3

München–Agadir

(1996–2007)

Als Kind und Jugendliche in Marokko fand ich es immer aufregend, wenn im Sommer die *safarians* zurückkamen, die Marokkaner, die irgendwo im Ausland lebten und im August mit großen Autos, vielen Koffern und viel Geld in Agadir einfielen.

Ich bewunderte diese Menschen für ihre Art. Sie kamen mir reich und frei vor, und ich wollte so sein wie sie. Inzwischen wusste ich zwar aus eigener Erfahrung, dass das Leben im Ausland keineswegs so einfach, erfolgreich und gewinnbringend ist, wie ich dachte, und ich vermute, dass viele unserer *safarians* sich das ganze Jahr über jeden Cent vom Mund abgespart hatten, um zu Hause in Nordafrika den großen Max zu spielen.

Aber insgeheim hatte ich doch den Wunsch, in einer Art Triumphzug in die Rue el Ghazoua zurückzukehren, die mit so vielen bitteren Erinnerungen an meine Kindheit verbunden war. Falls ich jemals hierher zurückkam, das hatte ich mir geschworen, dann als starke, schöne und reiche Frau mit meinem Ehemann und meiner Familie. Und nicht als das unsichere Mädchen, das 1993 in das Flugzeug nach Deutschland gestiegen war, um ein neues Leben in der Fremde zu beginnen.

Nach drei Jahren in München fühlte ich mich bereit für diese Mission. Zwar lebte ich von Sozialhilfe und hatte keinen Mann, aber ich kam mir reich, frei und stark vor. Meine Schwester Rabiaa bestärkte mich in dem Wunsch, nach Marokko zu fliegen. Sie war nach Deutschland gekommen, um Samuel kennenzulernen und zu sehen, ob es mir gut ging.

Rabiaa ist meine älteste Schwester (Mouna in Belgien ist älter als Rabiaa, aber sie will zum Rest der Familie keinen Kontakt mehr haben). Nach dem Tod unserer Mutter war Rabiaa meine engste Verbündete. Wir hatten uns lange nicht gesehen. Ich lebte in München, sie arbeitete für eine Autofirma in den Vereinigten Emiraten. Ihr Besuch in Deutschland war für mich von großer Bedeutung.

In der Nacht vor ihrer Ankunft konnte ich vor Aufregung kaum schlafen. Meine Rabiaa! Meine große Schwester! Ich wollte ihr zeigen, wie gut es mir ging, wie ich alles im Griff hatte. Ich sehnte mich danach, ihr zu beweisen, dass ich mich weder in meinem Charakter verändert noch die Werte vergessen hatte, die sie mir damals vermittelte, als ich ein kleines Mädchen war und sie meine große Schwester.

Zuletzt hatten sich Schatten auf unsere Beziehung gelegt. Rabiaa wollte nicht verstehen, warum ich Walter verlassen musste. Ich befürchtete, sie hielt mich für oberflächlich und verantwortungslos. Aber das war ich nicht. Ich war zwar jung und unerfahren, aber ich fühlte, dass es richtig war, wie ich mich verhalten hatte.

Stunden vor ihrer Ankunft packte ich Samuel in den Kinderwagen und machte mich mit der S-Bahn auf den langen Weg zum Flughafen. Ich wollte mich auf keinen Fall verspäten. Als sie durch die Sicherheitskontrolle kam, erkannte ich sie kaum. Sie war sehr modisch gekleidet in Jeans und T-Shirt und sah wunderschön aus, als sie die Sperre passierte. Ich stürzte mich in ihre Arme, und sie hielt mich umschlungen wie eine Mutter. Zum ersten Mal seit langer Zeit fühlte ich mich wieder geborgen.

Leider stellte sich schnell heraus, dass Rabiaa vor lauter Wiedersehensfreude ohne ihr Gepäck aus dem Sicherheitsbereich herausgestürzt war, und es kostete uns eine weitere Stunde, sie wieder hineinzubringen. Als sie schließlich mit ihren Koffern wieder auftauchte, war es an der Zeit, ihr meine neue Heimat zu zeigen. Wir fuhren mit der S-Bahn vom eleganten neuen Flughafen in die Stadt, und ich freute mich, wie sehr Rabiaa von der Sauberkeit und der Schönheit Münchens fasziniert war.

Ich hatte viel eingekauft und Essen vorbereitet, und ich genoss den Respekt, den Rabiaa mir zollte. Sie fand meine Wohnung schön, meinen Sohn wunderschön und mittlerweile auch alle meine Entscheidungen nachvollziehbar. Ihr gefiel, wie ich mich kleidete, dass ich nicht rauchte und keinen Alkohol trank und wie ich mit meinem Sohn umging. Ich glaube, sie war überrascht, wie gut ich mich allein durchschlug.

Das hatte sie ihrer kleinen Schwester anscheinend nicht zugetraut. Alle Schatten, die auf unserer Beziehung gelegen hatten, verschwanden. Mit Rabiaa an meiner Seite fühlte ich mich unverwundbar.

Durch eine Schlamperei des Sozialamts bekam ich meine mageren Monatszahlungen in dieser Zeit doppelt. Finanziell ging es mir dadurch plötzlich richtig gut. Als ich den Fehler der Behörde bemerkte, ging ich hin und informierte den zuständigen Sachbearbeiter. Aber dem war die Sache so unangenehm, dass er sagte: »Schwamm drüber.« Ab dem nächsten Monat allerdings traf nur noch die korrekte Rate auf meinem Konto ein.

Dennoch hatte ich plötzlich genug Geld, um ernsthaft darüber nachzudenken, einen Flug nach Agadir zu buchen. Ich hatte keine Ahnung, dass es verboten ist, mit Sozialhilfe in Urlaub zu fahren. Das erfuhr ich erst, als ich zurückkam und meinem Sachbearbeiter in der Behörde blauäugig von meiner Reise berichtete.

Der Mann wurde ganz bleich und stammelte nur: »Das hätten Sie nicht machen dürfen.«

Aber da war es schon passiert.

»Du wirst sehen, dass sich die Dinge in Agadir verändert haben«, sagte Rabiaa. »Es wird dir gefallen.«

»Aber Onkel Hassan und Tante Zaina verändern sich doch nicht!«, sagte ich. »Vor denen habe ich immer noch Angst.«

»Die sind auch älter und toleranter geworden und haben eingesehen, dass sie sich damals falsch verhalten haben.«

»Ich weiß nicht, ob ich vergessen kann, wie schäbig sie mit mir umgegangen sind. Sie haben mich behandelt wie ein Stück Dreck.«

Als Walter drei Jahre zuvor um meine Hand angehalten hatte, musste er mit Onkel Hassan über die Hochzeit sprechen, weil mein Vater noch im Gefängnis war. Es ist unmöglich, ein marokkanisches Mädchen zu heiraten, ohne zuvor die entsprechenden Verhandlungen mit dem Familienoberhaupt geführt zu haben.

Der Onkel hatte sofort erkannt, dass aus der Angelegenheit Geld zu schlagen war. Er verschacherte mich an Walter wie ein Stück Vieh und schreckte nicht einmal davor zurück, im letzten Moment meinen Pass mit dem Visum zu entwenden, um Walter erneut unter Druck zu setzen. Erst als mein künftiger Ehemann ihm noch einmal einen Briefumschlag mit Geld zusteckte, konnte ich Agadir verlassen. Ich war dabei und habe es selbst gesehen.

Ich fühlte mich durch dieses Verhalten zutiefst gedemütigt. Ich wollte aus Liebe mit Walter nach Deutschland gehen, doch mein Onkel hatte aus den großen Gefühlen ein widerliches Geschäft gemacht und meine Beziehung damit von vornherein belastet. Meine Ehre war dadurch ein weiteres Mal in den Schmutz gezogen worden – als hätten Onkel Hassan und Tante Zaina nicht ohnehin schon alles getan, um mir Würde, Selbstbewusstsein und Lebensfreude zu nehmen. Diese Menschen hatten systematisch versucht, meine Geschwister und mich fertigzumachen. Ich war sicher, dass ich sie niemals wieder respektieren könnte.

»Du solltest ihnen eine Chance geben!«, sagte Rabiaa.

»Warum?«, fragte ich. »Warum soll ausgerechnet
ich diesen bösen Menschen eine Chance geben?«

»Weil es deine Familie ist«, erklärte Rabiaa. »Deine
einzige Familie, eine andere hast du nicht. Und vergiss
nicht, wie wichtig *silat ar-rahim* ist.«

Silat ar-rahim ist die muslimische Pflicht, eine
gute Beziehung zur engsten Familie aufrechtzuerhal-
ten, unabhängig davon, wie ablehnend und böse sich
diese Verwandten verhalten.

In der Koransure 16, welche *An-Nahl*, »Die Bienen«,
genannt wird, heißt es:

*Gott gebietet, Gerechtigkeit zu üben, Gutes zu tun und die
Verwandten zu beschenken. Er verbietet das Schändliche,
das Verwerfliche und die Gewalttätigkeit. Er ermahnt
euch, auf dass ihr es bedenket.*

Oft werden die Suren ergänzt durch Überlieferungen
Mohammeds – »Allahs Segen und Heil sei über ihm«
(diese Formel begleitet im Islam den Namen des Propheten, wann immer er erwähnt wird). Die Überlieferungen nennen wir *Hadithe*, und auch zum Thema
Verwandtschaft gibt es eine Reihe von *Hadithen*, zum
Beispiel diese, die einen drohenden Unterton hat:
*»Demjenigen, der die Bande der Verwandtschaft bricht,
sei der Zugang zum Paradies verwehrt.«*

Ich hatte gelernt, in Zweifelsfragen den islamischen Regeln zu vertrauen. Abgesehen davon empfand ich kaum noch Hass gegenüber meinen Verwandten, sondern nur kalte Verachtung, und die sollte für mich kein Hinderungsgrund sein, nun endlich zu meiner Familie zurückzukehren. Es war meine Pflicht. Und es war auch mein Wunsch. Ich wollte ihnen zeigen, dass ich es geschafft hatte. Und in mir trug ich die vage Hoffnung, dass alles tatsächlich besser geworden sei.

Als ich in Agadir landete, stand die ganze Familie bereit, um mich zu empfangen. Angeführt von Onkel Hassan, waren Tante Zaina und die Cousinen und Cousins mit zwei Autos zum Flughafen hinausgefahren. Ich vermute, dass dieser Massenaufmarsch damit zu tun hatte, dass sie mich für reich hielten. Schließlich kam ich aus dem wohlhabenden Deutschland, von dem jeder in Marokko annimmt, dass die Menschen in diesem Land ausschließlich Villen bewohnen und Mercedes fahren.

Selbst meine Schwester Mouna, die in Belgien lebt, kam stets mit dem eigenen Auto und hatte gelegentlich sogar Geschirrspülmaschinen oder Waschmaschinen auf das Dach geschnallt. Umso enttäuschter waren die Blicke meiner Familie, als ich nur mit Samuel in seinem Buggy und einem einzigen Koffer an der Absperrung auftauchte.

»*Salam aleikum!*«, rief der Onkel. Er lispelte ein wenig, weil er nur noch wenige Zähne besaß. »Ist das alles? Nach drei Jahren nur ein einziger Koffer?«

»Und der ist nicht einmal besonders groß«, mokierte sich die Tante.

Aber die Cousinen schienen sich richtig zu freuen. Hatte Rabiaa recht? Hatte sich doch etwas verändert?

Ich wusste es zu diesem Zeitpunkt nicht. Aber ich spürte eine seltsame Unruhe. Ich traute der ganzen Angelegenheit nicht. Und es stellte sich heraus, dass mein Misstrauen berechtigt war.

Die Cousinen und Cousins schlugen mich so in ihren Bann, dass ich kaum Zeit fand, mich um mein Kind zu kümmern, geschweige denn um meine Geschwister. Ich fühlte mich wie in einem rauschhaften Sog, der mir die Sinne raubte und meine Aufmerksamkeit forderte. Jeden Abend war ich mit den Cousinen unterwegs in Etablissements, die ich früher niemals betreten hätte, weil sie mir fragwürdig vorkamen.

Eines Tages entdeckte ich auf der Straße, dass die Milch aus meinen Brüsten meine Bluse völlig durchnässt hatte. Ich hatte vergessen, Samuel zu stillen. Aber das störte mich nur kurz, meine Schwester Jamila kümmerte sich ja um meinen Sohn. Ich hatte wichtigere Aufgaben. Ich musste los, noch mehr einkaufen, noch mehr Geschenke besorgen, um die Wünsche meiner Verwandten zu erfüllen, die mit dem Inhalt meines Koffers nicht zufrieden waren.

Mein Geld wurde mir teilweise in der Wohnung geklaut, und als ich schließlich pleite war, rief meine Cousine: »Was ist das denn für eine hübsche Bluse?«

»Gefällt sie dir?«, antwortete ich eifrig. »Willst du sie haben?« Und noch bevor die Cousine antworten konnte, riss ich mir das Kleidungsstück vom Leib und drückte es ihr in die Hände.

Nachts fand ich keinen Schlaf und wälzte mich hin und her. Mein Sohn spürte die Veränderung und reagierte darauf: Er weinte nahezu ohne Unterbrechung und wollte sich nicht beruhigen lassen, zumindest nicht von mir.

Schließlich schrieb Jamila die Schutzsure 113, *Al Falakh*, »Das Frühlicht«, genannt, in winzigen Buchstaben auf einen Fetzen Papier, klebte ihn in ein Stück Tesafilm und hängte ihn mit einem Faden um Samuels Hals.

Im Namen Gottes, des Gnädigen, des Barmherzigen.
Sprich: »Ich suche beim Herrn der Morgendämmerung
  Zuflucht.
Vor dem Bösen dessen, was er erschuf.
Vor dem Übel der Dunkelheit, wenn sie hereinbricht.
Vor dem Bösen der Zauberinnen, die Beschwörungen
  auf Knoten blasen.
Und vor dem Übel des Neiders, wenn er neidet.«

»Ich glaube, du bist verhext worden«, sagte sie zu mir. »Allah möge sich deiner erbarmen.«

Ich glaubte das langsam auch. Ich verstand mich selbst nicht mehr. Und auf dem Dach des Hauses stank es oft erbärmlich nach Verbranntem. Meine Tante kokelte mit Haaren, Pflanzen und Kräutern.

»Nein, das betrifft dich nicht!«, rief sie. »Der Zauber ist nur für Habiba, die hat nämlich wieder Probleme mit ihrem Lover.«

Tante Zaina hielt sich für eine Expertin der schwarzen Magie. Schon in meiner Kindheit fummelte sie ständig mit magischen Kräutern herum. Aber mittlerweile schien sie etwas erfahrener zu sein als damals.

Ich hatte jedenfalls ständig Kopfschmerzen, verlor innerhalb von drei Wochen zehn Kilo Gewicht, litt an Schlaflosigkeit, Nervosität und Angstzuständen. Ich fühlte mich einer unheimlichen und bösartigen Kraft ausgeliefert – und ich hatte keine Chance, mich zu wehren.

Obwohl der Aberglaube im Islam ausdrücklich verboten ist, glauben viele Muslime an eine Art Wodu; in Marokko nennen wir das *s'hour*, Magie. Einige Beispiele kursieren sogar im Internet. Ich habe keine Ahnung, ob sie wirklich funktioniert. Aber es gibt viele Menschen in meinem Heimatland, die fest davon überzeugt sind, dass man auf diese Art Macht über andere ausüben kann. Und das scheint in einer Gesellschaft besonders bedeutsam zu sein, in der die meisten sich ohnmächtig fühlen – und es in Wirklichkeit auch sind. Marokko ist ein typisches Schwellenland. Nur wenige Menschen sind mächtig und reich. Die große Mehrheit ist machtlos und abhängig. Die Analphabetenquote beträgt etwa fünfzig Prozent. Eine gebildete Mittelschicht wie in Europa gibt es kaum.

Einige Beispiele für magische Rituale:
Wer drei Verse aus der 37. Sure *Al Safat*, »Die sich reihen«, und drei Verse aus der 30. Sure *Al Rum*, »Die Römer«, auf einen winzigen Zettel schreibt, diesen in

ein Glasfläschchen mit engem Hals steckt und am Eingang eines Hauses deponiert, sorgt dafür, dass nicht nur alle Bewohner des Hauses erkranken, sondern auch alle Besucher.

Die 58. Sure *Al Mujadala*, »Der Streit«, hilft angeblich sowohl gegen Krankheit, bei dauernder Wiederholung auch gegen Einbrecher.

Die 86. Sure *Al Tariq*, »Der Nachtstern«, hilft gegen nächtliche Samenergüsse, wenn ein Alaunkristall damit besprochen und unter das Kopfkissen der betreffenden Person gelegt wird.

Die 113. Sure *Al Falakh*, »Das Frühlicht«, eigentlich eine Schutzsure, eignet sich unter bestimmten Voraussetzungen auch dafür, Beziehungen zu zerstören. Der Vorgang ist allerdings etwas aufwendig, weil man samstags vor Anbruch der Dämmerung Wasser aus sieben verschiedenen Brunnen gewinnen muss, um damit blaue Tinte anzurühren, mit der man die Sure auf ein Stück Papier schreibt, das man auf die Schwelle des Paares bläst, das sich trennen soll.

Gegen Impotenz-Zauber hilft der Thronvers *Ayat Al Kursi*, »Der Stuhl«, aus der 2. Sure *Al Baqara*, »Die Kuh«, in Verbindung mit den vier letzten Versen der 59. Sure *Al Hasar*, »Die Versammlung«.

Tante Zaina durfte man nicht trauen. Ich versuchte, möglichst keinerlei Spuren zu hinterlassen. Die *fakhir*, die Zaubermächtigen, arbeiten besonders gern mit Körperausscheidungen wie Schweiß, Blut und Sperma. Haare, Finger- und Zehennägel gelten als praktische Zutaten – man kommt leicht in ihren Besitz.

Socken sind äußerst beliebt, insbesondere wenn sie länger getragen wurden und entsprechend streng riechen. Auch beschriftete Hühnereier spielen in vielen magischen Ritualen eine bedeutsame Rolle.

Urin dagegen ist ein probates Mittel, um Verwünschungen und Flüche zu neutralisieren. Urin von Jungfrauen gilt als besonders wirksam. Als Kind musste ich Tante Zaina deshalb immer wieder Urinproben abgeben, die sie vorbeugend vor die Haustür kippte. Vorher versetzte sie die Flüssigkeit allerdings mit einem Schuss Rosenwasser, damit der Pipigeruch nicht gleich jedem in die Nase stach.

Damals machte mir dieser Hokuspokus Angst. Heute finde ich ihn weniger beängstigend, eher mitleiderregend. Aber ich kann mir erklären, warum so viele einfache Frauen sich intensiv mit diesen Dingen beschäftigen. Ihr Leben ist eigentlich hoffnungslos, sie sind abhängig von ihren Männern, haben keinerlei Möglichkeit, eigene Entscheidungen zu treffen. Da gibt ihnen der Glaube an *s'hour* zumindest die Illusion, doch etwas bewirken zu können.

Aber selbst die Magie ist den Frauen in Marokko genommen worden. Die mächtigsten Zauberer sind unterdessen Männer, die sich *fakhir* nennen und sehr viel Geld verdienen mit der Not der Menschen, die ihre Hilfe suchen. Neuerdings versucht der König von Marokko, diese Auswüchse einzudämmen, und hat magische Praktiken verboten. Aber im Untergrund ist Wodu noch immer präsent.

Im Haus meiner Tante hatte ich ständig das Gefühl, dass fremde Kräfte sich meiner bemächtigt hatten. Jamilas Schutzsure schien nicht viel zu helfen. Samuel weinte weiter, ich verlor nach wie vor Gewicht, und der einzig wirksame Gegenzauber schien zu sein, dass ich kein Geld mehr hatte. Plötzlich war ich für meine Cousinen nur noch halb so interessant, und ihr Bedürfnis, mit mir um die Häuser zu ziehen, nahm rapide ab.

Mit einem Mal hatte ich wieder Zeit für mich. Ich schaute in den Spiegel, und ein Gesicht blickte zurück, das ich kaum noch erkannte. Ich spürte, dass es Zeit war, mein Kind zu nehmen und diesen Ort zu verlassen, der schon einmal so viel Verderben über mich gebracht hatte.

Erst als ich im Flugzeug saß und Afrika am Horizont hinter mir verschwand, während die Maschine über Spanien in Richtung München flog, löste sich die innere Anspannung. Die schwarze Magie Afrikas konnte das Meer nicht überqueren. In Europa war sie unwirksam.

In meinem Flugzeugsessel fiel ich in einen tiefen, friedlichen Schlaf, mein Kind fest an mein Herz gepresst.

Für mich war diese Reise nach Marokko wichtig, um endgültig zu verstehen, wo mein Zuhause ist. Marokko war es nicht. Dort, das war mir nun klar, hatte ich keine Familie mehr, keine Heimat, kein Gefühl der Zugehörigkeit.

Wieder war ich in einer Art und Weise benutzt worden, wie ich es nie wieder zulassen wollte, weder für mich noch für meinen Sohn. Samuel gab mir die Kraft, nach der äußeren Reise von Afrika nach Europa nun auch eine innere Reise zu beginnen. Ich spürte, wie ich mich immer mehr von meiner Vergangenheit löste. Ich suchte nicht mehr nach Liebe und Zugehörigkeit. Das war ohnehin immer vergeblich geblieben. Meine Aufgabe war es nun, Liebe und Zugehörigkeit zu geben. Ich erkannte, dass es in meiner Macht stand, mein Leben zu verändern und meinem Sohn ein besseres Leben zu ermöglichen, als es mir vergönnt gewesen war.

Es war ein schwieriger und schmerzhafter Lösungsprozess. Alle Marokkaner, die ich kannte, hatten zu Hause eine Familie, die sie liebte. Ich nicht. Ich spürte, dass ich allein auf mich gestellt war. Ganz allein.

Nun war ich bereit, Deutschland unwiderruflich als Chance zu erkennen. Ich begann, nach einer neuen Identität zu suchen. Einer der ersten Schritte führte mich zu einem »Orientierungskurs für Frauen mit Migrationshintergrund«. Inzwischen gingen mir diese seltsamen Wortmonster, ohne die es in diesem Land anscheinend nicht geht, flüssig von der Zunge. Ich hatte den Kurs beim zuständigen Amt beantragt und war einigermaßen stolz auf mich, dass er problemlos bewilligt worden war. Offenbar hatte ich das Formular ganz korrekt ausgefüllt. Mir kam es so vor, als hätte ich eine der wichtigsten Hürden bewältigt: den Umgang mit der deutschen Bürokratie.

Der Orientierungskurs war verbunden mit einem garantierten Krippenplatz für die Kinder der Frauen mit Migrationshintergrund. Deshalb brachte ich Samuel nun am frühen Morgen zur Krabbelgruppe, bevor ich an dem Kurs teilnahm, und holte ihn gegen dreizehn Uhr wieder ab.

Der Kurs wurde von vielleicht fünfzehn Frauen besucht, von denen die meisten Probleme irgendwelcher Art hatten. Einige waren schwere Alkoholikerinnen. Eine ältere Frau aus Osteuropa, die zeitweise neben mir saß, hatte stets Arzneifläschchen dabei und tat so, als müsste sie regelmäßig Tropfen nehmen. Aber statt Medizin befand sich billiger Fusel in den Fläschchen.

Eine junge Frau aus Afghanistan sprach ständig von schrecklichen Dingen, die in ihrem Land den Frauen zugefügt wurden. Ihrer Schwester seien die Finger abgehackt worden, nur weil sie es gewagt hatte, Nagellack zu tragen. Ich ertappte mich dabei, wie ich unauffällig ihre Hände betrachtete. Alles war in Ordnung.

Eine etwas grobschlächtige Italienerin in nachgemachten Designerklamotten stellte sich als üble Rassistin heraus, die ständig über »Scheißtürkinnen« herzog und mich sowie alle anderen mit etwas dunklerem Teint in ihre Verunglimpfungen mit einbezog.

Eines Tages nahm mich eine der Sozialpädagoginnen beiseite und bat darum, mich künftig etwas weniger elegant anzuziehen, das erzeuge Missgunst.

»Entschuldigung«, sagte ich, »ich schätze es sehr, dass ich mich ordentlich anziehen kann.«

»Aber Ihr Aussehen ruft Neid hervor«, sagte die Sozialpädagogin. »Schauen Sie doch mal die anderen Frauen an.«

Die anderen Frauen, die diese Sozialpädagogin meinte, waren ungepflegt und schlampig. Sie sahen aus, als hätten sie sich selbst schon längst aufgegeben. Aber ich hatte mich nicht aufgegeben. Im Gegenteil: Mein neues, eigenständiges und selbstbestimmtes Leben fing gerade erst an. Ich sah überhaupt nicht ein, dass ich dies nicht auch zeigen sollte.

Natürlich gab es in dem Kurs auch Frauen, die wie ich Energie und Zuversicht zu haben schienen. Ich befreundete mich mit einer hübschen, sehr gebildeten Philippinerin, die den Kurs nur mitmachte, um wieder einen Beruf ergreifen zu können.

Am engsten aber war meine Beziehung zu einer wunderschönen hellhäutigen Brasilianerin mit grünen Augen. Sie nannte sich Esmeralda und bewegte sich ständig so, als gebe es eine unhörbare Melodie, die nur sie selbst verstehen konnte. Sie hatte sich von ihrem deutschen Mann getrennt und war mit ihrem Sohn vom Land in die Stadt gezogen.

Esmeralda war eine sehr lebensfrohe Person. Sie hatte immer etwas zu lachen und zu erzählen und zog mich damit in ihren Bann. Besonders bewunderte ich, wie selbstbewusst sie mit ihrer Weiblichkeit umging. Ihre Bewegungen waren ein sinnliches Versprechen, und ihr Lachen hätte in Marokko (und wahrscheinlich auch in Teilen Niederbayerns) als sexuelle Belästigung gegolten. Wenn ich abends mit ihr unterwegs war, umschwärmten sie die Männer aufdringlich – und wie lässig sie damit umging, erzeugte bei mir fast so etwas wie Neid.

Ich spürte, wie meine muslimische Erziehung mich in meiner Lebensfreude und in meinem Verhalten einschränkte. Fast schämte ich mich dafür, dass ich so attraktiv war und die Aufmerksamkeit der Männer erregte. Einmal bedrängte mich ein älterer Herr in der Bahnhofsgegend mit eindeutigen Gesten und einem diskret präsentierten Geldschein. Ich wusste überhaupt nicht, wie ich reagieren sollte, und rannte entsetzt fort.

Später erzählte ich Esmeralda davon.

»Na und?«, sagte sie.

»Na und?«, wiederholte ich. »Was heißt hier ›na und‹? Der wollte etwas von mir!«

»Klaro«, sagte Esmeralda. »Sex.«

»Eben!«, rief ich. »Ist das nicht unverschämt? Seh ich so aus, als würde ich mich für Geld verkaufen?«

»Hmm.«

»Seh ich so aus?«, wiederholte ich.

»Na ja«, sagte Esmeralda, »ich finde schon, dass du geil aussiehst.«

Das fand ich gar nicht. Esmeralda pflegte in bauchfreien Tops und Hotpants zum Unterricht zu kommen. Sie war zwar bekleidet, doch die Kleidungsstücke, die sie trug, waren kaum geeignet, körperliche Details zu verbergen. So etwas gab es wahrscheinlich nicht einmal in einschlägigen Erotikfachgeschäften. Ich dagegen versuchte, mich elegant zu kleiden, und sah irgendwie einer spießigen Sekretärin ähnlicher als einer Sexbombe.

»Wenn hier jemand geil aussieht, dann bist du es«, sagte ich. Meine Stimme klang leicht vorwurfsvoll.

Esmeralda lachte. »Das ist ja wohl das Mindeste.«

»Aber warum zeigen dir die Männer keine Geldscheine?«

»Tun sie doch!« Esmeralda schien das nicht weiter zu belasten.

»Und was machst du dagegen?«

»Ganz einfach«, erklärte sie, »ich zeige ihnen den Mittelfinger.«

»Das ist alles?«, fragte ich schockiert.

»Manchmal rufe ich auch noch etwas«, grinste Esmeralda. »Zum Beispiel: ›Hey, du Wichser, verpiss dich!‹«

Ich war völlig konsterniert, wie unbedeutend dieses Thema für Esmeralda zu sein schien. Es interessierte sie nicht wirklich. Für sie war es ein Spaß. Sie verstand meine Betroffenheit gar nicht.

Fast wäre ich beleidigt gewesen. Aber dann entschied ich mich dafür, genauer zu erkunden, wie das Lebenskonzept von Esmeralda und ihren Freundinnen aussah. Ich schloss mich den Brasilianerinnen an.

Der harte Kern der Brasilien-Gang bestand aus fünf Frauen. Die Anführerin war Allegra. Sie war bestimmt schon über dreißig Jahre alt, hatte einen Mann, zwei Söhne und ein riesiges Haus, leider nicht in München, sondern im Umland. Die Familie ihres Ehemannes führte dort einen großen Handwerksbetrieb. Allegra war schlank, schön und selbstsicher. Sie war äußerst charmant und verdrehte den Männern reihenweise den Kopf. Es gab kaum einen, der sich nicht unverzüglich in sie verliebte.

Allegra hatte ihren Mann in Brasilien am Strand kennengelernt, ihn dann aber aus den Augen verloren, bis sie nach München kam und ihn dort in einem Biergarten zufällig wieder traf. Ich fand diese Geschichte sehr romantisch.

Ich mochte Allegra gern, und wir wären fast Freundinnen geworden − wenn ich nichts mit ihrem Mann angefangen hätte. Er war ein gut aussehender bayerischer Bursche, und als sie ihn verließ, interessierte er sich für mich. Leider kehrte sie dann zu ihm zurück und konnte mir das kurze Techtelmechtel mit ihm nicht verzeihen.

Die Nummer zwei unter den Brasilianerinnen war Jana, eine korpulente Frau, die sich nicht genierte, stets Kleidung zu tragen, die einige Konfektionsgrößen zu klein war.

Andrea brauchte dringend einen Mann, um nicht aus Deutschland ausgewiesen zu werden. Sie war Allegras Au-pair-Mädchen. Allegra achtete sorgsam darauf, welche Männer Interesse an Andrea zeigten, und dann war es besser, die Finger von diesen Typen zu lassen. Sie waren für Andrea reserviert.

Carla war etwas gedrungen, zeigte aber gern ihre voluminösen Oberschenkel im kürzestmöglichen Röckchen. Leider erwies sie sich in Stilfragen als nicht besonders sicher und neigte zu ordinären Kombinationen sündhaft teurer Designermarken. Ihr Haar war selbstverständlich maximal blondiert, hatte aber durch die ständige Behandlung mit scharfen Chemikalien eine Art Minipli-Dauerkrause bekommen, die den Gesamteindruck schmälerte.

Ich war fasziniert vom Selbstbewusstsein dieser Frauen, von ihrer Fröhlichkeit, ihrer Herzlichkeit, ihrer Offenheit, ihrem Zusammenhalt. Allegras Haus stand uns allen offen, und nicht selten versammelten wir uns zu fünft oder sechst in der Küche, hörten brasilianische Musik und kochten. Die Brasilianerinnen hatten immer etwas zu kichern und zu erzählen. Sie waren in der Lage, extrem zu flirten und die Männer doch auf Distanz zu halten. Außerdem kümmerten sich Allegra und ihre Freundinnen wunderbar um ihre Kinder.

Dieses Verhalten unterschied sich sehr von dem in meinem Kulturkreis. Wenn ich unter Arabern ausgelassen tanzte, verstanden das die Männer oft als Aufforderung, zudringlich zu werden. Frauen, die offenkundig Spaß haben am Leben, gelten unter Arabern als leichte Beute. Mit arabischen Männern kann man nicht flirten. Sie würden das falsch verstehen. Deshalb tanzte ich meistens mit geschlossenen Augen, um jeden Blickkontakt zu vermeiden.

Der arabische Bauchtanz ist ein sehr kompliziertes Zeichensystem. Natürlich ist er sinnlich. Aber die symbolischen Bewegungen und Signale dieser Sinnlichkeit sind nur Eingeweihten bekannt. In der brasilianischen Samba werden sie hingegen ganz offen gezeigt. Das Zeichensystem brasilianischer Frauen versteht jeder ohne Ausnahme. Eindeutiger als in der Samba, so kam es mir vor, konnte man sexuelle Botschaften kaum an den Mann bringen. Ich fand das gleichermaßen faszinierend und beunruhigend.

Mit meinen brasilianischen Freundinnen lernte ich zum ersten Mal in meinem Leben, dass man erotisch und sinnlich sein kann, ohne als leichtes Mädchen diskriminiert zu werden. Im Islam ist weibliche Sinnlichkeit in der Öffentlichkeit verboten, sie ist dem Ehemann vorbehalten. In Brasilien scheint es dagegen völlig normal zu sein, auf offener Straße alles zu zeigen, was man hat.

Daran musste ich mich erst gewöhnen. Ich hatte zwar niemals Kopftuch oder *dschellaba* getragen, aber irgendwie kleidete ich mich eher langweilig als aufregend. Und wenn ich mal ein Oberteil mit Spaghettiträgern anhatte, bemühte ich mich, »anständig« zu gehen, das bedeutet mit gesenktem Blick. Statt andere Menschen anzuschauen, betrachten anständige Mädchen den Boden vor ihren Füßen.

Nun begann ich, wie die Brasilianerinnen mit hoch erhobenem Kopf durch München zu gehen und den Menschen in die Augen zu sehen. Das war zunächst nicht leicht. Immer wenn jemand zurückguckte, versuchte ich schnell, meinen Blick abzuwenden. Aber schließlich hatte ich das im Griff. Ein langer Prozess war es auch, Männern energisch die Hand zu geben und dabei mit ihnen Blickkontakt zu halten. In Marokko wäre das für mich undenkbar gewesen, dort pflegte ich Männer mit einem hauchzarten Händedruck zu begrüßen und die Lider dabei schamhaft zu senken. Alles andere hätte als undamenhaft gegolten. Verheiratete Frauen dürfen andere Männer niemals anfassen.

Zu den Verehrern der Brasilianerinnen gehörte auch ein riesenhafter Mann mit einer Stimme, die so tief vibrierte, dass ich immer eine kleine Gänsehaut bekam, wenn ich sie hörte. Die Freundinnen nannten den Riesen João, was nicht leicht auszusprechen war und so klang wie der italienische Gruß »Ciao«. Ich dachte zunächst, sie versuchten damit den Mann sofort wieder loszuwerden, aber dann stellte sich heraus, dass João bei meinen neuen Freundinnen äußerst beliebt war.

Wenn die Brasilianerinnen etwas zu feiern hatten, und das war ständig der Fall, saß João mit einer dicken Zigarre dabei und beobachtete, wie die Mädchen beim Tanzen mit dem Po und einigen anderen Körperteilen wackelten, ohne selbst jemals auf die Tanzfläche zu gehen.

Eigentlich war João bei den Brasilianerinnen ohnehin fehl am Platz, er war nämlich Kuba-Fan und flog bei jeder Gelegenheit nach Havanna. Aber anscheinend gab es nicht genug Kubanerinnen in München, sodass er sich mit den Brasilianerinnen begnügen musste.

Ich konnte mich bei diesen Festen nur schlecht auf den Riesen konzentrieren, denn ich war äußerst beschäftigt mit einem zappeligen Schwaben namens Kurt, der ebenfalls zur Brasilien-Clique gehörte und einen sehr großen Ehrgeiz entwickelte, mir Samba beizubringen. Er war eine Art John Travolta der Gruppe.

Seine Aufgabe unterschied sich von der fast aller anderen Männer, welche die Brasilianerinnen umschwärmten. Er konnte nämlich sehr gut tanzen und war deshalb von der Hilfsaufgabe befreit, Drinks auszugeben und die Mädchen nach Hause zu fahren, wenn der Abend vorbei war. Sein Job war es, auf der Tanzfläche als Partner zur Verfügung zu stehen. Und diesen Job nahm er ausgesprochen ernst. Ich glaube, er nahm ihn so ernst, dass er vor lauter Tanzeifer niemals eine der Brasilianerinnen abbekam. Vielleicht liegt es aber auch nur daran, dass Männer, die gut tanzen können, oft ein Problem haben, als echte Kerle akzeptiert zu werden.

Allegra, die eine begnadete Kupplerin war, erkannte schnell, dass der Riese ein Auge auf mich geworfen hatte. Sie gab sich nun große Mühe, ihn und mich zusammenzubringen.

Eines Tages, als ich in ihrem Haus außerhalb Münchens war, drückte sie mir das Telefon in die Hand.

»Ich bin ein Freund von Allegra, ich habe dich neulich Abend bei Allegras Fest gesehen und möchte dich gern zu einem Kaffee einladen.« Der kleine Lautsprecher im Hörer des Telefons schepperte ein wenig, so tief war seine Stimme.

Ich war etwas überrascht und versuchte Zeit zu schinden. »Entschuldigung, wer sind Sie?«

Die Frage war lächerlich. Ich wusste genau, wer er war.

»Deine Freundin nennt mich João«, sagte die tiefe Stimme. Er blieb dabei, mich zu duzen.

»Ach so«, sagte ich lahm.

Der Riese erkannte, dass er die Angelegenheit behutsam angehen musste. Das entsprach auch seinem Charakter. João war ein bedächtiger Typ, der nicht dazu neigte, ungeduldig zu werden.

»Weißt du was«, sagte er, »ich gebe dir meine Telefonnummer. Ruf einfach an, wenn du dir's überlegt hast.«

Natürlich rief ich ihn niemals an, das war in meiner Sozialisation nicht vorgesehen. In Marokko rufen Männer vielleicht Frauen an. Aber Frauen rufen unter keinen Umständen fremde Männer an.

Trotzdem entwickelte sich eine Beziehung zwischen uns, als er die Brasilianerinnen und mich zu einer Party in seine Firma einlud.

Zunächst musste ich aber Til Schweiger loswerden. Er war nicht wirklich Til Schweiger, aber eine Art Doppelgänger, gut aussehend, Audi-Fahrer. Audi-Fahrer standen bei mir aus irgendeinem Grund ganz oben auf der Liste. Außerdem war Til Schweiger lustig, spontan, verrückt und sehr leidenschaftlich. Sein Problem war seine kleine blonde Freundin.

Ich hatte Til Schweiger auf dem Oktoberfest kennengelernt. Allegra hatte mich mit kurzen Lederhosen und einer Trachtenbluse ausgestattet, die gerade mal meine Brüste bedeckte und den Bauch frei ließ. Meine langen schwarzen Haare hatte ich zu neckischen Zöpfen geflochten, und meine Füße steckten in perfekten Haferlschuhen. Die Brasilianerinnen hatten das Outfit für die Wiesn etwa so ernst genommen wie zu Hause in Brasilien die Kleiderfrage für den Karneval. Vermutlich waren wir perfekter ausgestattet als die meisten Bayern.

Ich war damals sehr schlank und sah ziemlich süß aus, gemessen an den Reaktionen der Männer. Beim Flirten im Bierzelt tat sich der Til-Schweiger-Verschnitt besonders hervor. Er war zwar nicht ganz so berühmt wie der Schauspieler, sah aber noch besser aus und hatte nicht so eine Eunuchenstimme.

Dennoch entschied ich mich nun gegen Til und für João. Er war der Einzige unter allen Männern, die ich in dieser Zeit kennenlernte, der nicht nur an mir interessiert war, sondern auch an Samuel.

»Nimm deinen Buben ruhig mit«, sagte er, und dann fuhr er mit uns zu einem Picknick aufs Land. Die Entscheidung für João war nicht allein eine Entscheidung des Herzens. Es war auch eine Entscheidung des Kopfes.

Das Beste an João war seine gute Beziehung zu Samuel. Stolz trug er ihn auf seinen gewaltigen Schultern durch die Stadt, und Samuel jauchzte vor Freude über die Sicherheit, die er dort oben trotz der Höhe empfand. Abends brachte er Samuel zum Schlafen.

»Ab ins Bett!«, rief er mit seiner kräftigen Stimme.

Und Samuel machte ihn mit seiner kleinen Stimme nach: »Ab ins Bett!«

Wir waren etwa ein Jahr lang zusammen, und obwohl jeder seine eigene Wohnung hatte, sagte Samuel eines Tages »Papa« zu ihm. João wäre der perfekte Partner für mich gewesen, wenn es nicht seine Familie gegeben hätte.

Seine Familie lehnte mich ab, sie wollte mich nicht sehen, und wenn er nach Hause fuhr, war ich unerwünscht.

Zum Beispiel zu Weihnachten. João hatte sich schon sehr darauf gefreut, uns endlich seinen Eltern vorzustellen. Aber als er es wagte, seine Familie zu fragen, bekam er eine glatte Abfuhr.

»Aber der Sohn sieht aus wie ein Deutscher«, rief João ins Telefon.

Mich traf dieser Satz tief ins Herz. Mein Freund leugnete mit dieser Bemerkung meine Herkunft, meine Vergangenheit, mein Leben. Aber seine Eltern überzeugte auch das nicht. Für sie war es unvorstellbar, dunkelhäutige Menschen im Haus zu haben. Ich habe sie nie kennengelernt.

Das einzige Familienmitglied Joãos, das ich kennenlernte, war seine ältere Schwester. Sie arbeitete in Ostdeutschland. Nach München kam sie, weil sie hier einen Job suchte.

»Mit ihr wird es kein Problem geben«, sagte João, »sie hatte selbst mal einen dunkelhäutigen Afrikaner als Freund.«

Aber anscheinend hatte es mit dem Freund nicht so gut geklappt. Denn obwohl ich mir richtig Mühe gab, das Herz dieser Anwältin zu erobern, und zu ihrer Begrüßung die Wohnung blitzblank bohnerte, Samuel duschte, seine feuchten Haare zu einem perfekten deutschen Scheitel striegelte und überall Blumen in der Wohnung verteilte, blieb sie eiskalt. Ich war sogar extra in die Stadt gefahren, um eine Seezunge für einen Fisch-Tajine zu kaufen, weil sie kein Fleisch aß, aber auch das schien sie nicht besonders zu beeindrucken. Sie redete mit João, aber mich würdigte sie kaum eines Blickes. Als der Tajine verspeist war, bat sie João, sie in seine Wohnung zu fahren. Das tat er – und ich blieb allein mit Samuel zurück: kein wirklich gelungener Abend aus meiner Sicht.

Seine jüngere Schwester lebte in der Schweiz und lud uns zu einem Kurztrip ein. Sie schien sehr nett zu sein, zumindest schloss ich das aus den Erzählungen von João. Er freute sich sehr auf diese Reise, ich auch. Ganz hatte ich die Hoffnung nicht aufgegeben, doch noch ein Familienmitglied von mir und meinem Sohn überzeugen zu können. Es war mir wichtig. Ich hatte den Eindruck, dass dies meine Chance war, die Beziehung mit João auf eine andere, bessere, zukunftsfähige Basis zu stellen.

Wir packten die Koffer, und ich war kaum weniger

aufgeregt als Samuel, aber im letzten Moment gab es auch dieses Mal Probleme.

»Hmmm«, sagte João, »es gibt da noch was.«

»Was denn?«, fragte ich und setzte mich auf den Koffer mit den Sachen von Samuel, um ihn zu schließen.

»Meine Schwester …«, druckste João.

»Mach dir keine Sorgen, wir werden uns bestimmt gut verstehen«, rief ich.

»Das ist es ja gerade«, sagte João. »Ich kann dich nicht mitnehmen.«

Plötzlich wurde mir sehr kalt. Mir kam es so vor, als läge ein Film aus Eis auf mir. Ich bewegte den Mund, aber es gab keine Worte.

Schließlich fing ich mich wieder. »Warum?«, fragte ich.

»Sie hat keinen Platz«, sagte João.

Er wusste, dass das eine Lüge war, und ich wusste es auch. Er wollte mich vor der Wahrheit beschützen, indem er mich anlog. Die Wahrheit war: In dieser Familie war ich unerwünscht. Vielleicht hatte die Schwester in einem schwachen Moment tatsächlich daran gedacht, mich einzuladen. Aber die Familie hatte sie schnell wieder unter Kontrolle gebracht. Diese Art von ungeschminktem Rassismus hatte ich noch nicht erlebt, vor allem nicht von Personen, die dem Menschen so nahestanden, den ich liebte. Für mich war das Psychoterror, und ich erwartete, dass João mich mit mehr Einsatz davor schützen würde als mit einer plumpen Lüge.

»Und jetzt?«, fragte ich mit belegter Stimme.

»Dann fahr ich eben allein«, sagte João.

Er stieg in sein Auto, und ich wusste, dass dies das Ende unserer Liebe war. Ich wollte nicht mit einem Mann zusammen sein, der sich im Zweifelsfall für seine fremdenfeindliche Familie und gegen mich entschied.

Dann war ich lieber allein.

Die Brasilianerinnen spielten in meinem Leben nun eine weniger bedeutsame Rolle. Die Zeit der Partys war vorbei. Jetzt war ich alleinerziehende Mutter und hatte anderes zu tun, als Samba zu tanzen. Außerdem sehnte ich mich nach heimatlichen Kontakten. Und das Schicksal erfüllte meinen Wunsch nach marokkanischen Freundinnen, obwohl ich ihn niemals geäußert hatte.

Im Frauenhaus hatte ich Shaima aus Rabat kennengelernt. Sie war vor ihrem gewalttätigen marokkanischen Mann geflüchtet, der sie ständig verprügelte. Ihre Schwester wurde zu meiner besten Freundin. Sie war zehn Jahre älter als ich, hatte zwei Kinder und war mit einem ägyptischen Unternehmer verheiratet, der viel Geld mit einer Import-Export-Firma verdiente. Ich glaube, er hatte sich darauf spezialisiert, gebrauchte deutsche Lastwagen zu zerlegen und in Einzelteilen nach Ägypten zu schicken. Angeblich war das aus irgendwelchen Steuergründen besser, als die Fahrzeuge im Ganzen dorthin zu bringen. Jedenfalls verdiente ihr Mann so viel, dass er sich mehrere Angestellte, ein Haus und zwei glitzernde Mercedes-

Limousinen leisten konnte. Eine davon fuhr Shaimas Schwester.

Zum ersten Mal hatte ich sie getroffen, als ich hochschwanger war und plötzlich einen wahren Heißhunger nach Kalbshaxe auf marokkanische Art entwickelte, die mit Fladenbrot und Kichererbsen gegessen wird. Unruhig schlich ich in der Küche des Frauenhauses umher.

»Schwester, hast du irgendein Problem?«, fragte Shaima.

»*La*«, sagte ich, »nein.« In Marokko gibt man niemals bei der ersten Frage zu, dass man einen besonderen Wunsch hat. Da muss die Frage mindestens drei Mal wiederholt werden.

Aber schließlich hatte mich Shaima so weit.

»Ich träume schon seit Tagen von *l'qurein*, Kalbshaxe. Wenn ich nur daran denke, läuft mir das Wasser im Mund zusammen. Aber ich weiß nicht, wie man das zubereitet.«

»Bist du wahnsinnig«, rief Shaima, »du *musst* eine Kalbshaxe kriegen. Sofort! Das arme Kind! Hast du dich schon irgendwo gekratzt?«

In Marokko glauben die Menschen, dass Schwangeren jeder Wunsch unverzüglich erfüllt werden muss, weil sie sich sonst irgendwo am Körper kratzen und das Kind dann genau an dieser Stelle ein Muttermal oder unnatürlichen Haarwuchs bekommt.

Ich überlegte kurz: »Nein, ich glaube nicht.«

»*Al hamdu li-ilahi!*«, rief Shaima. »Lobpreis sei Allah. Bleib ganz ruhig, fass dich nirgends an, ich bin gleich wieder da«, und rannte aus der Küche.

Zehn Minuten später war sie zurück und betrachtete mich misstrauisch, ob ich mich wohl in der Zwischenzeit irgendwo gekratzt hätte.

»Du musst jetzt nur noch bis morgen durchhalten«, sagte Shaima, »dann kommt meine Schwester.«

»Deine Schwester?«, fragte ich. »Wieso?«

»Meine Güte, bist du begriffsstutzig«, schimpfte Shaima. »Meine Schwester kommt. Aber das ist nicht das Entscheidende. Sie wird eine Kalbshaxe dabeihaben. Darauf kommt es an. Es gibt niemanden, der bessere Kalbshaxen macht als sie. Morgen bist du gerettet.«

Am nächsten Tag gegen Mittag traf tatsächlich eine elegante Dame mit Designersonnenbrille, lackierten Fingernägeln und jeder Menge Goldschmuck ein, die zwei Kinder und einen Schnellkochtopf mitbrachte, in dem sich eine gewaltige Haxe befand. Es war Shaimas Schwester. Sie küsste mich und rief: »Jetzt ist alles in Ordnung, Kind.«

Dann deckte sie den Tisch im Frauenhaus, holte die riesige, in Stücke gehackte Kalbshaxe aus dem Topf und legte sie in der Mitte des Tisches auf einen großen Teller, den sie mitgebracht hatte. Er war aus Porzellan und mit handgemalten Pfauen verziert. Pfauenteller sind in Marokko ein Symbol des Reichtums. Wer solche Teller besitzt, hat es wirklich geschafft. Bei uns zu Hause gab es niemals einen Pfauenteller.

Wir aßen mit den Händen vom Pfauenteller, wie es in Marokko Brauch ist, und alle beobachteten mich mit Argusaugen. Leider war mein Heißhunger über

Nacht verflogen, und die beiden Schwestern waren mit mir nicht ganz zufrieden.

»Komm«, sagten sie, »greif zu. Du brauchst nicht schüchtern zu sein, du bist schließlich schwanger!«

Gleichzeitig klopften sie den Kindern auf die Finger, wenn diese versuchten, noch mehr Fleisch zu ergattern. »Das ist für Ouarda!«

Die Fürsorge überforderte mich fast ein wenig. Ich konnte nicht mehr, aber immer noch schoben mir Shaima und ihre Schwester die dicksten Brocken auf meine Seite des Pfauentellers.

»Entschuldigung«, sagte ich schließlich, »das war wunderbar, aber jetzt bin ich wirklich voll.«

Widerwillig gab die Schwester die letzten Reste der Kalbshaxe für die Kinder frei – und ich fühlte mich bei ihr plötzlich so geborgen, wie ich es mir immer gewünscht hatte, nachdem meine Mutter ermordet worden war. Die ruhige Zuneigung, die die Schwester mir gab, war ein großes Geschenk für mich.

Die Schwester war vornehm und zurückhaltend, aber ausgesprochen freundlich. Sie lud mich in ihr Haus ein, machte mich mit ihrer Familie bekannt, bekochte mich, bereitete den Tee aus Nana-Minze zu, der aus Marokko stammt, und servierte ihn in der traditionellen Art, indem sie ihn mit ausgestrecktem Arm aus großer Höhe in goldenem Strahl in die kleinen Teegläser schießen ließ. Das ist notwendig, damit sich die heiße, süße Flüssigkeit mit Sauerstoff vermischt und dadurch ihren intensiven Geschmack entfaltet.

Die Schwester lebte in einem ausgedehnten marokkanischen Netzwerk, in dem Traditionen eine bedeutsame Rolle spielten. Vor allem bei Kindergeburtstagen liefen die Marokkanerinnen zur Höchstform auf. Mädchen wurden wie Prinzessinnen ausstaffiert, Buben wie kleine Könige. Die Mütter kauften sich für den Kindergeburtstag eigens neue Kleider, und jede versuchte, die andere zu übertrumpfen, entweder durch eine Extraladung glitzernder Pailletten, ein besonders gewagtes Dekolleté oder auch durch eine berühmte Designermarke. Besonders ins Zeug legte sich natürlich die Gastgeberin. Sie musste schöner sein als alle anderen, ansonsten war der Tag verdorben.

Schon am Nachmittag vor der Festlichkeit versammelten sich die Frauen in der Küche und bereiteten ein üppiges Büfett vor. Meistens gab es Salate mit hart gekochten Eiern und Mayonnaise, Meeresfrüchte gehörten dazu, Tajine mit Fisch und Paella, ein Gericht, das als besonders vornehm galt, dazu natürlich viel Obst und marokkanisches Gebäck. Oft wurde ein ganzes Lamm im Ofen gegrillt, es sei denn, der Ofen war nicht groß genug, dann begnügte man sich notgedrungen mit einem halben Lamm.

Manchmal arteten die Kindergeburtstage zu riesigen Veranstaltungen aus, für die eigens Räume gemietet werden mussten. Im Zentrum der Veranstaltung stand immer die große, bunt verzierte Geburtstagstorte, die keinesfalls selbst hergestellt werden durfte, sondern für teures Geld gekauft werden musste.

Ganz wichtig war die Musik. Sie musste natürlich aus Marokko stammen, und alle tanzten dazu. Die anwesenden Väter filmten ununterbrochen mit ihren Videokameras den Ablauf der Ereignisse, um die Filme am nächsten Tag noch einmal den Geburtstagsgästen vorführen zu können.

Und so dauert ein marokkanischer Kindergeburtstag drei volle Tage. Am ersten Tag wird vorbereitet, am zweiten Tag gefeiert, am dritten Tag räumen die Frauen auf, während die Kinder herumtoben und die Väter auf jedem verfügbaren Fernsehgerät ihre Version des Geburtstagsfilms abspielen. Wünschenswert sind dabei nicht kurze, aussagekräftige Videos, sondern Komplettmitschnitte der gesamten Veranstaltung, die keinesfalls kürzer sein dürfen als das Fest selbst.

Meine neuen marokkanischen Verbindungen waren eine große Bereicherung für mich. Und wieder änderte sich mein Leben. Die anderen Frauen machten sich lustig über meinen Berberakzent. Sie nannten mich Shliha, kleine Berberin. Aber der sanfte Spott machte mir nichts aus, im Gegenteil, ich fühlte mich im Kreis dieser älteren Frauen behütet und gut.

Die Schwester und ihre Freundinnen legten großen Wert auf Körperpflege nach marokkanischer Art. Ich machte sofort bei all ihren Aktionen mit, stellte aber schnell fest, wie zeitaufwendig diese Art von Kosmetik ist.

Der erste Schritt: weg mit den Locken! Die Haare müssen absolut glatt sein. Dafür zieht man mit einem dicken Kamm unter dem Getöse eines Föhns die Kringel aus der Frisur. Ich erwische mich heute noch manchmal, wie ich diese Prozedur wiederhole, wenn marokkanische Freunde oder Familienmitglieder zu Besuch kommen. Locken gelten in Marokko als uncool, glatte Haare sind »in«.

Der zweite Schritt: enthaaren. Außer dem Haupthaar darf am Kopf kein einziges Härchen zu sehen sein, auch Arme, Beine und der Intimbereich sind Todeszonen für jedes Haar. Aus Zucker und Zitrone kochten die Frauen eine zähe Masse, die heiß auf die verdächtigen Stellen gestrichen und nach dem Abkühlen mit einem schmerzhaften Ruck abgezogen wurde.

Füße und Hände wurden gegenseitig bearbeitet. Keine Stelle des Körpers durfte ungepflegt sein.

Während der kosmetischen Arbeit lästerten meine Freundinnen über alle Marokkanerinnen, die zufällig nicht anwesend waren. Oder sie erzählten sich Witze, am liebsten über die Berber aus der Sous-Region im Süden Marokkos, die sogenannten Sousyin, die in meiner Heimat als geizig wie die Schwaben in Deutschland gelten. Ich mochte diese Witze besonders gern, obwohl ich selbst eine Sousia bin – oder vielleicht gerade deshalb. Zum Beispiel den:

Vater liegt im Sterben. Die ganze Familie hat sich an seinem Bett versammelt. Mit leiser Stimme fragt er seine Frau:

»Fatima, wo bist du?«

»Ich bin hier.«

»Wo ist mein Sohn Said?«

»Dein Sohn ist hier.«

»Wo ist meine Tochter Nora?«

»Deine Tochter ist hier.«

»Und warum ist das Licht im Flur an?!«

Oder der:

Warum haben Ladenbesitzer im Sous-Gebiet immer einen Spiegel neben der Kasse?

Damit sie, wenn sie abends die Kasse leeren, in den Spiegel gucken können, um hundertprozentig sicher zu sein, dass sie es selbst sind, die das Geld an sich nehmen.

Oder der:

Steigt ein Sousi in ein Taxi. Während der Fahrt versagen an einer Gefällstrecke die Bremsen. Der Sousi schreit in Panik laut auf.

Der Taxifahrer beruhigt ihn: »Keine Angst, das schaffen wir schon.«

Der Sousi beruhigt sich nicht: »Das Taxameter! Mach das Taxameter aus!«

Oder der:

Ein Sousi kauft sich eine Flasche Cola. Um den letzten Tropfen zu erwischen, steckt er den Finger in die Flasche – und bekommt ihn nicht mehr heraus.

Im Krankenhaus sagen die Ärzte: »Kein Problem, wir machen einfach die Flasche kaputt.«

»Seid ihr wahnsinnig«, schreit der Sousi. »Und was ist mit dem Pfand?«

Zum Freundeskreis gehörte auch Rachida, die als Kellnerin arbeitete oder als Schuhverkäuferin. Rachida war nicht besonders groß, aber von sehr bestimmtem Auftreten. Sie hatte die Fähigkeit, jeden für ihre Zwecke einzuspannen, gleichzeitig war sie sehr sozial und hilfsbereit. Es stellte sich bald heraus, dass Rachida vieles besser wusste und es keine Schande war, sie nach ihrer Meinung zu fragen.

Rachida hatte beste Kontakte zu den Deutschen und war die Trendsetterin in unseren Kreisen. Sie trug stets die aktuellste Mode, das perfekteste Dekolleté und als Schuhverkäuferin natürlich die schönsten Schuhe. Äußerlichkeiten waren für Rachida extrem wichtig. Wenn sie im Sommer nach Marokko reiste, musste ihr Ehemann Hassan rechtzeitig einen gebrauchten Mercedes kaufen, den er mit Gepäck und den Geschenken für die Verwandten vollpackte und in die Heimat fuhr, während Madame Rachida für die lange Reise den Flieger bevorzugte.

Hassan war Page im Sheraton-Hotel und ein äußerst liebenswürdiger Mensch, der seine Frau anstandslos als Chef akzeptierte. Er war das absolute Gegenteil von dem, was heute als »Islam-Macho« unangenehm auffällt. Seine vornehme Zurückhaltung lag vielleicht auch daran, dass Rachida alles für ihn erledigte und er sich wie ein Pascha verhalten konnte, solange er ihr nicht widersprach.

Rachida war ein großes Organisationstalent. Was sie vorbereitete, funktionierte auch. Deshalb überließen die meisten Marokkanerinnen die Ausrichtung ihrer Festivitäten gern Rachida.

Für mich übernahm sie die Organisation der Festlichkeiten rund um die Beschneidung von Samuel. Ich hatte mich etwas widerwillig dazu entschieden, meinen Sohn beschneiden zu lassen, weil ich den Stress in Marokko satthatte. Bei jedem Urlaub zu Hause musste ich Angst haben, dass irgendjemand aus meiner Familie meinen Sohn klammheimlich schnappte und er bei einem fragwürdigen *fakhir* unters Messer kam.

In Marokko war die Beschneidung zwar islamische Pflicht, aber die Ausführung entsprach keineswegs den europäischen Hygienebestimmungen. Manche Beschneider sparten sich die Kosten für ein frisches Messer und säbelten immer wieder mit derselben Rasierklinge an ihren kleinen Patienten herum. Andere nahmen gleich eine Nagelschere. Eine Narkose war nicht vorgesehen, mit etwas Glück hatte der Beschneider wenigstens ein Desinfektionsmittel parat.

Im Koran ist die Beschneidung meines Wissens nirgends erwähnt. Aber in der *sunna*, der Sammlung von Überlieferungen und Regeln, wird die Beschneidung verlangt. Sie ist Voraussetzung für die rituelle Reinheit, die *tahara*, ohne die zum Beispiel das fünffache tägliche Gebet nicht gültig wäre. Angeblich hat Mohammed selbst die Zirkumzision vorgeschrieben.

In einem *Hadith*, einer der überlieferten Regeln, heißt es:

Abu Huraira, Allahs Wohlgefallen auf ihm, berichtete: Der Prophet, Allahs Segen und Heil auf ihm, sagte: Zur Fitra (natürlichen Veranlagung) *gehören fünf Dinge: die Beschneidung* (der Männer/Jungen), *das Abrasieren der Schamhaare, das Schneiden der* (Finger- und Fuß-) *Nägel, das Auszupfen* (bzw. Rasieren) *der Achselhaare und das Kurzschneiden des Schnurrbarts.*

Für mich jedenfalls war es gar keine Frage, dass mein Sohn beschnitten wird. Heute denke ich etwas anders darüber und würde ohne medizinischen Grund nichts mehr an meinen Kindern abschneiden lassen. Aber selbst Samuels deutscher Kinderarzt befürwortete den Eingriff damals wegen einer Vorhautverengung.

Wir mussten um sieben Uhr morgens nüchtern im Krankenhaus sein. Samuel war damals knapp drei Jahre alt. Die Ärzte gaben ihm einen beruhigenden Saft, dann verschwanden sie mit ihm im Operations-saal. Ich durfte nicht mit hinein. Nach etwa einer Stunde wurde er wieder herausgebracht, auf einer Trage, und alles war erledigt. Als er wieder aufwachte, zeigte sich, dass die OP in Vollnarkose durchgeführt worden war, Samuel hatte nichts davon mitbekommen.

Das Fest fand in einem Stadtteilzentrum unweit der Wohnung von Rachida statt. Die Marokkanerin-nen staffierten Samuel aus wie einen kleinen Prinzen. Er trug ein rundes Hütchen aus grünem Samt, ein weißes Hemd mit Stehkragen, darüber eine Samt-jacke mit goldenen Bordüren, passende Pluderhosen und kleine marokkanische Lederschlappen. Er sah süß aus, aber auch etwas fremd.

Als er auf den vorbereiteten Thron gesetzt und herumgetragen wurde, hatte er allerdings keinen rich-tigen Spaß an der Veranstaltung. Er weinte, und ich fragte mich, warum ich dies alles zugelassen hatte.

Aber in Wahrheit war ich gar nicht groß gefragt worden: Zur Beschneidung gehörte ein Fest – da gab es keinen Grund für eine Diskussion.

Die Frauen hatten selbstverständlich gekocht, als gehe es darum, eine Kleinstadt eine Woche lang vor dem Hungertod zu bewahren. Die Männer hatten eine Musikanlage aufgebaut und marokkanische CDs mit speziellen Melodien für solche Anlässe herbeigeschafft. Es handelte sich um traditionelle Volksmusik, die jeder kennt und die mit viel treibendem Schlagzeugrhythmus zum Tanzen animiert. Während die Musik lief, die Kinder Fangen spielten und die Frauen auf der kleinen Bühne Bauchtanz machten, so gut es ging, hatten einige der Männer wieder ihre Videokameras auf Stativen installiert, um das komplette Programm lückenlos für die Nachwelt festzuhalten.

Ich war froh, als das Fest endlich zu Ende war. Samuel auch. Aber trotzdem freute ich mich über die Solidarität meiner Landsleute, die mich mit großer Selbstverständlichkeit und Herzlichkeit in ihren Kreis aufgenommen hatten, obwohl ich nicht wirklich dazugehörte. Meine Vergangenheit war eine andere, eine schrecklichere. Ich hatte einen weiteren Weg zurückgelegt.

Und ich hatte das Ziel noch längst nicht erreicht.

Durch die Marokkanerinnen lernte ich eine seltsame Frau aus Casablanca kennen, die schon lange in Deutschland lebte. Sie war angeblich Witwe und Geschäftsfrau und fuhr in einem dicken Auto durch München. Meine Freundinnen hielten nicht viel von dieser Frau. Sie nannten sie *L'musiba l'khla*, die »dunkle Katastrophe«.

»Die ist wahnsinnig«, tuschelten sie, »eine Vermittlerin.«

»Eine Vermittlerin?«, fragte ich.

»Du wirst sie schon noch kennenlernen«, sagten die Freundinnen. »So ein hübsches Mädchen wie dich lässt die sich nicht entgehen.«

»Da kommt ›Die Katastrophe‹!«, riefen die anderen Marokkanerinnen, wenn die Geschäftsfrau auftauchte, und versuchten sich zu verdrücken.

Aber L'musiba ließ sich nicht so leicht abschütteln. Sie setzte sich zu uns an den Tisch im Café, als gehöre sie dazu, und bestimmte bald das Gespräch. Mir war ihre laute Stimme unangenehm und peinlich. »Die Katastrophe« hatte nicht nur ein gewaltiges Organ, sondern auch einen ebensolchen Hintern, den sie zusammen mit dem restlichen Körper in einen monströsen Sack aus Vorhangstoff zu hüllen pflegte. »Die Katastrophe« sah so aus, als sei sie direkt aus einem Wüstendorf in die Münchner Fußgängerzone gebeamt worden.

Nachdem L'musiba wieder verschwunden war, zogen die Marokkanerinnen über sie her. Sie war eine typische Frau aus Casablanca: derb, laut, aggressiv. Einer der Freundinnen fiel sofort der passende Witz ein.

»Kennt ihr den von dem Mann mit den drei Frauen?«, fragte sie.

»Nein«, riefen wir, obwohl jeder in Marokko diesen Witz kennt, »erzähl doch mal.«

Und dann erzählte sie:

Ein edler, reicher Mann aus der Königsstadt Fes hatte drei Frauen. Eine aus seiner Heimatstadt, die andere war eine Berberin aus dem Süden, die dritte kam aus Casablanca. Jede Nacht machte er mit einer anderen Liebe. Nach der ersten Nacht mit der Frau aus Fes stand diese auf und verließ das Bett.

Er fragte: »Wo gehst du denn hin, mein Täubchen?«

Sie antwortete: »Ich bereite meinem Schatz einen herzhaften Pfefferminztee, damit er wieder gut zu Kräften kommt.«

Die nächste Nacht verbrachte er mit der dunklen Frau aus dem Süden.

»Wo gehst du denn hin, mein Täubchen?«, fragte er wieder.

»Ich hole einen Krug von dem wertvollen Argan-Öl aus meiner Heimat und werde meinen Schatz zärtlich massieren, damit er wieder gut zu Kräften kommt«, sagte die Berberin.

In der dritten Nacht lag die Frau aus Casablanca bei ihm.

Als sie aufstand, fragte er wieder: »Wo gehst du denn hin, mein Täubchen?«

Die Frau aus Casablanca fuhr herum, schaute ihn an und schrie: »Hast du ein Problem, Arschloch? Ich geh nur mal schnell pinkeln und bin gleich wieder da.«

So ein Typ war auch L'musiba. Ihr trauten wir alles zu, selbst das Schlimmste.

Eines Tages erwischte mich L'musiba allein.

»Ich habe eine gute Nachricht für dich, meine Liebe«, krakeelte sie.

Ich sagte erst einmal gar nichts.

»Ich habe einen Kunden für dich!«

»Einen Kunden?«, fragte ich überrascht.

»Ja, den besten, den du dir denken kannst. Einen Scheich!«

Wenn eine Marokkanerin »Scheich« sagt, dann sieht man schon die Dirham-Zeichen in ihren Augen aufblitzen.

»Einen Scheich?«

Mir fielen sofort die arabischen Männer aus dem Nahen Osten ein, die im Sommer wie die Heuschrecken meine Heimatstadt Agadir heimsuchten, breitbeinig in ihren *dschellabas* im Club Golden Gate saßen, wo ich als Kellnerin arbeitete, mit Geld nur so

um sich warfen und die Mädchen gierig anglotzten –
je jünger und unschuldiger, desto besser.

»Ich will keinen Scheich!«

»Pst, Mädchen.« »Die Katastrophe« senkte aus-
nahmsweise einmal ihre Stimme. »Dieser Scheich
ist eine Ausnahme. Das ist ein sehr edler Mann. So
elegant, so frisch, so wohlerzogen. Er hat dich gestern
Abend gesehen, als du mit deinen Freundinnen unterwegs warst, und findet dich unwiderstehlich.«

Ich musste lachen. Mir kam das alles sehr albern
vor. Eine Vermittlerin bot mir mitten in Europa einen
Scheich an! Das war ziemlich bizarr.

»Da gibt es nichts zu lachen, Mädchen!«, zischte
»Die Katastrophe«. »Da geht es um viel Geld, sehr viel
Geld.«

Plötzlich war mir klar, dass diese Frau viel mehr
war als eine Vermittlerin. Sie war eine Kupplerin, die
mich verkaufen wollte.

»Sei nicht dumm«, flüsterte »Die Katastrophe«, sie
ließ nun alle Zurückhaltung fallen. »So viel Geld für
ein bisschen Sex. Du bist schön, aber arm. Danach
bist du schön und reich. So ein Scheich ist ja nicht die
ganze Zeit in München, der fliegt ja wieder zurück in
seine Heimat.«

»Die Katastrophe« ließ mich gar nicht zu Wort
kommen. Sie hatte bereits alles geplant.

»Wenn du ihn erst mal getroffen hast, dann verhext du ihn einfach. Das ist besser als eine Renten-
versicherung.« Sie hatte den passenden Trick parat:
»Ich besorge dir ein paar Stoffwindeln von Wool-
worth, damit fängst du sein Sperma auf. Dann schnei-

dest du das Stück mit dem Sperma aus dem Stoff heraus, tunkst es in Honig und wickelst es fest um eine Kerze. Wenn die Kerze mit dem Sperma abbrennt, ist der Scheich für immer und ewig Feuer und Flamme für dich.« L'musiba rieb sich die Hände: »Den rupfen wir wie ein Huhn!«

Vor lauter Begeisterung vergaß sie für eine Sekunde zu reden. Diesen Moment nutzte ich.

»Entschuldigung«, sagte ich, »aber da bist du bei mir an der falschen Adresse.«

»Die Katastrophe« stutzte: Widerstand hatte sie nicht erwartet.

»Falsche Adresse?«, fragte sie.

»Ja, Schwester«, entgegnete ich. Ich versuchte diplomatisch zu sein, weil ich den Jähzorn der L'musiba fürchtete. »Gib dem Herrn einfach meine Telefonnummer, er soll mich anrufen, ich kläre das dann selbst mit ihm.«

»Die Katastrophe« schnaufte misstrauisch. »Aber wehe, du vergisst meine Provision!«, rief sie, dann zog sie ab.

Ich setzte mich schnell auf einen freien Stuhl im nächsten Kaffeehaus. Was war denn das? So etwas hatte ich noch nie erlebt. Ich war gleichzeitig fasziniert von der Unverfrorenheit dieser Person und empört über ihr unsittliches Angebot.

Einige Tage später rief der Scheich tatsächlich an. Er hieß Kamal, hatte eine angenehme Stimme und war gar kein Scheich, sondern nur Diplomat seines Landes und in München zuständig für die medizinische Betreuung seiner Landsleute. Wenn es im Sommer in der Wüste extrem heiß wird, zieht es die wohlhabenden Araber aus dem Orient in kühlere Gefilde. Bayern ist wegen der Alpen mit ihren schneebedeckten Gipfeln, wegen der klaren Bergseen und der Infrastruktur bei arabischen Millionären sehr beliebt. Außerdem gibt es hier gute Kliniken, und trotz ihres Reichtums bevorzugten Kamals Klienten eine medizinische Indikation für ihren Ausflug nach München, dann wird die gesamte Reise nämlich vom Staat bezahlt.

Kamal erwies sich als ebenso lustiger wie höflicher Gesprächspartner, und Hauptthema unseres Telefonats war natürlich L'musiba.

»Sie hat mich angesprochen«, sagte Kamal, »als sie gesehen hat, wie ich dich beobachte.«

»Und dann?«, fragte ich.

»Dann hat sie dich angeboten wie ein Kamel auf dem Markt«, lachte Kamal, »wie das beste Kamel auf dem Markt!«

»Das ist ein schöner Vergleich«, meinte ich.

»Ja, aber da hat diese Frau etwas verwechselt. Ich habe sofort gesehen, dass du nicht käuflich bist, weil ich dich an jenem Abend ununterbrochen beobachtet habe, aber du hast nicht ein einziges Mal zu mir geschaut.«

Das Telefongespräch war so angenehm, dass wir uns für die nächste Woche zum Kaffee verabredeten. Kaum hatte ich aufgelegt, klingelte der Apparat schon wieder.

»Und?«, rief »Die Katastrophe«. »Habt ihr euch verabredet?«

»Ja«, sagte ich, mir fiel so schnell keine gute Lüge ein.

»Aber nicht ohne mich!«, rief L'musiba. »Ich muss dabei sein.«

Und dann saß sie tatsächlich mit ihrem dicken Sohn am verabredeten Treffpunkt in einem Bistro, als ich eintraf. Sie hatte Kamal bereits in ein intensives Gespräch verwickelt, beugte sich weit über den Tisch und fuchtelte mit den Armen. Kamal lächelte etwas gequält.

Nachdem ich saß, gab »Die Katastrophe« mir heimliche Zeichen, die mir sagen sollten: Kein Grund zur Unruhe, ich mach das schon. Ich war allerdings gar nicht unruhig, denn Kamal war tatsächlich ein sehr feiner Mann. Er trug einen maßgeschneiderten Anzug mit Krawatte, wie man es von einem Diplomaten erwartet. Aber am meisten beeindruckte mich, dass er mir kein sündhaft teures, stinkendes Parfüm überreichte, wie es Männer aus dem Nahen Osten ansonsten beim ersten Treffen mit einer jungen Frau gern zu tun pflegen. Ja, dieser *Sayed* Kamal schien ein sympathischer Mann zu sein!

Während Kamal und ich eine Tasse Kaffee bestellten, orderte »Die Katastrophe« ein komplettes Menü für sich und ihren Sohn, und Kamal bezahlte alles brav.

Wir redeten nicht viel, weil L'musiba uns nicht zu Wort kommen ließ. Aber wir trafen uns später noch einmal unter größter Geheimhaltung ohne die Vermittlerin.

Es stellte sich heraus, dass Kamal trotz aller Vorzüge ebenso wenig mein Typ war wie ich seiner. Wir wurden trotzdem gute Freunde. Er führte mich aus in das Trader Vic's im Keller des besten Münchner Hotels, des Bayerischen Hofs. Unsere Gespräche verliefen etwas mühsam, weil Kamal weder Deutsch noch Marokkanisch sprach und ich seinen Wüstenakzent nicht verstand. Wir einigten uns darauf, Hocharabisch miteinander zu reden, aber obwohl ich recht gut Hocharabisch spreche, ist es für uns eine Fremdsprache wie das Lateinische für die Italiener. Ein richtig flüssiges Gespräch kommt damit nur schwer in Gang.

Nach dem Dinner gingen wir in den Nachtklub des Hotels, wo schon eine Gruppe rassiger arabischer Mädchen die Tanzfläche bevölkerte. Keine von ihnen trug ein Kopftuch, und alle tanzten ausgelassen zu moderner Discomusik. Ihre Stimmung sank spürbar, als Kamal den Raum betrat. Möglichst unauffällig verzogen sich die Mädchen eine nach der anderen an ihre Tische.

»Was ist denn hier los?«, flüsterte ich Kamal zu.

»Ich kenne ihre Eltern«, sagte Kamal, »diese jungen Frauen sind aus meinem Land. Jetzt haben sie bestimmt Angst, dass ich sie verpetze. Komm, wir gehen mal schnell zu ihnen rüber und beruhigen sie.«

Kamal redete in seinem Dialekt auf die Mädchen ein, die sich sichtlich entspannten.

»Was hast du ihnen gesagt?«, fragte ich.

»Dass sie ruhig ihren Spaß haben können«, sagte Kamal und machte eine Geste, als verschließe er seine Lippen mit einem Reißverschluss. »Ich kann schweigen wie ein Grab. Schließlich bin ich Diplomat.«

»Die Katastrophe« bekam natürlich Wind von unserem Ausflug in den Bayerischen Hof und stand kurz darauf plötzlich in meiner Wohnung. Zur Verstärkung hatte sie sich eine sehr hässliche und brutal aussehende Freundin mitgebracht.

»Denkst du, du kannst mich bescheißen?«, rief »Die Katastrophe«, und die hässliche Freundin echote: »Bescheißen.«

»Wieso?« Ich stellte mich besser ahnungslos. Die beiden sahen ungemütlich aus.

»Wieso? Wieso? Wieso?«, höhnte »Die Katastrophe«. »Du warst heimlich mit dem Scheich weg.«

»Ja, und?«, fragte ich.

»Du weißt genau, was ich will: meinen Anteil an dem ganzen Geld!«

»Welches Geld?«

L'musiba schaute sich misstrauisch in der Wohnung um. Wahrscheinlich hoffte sie, etwas zu entdecken, was meinen neuen Reichtum zeigen würde. Aber da war nichts. Ich lebte immer noch von Sozialhilfe.

Kamal hatte mich zwar zum Essen eingeladen, aber mehr nicht.

»Schwester«, sagte ich, »ich habe dir gleich gesagt, dass du bei mir an der falschen Adresse bist. Ich habe mich nie prostituiert und werde das auch für viel Geld nicht tun. Such dir besser eine andere.«

»Die Katastrophe« sah schließlich ein, dass bei mir nichts zu holen und ihr Vermittlungsgeschäft in diesem Fall fehlgeschlagen war.

»Doof bleibt doof, und arm bleibt arm«, murmelte sie und verschwand aus meiner Wohnung und glücklicherweise auch aus meinem Leben.

Mit Kamal traf ich mich auch später noch unregelmäßig, er gehört heute noch zu meinem weiteren Freundeskreis, und wir lachen immer noch gemeinsam über »Die Katastrophe«.

Einmal machte er mir sogar tatsächlich ein Geschenk. Er brachte mir eine weiße Kiste aus Styropor mit.

»Mach auf!«, drängte er.

Ich machte auf. Zu meiner Überraschung befand sich in der Kiste nichts außer einem großen, gefrorenen Fisch.

»Ganz frisch«, sagte er stolz.

Das war mir noch nie passiert, dass ein Verehrer mit einem tiefgekühlten Fisch seine Zuneigung ausdrückte. In Agadir, wo der Atlantik direkt vor der Haustür liegt, wäre das auch lächerlich gewesen.

Aber wahrscheinlich gelten in der Wüste andere Gesetze, und ein toter Fisch ist dort ein großer Schatz.

Trotz der marokkanischen Freundinnen und trotz meines Sohnes war ich mit meinem Leben in Deutschland nicht zufrieden. Die Aufenthaltserlaubnis, die Wohnung und die Sozialhilfe gaben mir zwar ein gewisses Maß an Sicherheit, aber ich fühlte mich nicht wirklich wohl.

Ich hatte kein Ziel mehr. Ich wusste, dass ich etwas unternehmen sollte. Aber ich sah nicht ein, mit dreiundzwanzig Jahren noch einmal eine Ausbildung zu beginnen. Lieber blieb ich tagelang bei Shaimas Schwester, statt mich auf den Weg in meine Zukunft zu machen. Die Schwester und die anderen Marokkanerinnen bewahrten mich durch ihre Zuneigung davor, in ein tiefes Loch der Verzweiflung zu fallen. Aber einen Sinn konnten sie meinem Leben auch nicht geben.

Plötzlich kam mir das alles sehr schal vor. Und dieser Eindruck wurde noch verstärkt durch das Verhalten einiger anderer Marokkanerinnen, die ich in dieser Zeit kennenlernte.

Eines Tages rief mich eine Frau namens Huda an, die ich nur flüchtig kannte, und bat mich, eine Freundin aus dem Rif-Gebirge im Norden Marokkos aufzunehmen. Die Freundin hatte ein schweres Schicksal. Sie war mit ihrem marokkanischen Mann vor Jahren nach Deutschland gekommen, hatte hier zwei Söhne zur Welt gebracht und seit Langem eine unbefristete Aufenthaltsgenehmigung. Als es in der Beziehung kriselte und die Familie den Sommer bei Verwandten in Marokko verbrachte, nahm ihr der Mann den Pass mit dem Visum weg und fuhr allein mit den Kindern zurück nach Deutschland.

Das war nun schon fast ein Jahr her. Unterdessen hatte die Freundin aber einen neuen Pass besorgt und von der deutschen Botschaft in Rabat sogar ein Visum erhalten. Jetzt wollte sie ihre Kinder wiedersehen und zu sich holen. Ich hatte Mitleid mit der Frau und nahm sie bei mir auf.

Habiba war eine ruhige, hübsche Bauersfrau, die sich nur ungern hastig bewegte. Sie hatte nie schreiben und lesen gelernt und sprach kaum Deutsch. Ich hatte plötzlich eine Aufgabe und legte mich richtig ins Zeug, um Habiba zu helfen. Ihre Langsamkeit machte mich aber zunehmend nervös. Wenn es darum ging, Behörden und Anwälte zu besuchen, um ihren Fall voranzubringen, verfiel sie in eine Art Schweigestarre. Sie sagte kaum noch etwas und bewegte sich wie in Zeitlupe.

In Schwung kam Habiba eigentlich nur, wenn es etwas zu feiern gab. Partys und Bars fand sie prima, und zu meiner Überraschung bestellte sie sich eines Abends in fließendem Deutsch einen alkoholischen Drink.

»Was macht die da?«, flüsterte ich einer der Marokkanerinnen ins Ohr, die uns begleiteten.

»Das ist ein Spezialdrink!«, sagte die Marokkanerin.

»Spezialdrink?«, fragte ich.

»Das trinken in Marokko die Prostituierten.«

Ich dachte mir nichts dabei. In Marokko gilt selbstverständlich jede Frau als Prostituierte, die alkoholische Getränke zu sich nimmt. Aber später sollte ich an diese Bemerkung noch denken.

Der Ehemann, so erzählte mir Habiba, hatte alles getan, um sie von den gemeinsamen Söhnen fernzuhalten. Bei den Behörden hatte er sie als psychisch krank, sittlich unzuverlässig und gefährlich für die Kinder bezeichnet. Die Schule hatte Anweisung, sofort den Vater zu verständigen, falls Habiba sich den Kleinen nähern sollte.

Trotzdem gelang es mir, eine Begegnung zwischen ihr und ihren Söhnen in der Schule der Kinder zu organisieren. Der Kleine stürzte sofort auf sie zu, warf sich in ihre Arme und stammelte mit tränenerstickter Stimme: »Mama, Mama.« Es war so anrührend, dass ich mit dem Jungen weinen musste. Aber dann kam sein größerer Bruder, der ungefähr zwölf Jahre alt war. Er stürzte ebenfalls auf seine Mutter zu, aber nicht, um sie zu umarmen, sondern um ihr das Kind wegzureißen, das sie umklammerte.

»Du darfst uns nicht sehen, Mama!«, rief er auf Marokkanisch. »Geh weg!«

Dabei presste er seinen kleinen Bruder an sich. Beide Kinder zitterten vor Anspannung. Es war eine schreckliche Situation. Eine Lehrerin zog die Kinder mit sich, ich führte Habiba am Arm auf die Straße. Es war das traurigste Wiedersehen, das ich jemals erlebt hatte. Ich hatte Tränen in den Augen, aber Habiba zeigte keine Regung.

Von diesem Tag an veränderte sie sich. Sie blieb nachts immer länger weg, traf sich mit Männern und hatte eines Tages eine Dreizimmerwohnung und teure Designerkleidung. Die Marokkanerinnen tuschelten, dass die Vermittlerin, die wir L'musiba nannten, dabei die Finger im Spiel hatte. Aber darüber weiß ich nichts Genaues. Ihre Kinder blieben beim Vater und sind inzwischen erwachsen.

Habiba und ich wurden uns immer fremder. Ich hatte bereits meinen künftigen Mann kennengelernt und verbrachte zusammen mit Samuel viel Zeit bei ihm.

Michael war Journalist und hatte sich von der Mutter seiner Kinder getrennt. Jetzt lebte er allein in einem großen Einfamilienhaus mitten in Münchens angenehmstem Stadtteil Schwabing. Das Au-pair-Mädchen der Familie, das trotz der Trennung immer noch für die Kinder zuständig war, stammte aus Marokko und hieß Jalila. Sie war eine Cousine der quirligen Rachida und gehörte dadurch zu meinem marokkanischen Freundeskreis.

»Das ist ein lustiger Typ«, sagte sie, »der wäre was für dich. Außerdem ist er kinderlieb.«

Ich schien bei anderen Frauen irgendeinen geheimnisvollen Kupplerinnen-Instinkt auszulösen. Nahezu jede fühlte sich bemüßigt, mir angeblich unwiderstehliche Angebote zu machen. Ich war mittlerweile schon ein wenig misstrauisch. Andererseits hatte ich schon ein paarmal mit dem neuen Kandidaten telefoniert, wenn ich mit dem Au-pair-Mädchen sprechen wollte, und er erschien mir durchaus sympathisch.

»Aber der hat doch bestimmt eine Freundin?«

»Ja, aber die ist nichts«, sagte Jalila, »das geht nicht mehr lang.«

Das Au-pair-Mädchen legte sich allerdings nicht weiter ins Zeug, das Schicksal dagegen schon. Jalila hatte Silvester 1998 mit mir verbracht und bei mir übernachtet. Am Neujahrstag 1999 rief sie ihren »Chef« an.

»Ich muss ihm ein gutes neues Jahr wünschen!«, sagte sie.

Ich übernahm das Telefon und rief ihm ebenfalls ein paar Neujahrswünsche zu.

Er reagierte sehr erfreut. »Sollten wir uns nicht endlich mal kennenlernen?«, schlug er vor. Offenbar hatte Jalila bei ihm für mich Reklame gemacht. »Komm doch einfach morgen mal mit deinem Sohn zum Kaffee vorbei, dann sind auch meine Kinder da.«

Ich war so überrumpelt von dieser Einladung, dass ich sofort Ja sagte. Am nächsten Tag stand ich pünktlich um vierzehn Uhr bei ihm auf der Matte. Aber Michael ließ sich nicht sehen. Jalila öffnete die Tür.

»Er ist noch oben«, sagte sie.

Ich fand das ein wenig unhöflich, konnte mich aber im Moment nicht weiter damit beschäftigen, weil mich Michaels Kinder bestürmten. Clara war damals zwei Jahre alt, Emil sechs. Sie verstanden sich auf Anhieb gut mit Samuel, der nur ein paar Monate älter war als Clara.

Als Michael dann endlich auftauchte, war mein Herz durch die offenherzigen und fröhlichen Kinder schon ganz weich. Michael küsste mich, als kenne er mich schon seit Jahren. Erst danach kam ich dazu, ihn zu betrachten: Er war groß, schlank und hatte eine kahl rasierte Glatze. Das fand ich ziemlich … krass. Jalila hatte zwar die Glatze erwähnt, aber ich hatte eine kleine Platte oder große Geheimratsecken erwartet, keine radikale Komplettrasur.

Michael ließ mir allerdings keine Zeit, besonders lange schockiert zu sein. In rasantem Tempo stellte er mir so viele Fragen zu meinem Leben, dass mir der Kopf schwirrte. Er saß noch nicht mal mit mir am Küchentisch, sondern hantierte mit einer Espressomaschine herum, als ich ihm schon mehr offenbart hatte als anderen Männern im Lauf einer ganzen Beziehung.

Schließlich sagte ich: »Entschuldigung.«

Michael hielt überrascht inne.

»Du fragst zu viel. Und zu schnell«, sagte ich.

»Wieso?« Er war ehrlich überrascht.

»Ich kenne dich doch gar nicht. Und du mich auch nicht.«

»Eben«, antwortete er.

Das hatte eine gewisse Logik, aber Michael hatte schon ein neues Thema, weil ich ein kleines Hüsteln nicht unterdrücken konnte.

»Du bist krank«, stellte er fest.

»Nein, ich habe nur eine kleine Erkältung«, versuchte ich abzuwiegeln.

»Okay«, sagte er, »das kriegen wir in den Griff.«

Er nahm mir den Cappuccino wieder weg und verkündete: »Ich mache dir einen Kamillentee.«

Und schon fummelte er wieder in der Küche herum, suchte Teebeutel, kochte Wasser und servierte schließlich das neue Heißgetränk. Ich muss zugeben, dass mich das Tempo ein wenig überforderte, mit dem Michael mein Leben in die Hand nahm. Andererseits gefiel es mir auch, wie er sich um mich kümmerte.

Für ihn schien das selbstverständlich zu sein.

Später erklärte er mir den Grund dafür: »Ich wusste beim ersten Blick, dass du die Frau bist, die ich heiraten werde.«

Das Problem war: *Er* wusste es vielleicht, aber *ich* wusste nichts davon. An diesem 2. Januar in Michaels schönem Haus in Schwabing wusste ich nur, dass ich mich ziemlich wohlfühlte, trotz der Hektik, die dieser Mann verbreitete.

»Ist der immer so?«, fragte ich Jalila auf Marokkanisch.

»Ja«, sagte sie, ebenfalls auf Marokkanisch, »der hat Würmer im Arsch.«

Das ist die marokkanische Metapher für Menschen, die nie still sitzen können, die immer alles erledigen wollen, anstatt darauf zu vertrauen, dass sich die Dinge durch göttliche Fügung schon von allein regeln.

Mich machte das einerseits nervös. Andererseits gefiel es mir auch, weil ich ja gerade für mich beschlossen hatte, dass mein Leben ein bisschen mehr Dynamik brauchte. Ich suchte zwar keinen Mann, aber eine neue Herausforderung. Die Zeit der brasilianischen und marokkanischen Freundinnen neigte sich dem Ende zu. Jetzt kam etwas Neues. Vielleicht hatte Michael damit zu tun.

Dieser Mann, der nun plötzlich eine Rolle in meinem Leben zu spielen begann, war ganz anders als alle anderen Männer, die ich jemals getroffen hatte. Er ging so offen und natürlich mit mir und Samuel um wie noch keiner zuvor. Obwohl wir uns erst ein paar Stunden kannten, verhielt er sich wie ein alter Vertrauter. Ein bisschen unheimlich war mir das schon, andererseits konnte ich seine Seele sehen, er tat nichts, um sie vor mir zu verbergen. Auch das war für mich eine Überraschung, so nah war ich weder meinem Ehemann noch dem Vater meines Sohnes jemals gekommen. Michael war für mich wie ein offenes Buch.

An diesem Tag war ich durch meine Erkältung ohnehin geschwächt und empfänglich für Fürsorglichkeit. Michael wickelte mir einen Schal um den Hals und führte mich nach oben in einen großen, hohen Raum unter dem Dach, dessen Stirnwand aus einem gewaltigen Regal mit Büchern bestand. Unter einem Dachfenster stand ein avantgardistisches Sofa.

»Entspann dich mal«, sagte er und zeigte auf das Sofa, »ich kümmere mich schon um deinen Sohn.«

Widerstandslos ließ ich mich auf das Sofa sinken. Michael breitete eine Decke über mich, bis nur noch mein Gesicht herausschaute, dann küsste er mich auf den Mund. Und verließ den Raum.

Ich wagte es nicht, mich zu bewegen, sah durch das Dachfenster in den Himmel, betrachtete die vielen Bücher und muss dann wohl eingeschlafen sein. Als ich wieder aufwachte, war es schon dunkel vor dem Dachfenster. Es war ruhig im Haus. Unten im Wohnzimmer fand ich Michael.

»Wo ist Samuel?«, fragte ich.

»Im Bett«, sagte er.

»Im Bett?«

»Ja, sieh doch mal auf die Uhr, wie spät es ist. Die Kinder schlafen schon. Ich habe sie mit Jalila ins Bett gebracht.«

Ich war ein bisschen schockiert. Samuel hatte sich anstandslos von diesem fremden Mann ins Bett bringen lassen. Das gab mir zu denken. Aber meine Gedanken waren positiv. Ein warmes Gefühl der Geborgenheit strahlte von meinem Bauch in den ganzen Körper aus.

Zusammen mit Michael schlich ich mich in das Kinderzimmer, wo Samuel und Clara einträchtig nebeneinanderlagen. Sein dunkler Lockenkopf neben ihrem blonden Haar. Es war ein schönes, anrührendes Bild.

Später kochte Michael für uns. Ganz selbstverständlich fuhrwerkte er in der Küche herum und zauberte ein leckeres Abendessen. Im Wohnzimmer brannte knisternd der Kamin. Es war ein romantischer

Abend. Natürlich dachte ich daran, dass ich später meinen Sohn aufwecken müsste, um nach Hause zu fahren. Aber es wunderte mich auch nicht sehr, als Michael vorschlug, ich könne ja hier übernachten.

»Entweder unten mit Jalila im Au-pair-Mädchen-Zimmer«, meinte er, »oder bei mir. Ich habe das größere Bett.«

Das allerdings fand ich ziemlich unmoralisch. Fragend schaute ich Jalila an und hatte den Eindruck, dass sie sich das Lachen verbeißen musste.

»Guck mich nicht so an«, sagte Jalila auf Marokkanisch. »Du hast doch wohl keine Angst?«

»Natürlich habe ich keine Angst«, erwiderte ich, »aber ich kenne den Typen doch gar nicht.«

»Dann hast du jetzt die Möglichkeit, ihn näher kennenzulernen«, grinste Jalila − und verschwand in ihrem Zimmer, nachdem sie die Küche gemacht hatte. Ich blieb mit Michael zurück.

Am nächsten Tag holte ich frische Sachen aus meiner Wohnung und war dann schon wieder einen Nachmittag und eine Nacht mit diesem seltsamen, faszinierenden Mann zusammen. Irgendetwas schien uns zu verbinden, stark zu verbinden.

Dennoch dauerte es eine Zeit lang, bis ich mich endgültig für Michael entscheiden konnte. Für ihn sprachen seine Herzlichkeit und das große Vertrauen, das zwischen uns in kürzester Zeit entstanden war. Gegen ihn sprach seine Exfreundin, die ihn seit der Trennung verfolgte. Eine große, blonde deutsche Frau, die uns über Monate hinweg auflauerte, Telefonterror betrieb, an der Haustür klingelte, die Kinder nervös machte und mich beleidigte.

Eines Tages fing sie uns auf der Straße ab und rief zuckersüß: »Michelchen, du hast mir ja deine neue Putze noch gar nicht vorgestellt.«

Ein anderes Mal sprang sie hinter einem Verkaufsstand auf dem Münchner Viktualienmarkt hervor und zischte: »Dschungelfotze.«

»Papa«, fragte Clara, die dabei war, »was ist eine Dschungelfotze?«

Michael antwortete ausweichend.

Wir beschlossen, die Provokationen der Exfreundin möglichst zu ignorieren.

Die Belästigungen endeten nicht einmal, als Michael und ich eine neue, gemeinsame Wohnung gemietet hatten. Es war eine Altbauwohnung mit einer zweigeteilten Eingangstür, die unter Einsatz körperlicher Gewalt von einer schweren Person aufgehebelt werden konnte. Eines Abends stand sie plötzlich in der Wohnung und begann, Dinge aus den Regalen zu reißen und Gegenstände zu zerstören. Sie zerrte meine Unterwäsche aus dem Schrank und zerriss meine BHs. Dann kippte sie Tinte über die Unterlagen auf Michaels Schreibtisch.

Michael war erstaunlich ruhig, und ich gab mir Mühe, ebenfalls ruhig zu bleiben. Aber dann passierte etwas, was die Situation völlig veränderte: Sie holte aus und schlug Michael mit der Hand ins Gesicht. Das Geräusch dröhnte in meinen Ohren, und ich spürte plötzlich eine unglaubliche Wut und Kraft in mir. Diese Frau war unberechtigt in unsere Wohnung eingedrungen und hatte den Mann angegriffen und gedemütigt, den ich liebte. Das konnte ich nicht zulassen. Es gab Grenzen der Zumutbarkeit.

Ich war mehr oder weniger als Straßenkind in Marokko aufgewachsen und kannte die Gesetze des Überlebens. Ab einem bestimmten Punkt muss man kämpfen, sonst ist man verloren. Jetzt war dieser Punkt erreicht. Meine Vernunft schaltete sich aus, mein Blick verengte sich, pure Aggression steuerte meinen Körper. Ich griff diese schwere Frau ohne jede Furcht an.

Weil sie so groß war, zog ich sie an den Haaren zu mir herunter.

»Du bist zu weit gegangen«, zischte ich, »verschwinde aus unserem Leben. Für immer. Hau ab! Jetzt!«

In ihren Augen sah ich die Angst. Und ich wusste, dass dieses Problem keines mehr war. Es ergab sich aber ein anderes Problem. Ich entdeckte es, als ich einige Wochen später meine Aufenthaltsgenehmigung verlängern lassen wollte.

Der hässliche Mann mit der dicken Brille war dieses Mal ausnehmend gut gelaunt. Schnell stellte sich heraus, was der Grund dafür war.

»Aufenthaltserlaubnis? Verlängerung?« Der Mann kicherte zufrieden. »Gibt's hier nicht.«

Ich war verunsichert, aber dachte zunächst, er wolle mich nur ein wenig quälen.

»Warum?«, fragte ich.

»Das müssten Sie eigentlich wissen.«

»Nein«, sagte ich, »ich habe keine Ahnung, von was Sie reden.«

»Darüber rede ich.« Er warf ein Schriftstück vor mir auf den Tisch. »Sie sind angeklagt wegen gefährlicher Körperverletzung. Da gibt's keine Verlängerung.«

Ich war fassungslos, der Mann grinste hämisch. Aus den Akten, die er mir hingeworfen hatte, ergab sich, dass ich von der großen blonden Frau angezeigt worden war, die meinen Mann geohrfeigt hatte. Sie hatte angeblich Prellungen, Blutergüsse und Kratzer durch mich erlitten.

Für mich war das eine äußerst unangenehme Situation. Plötzlich war mit der verweigerten Verlängerung der Aufenthaltsgenehmigung jede Sicherheit dahin, die mir bislang eine Zukunftsperspektive für das Leben in Deutschland gegeben hatte. Musste ich Europa nun verlassen? Wo sollte ich hin mit meinem Kind? Nach Marokko, in das Land, das mir so viel Leid gebracht hatte? Wovon sollte ich dort leben? Verzweiflung griff nach mir.

Die Gerichtsverhandlung fand Monate später statt. Ich musste mich entschuldigen, was mir schwerfiel. Aber der Anwalt drängte mich dazu – und die Sache war erledigt.

Damit war das Problem mit der Exfreundin endgültig gelöst. Von da an spielte sie keine Rolle mehr in meinem Leben. Ich erhielt eine unbegrenzte Aufenthaltsberechtigung.

Der Kampf gegen die große blonde Deutsche und seine Folgen waren zwar eine unangenehme Erfahrung für mich, aber sie markierte auch eine positive Wende in meinem Leben. Ich hatte gesiegt, und das gab mir einen ungeheuren Energieschub. Die Belastungen durch die ständigen Attacken dieser Frau waren vorbei, und die Beziehung zu Michael entwickelte sich nun mit rasender Geschwindigkeit.

Wir lebten zusammen, und ich fühlte mich von ihm, seinen Kindern und seinem Umfeld so akzeptiert, wie ich es noch nie zuvor erfahren hatte.

Ich lernte seine Schwester Nadja kennen, eine Biologin mit Doktortitel, die mir mit großer Offenheit begegnete. Sie hatte als Wissenschaftlerin lange Zeit für ein Forschungsprojekt im Rif-Gebirge gelebt und kannte zumindest diesen Teil meiner Heimat sehr gut.

Ihre Aufgabe war es, Parasiten zu ermitteln, die Schafe und Ziegen befallen. Dafür fuhr sie mit ihrem roten Fiat-Kastenwagen durch das wilde Land der Rif-Berber, wo düstere Männer Hanf für die Haschisch-produktion anpflanzten. Ich bewunderte sie sehr dafür. In Marokko gelten die Rifyin als gefährliche und unberechenbare Zeitgenossen, denen man besser aus dem Weg geht. Die Hirten nannten Nadja »Madame Fiat rouge« und erwarteten sie schon mit Händen voller Schafs- und Ziegenköttel neben der Piste, wenn sie vorbeikam. Den Kot analysierte sie in einem provisorischen Laboratorium, das sie auf einem Campingplatz am Strand des Mittelmeeres eingerichtet hatte.

Michaels Mutter begegnete mir mit Distanz und Respekt. Sie war ein Mensch, wie ich ihn noch nie getroffen hatte: eine gebildete, eigensinnige Frau aus Norddeutschland, die es nach Schwaben verschlagen hatte. Dort lebte sie allein auf einem hundert Jahre alten Bauernhof mit vielen Tieren. Ihr eigentlicher Beruf war aber Schriftstellerin. Michaels Vater war schon vor langer Zeit gestorben.

Die Geborgenheit in Michaels großer Familie gab mir Kraft. Er akzeptierte mich und meine Situation so selbstverständlich, wie ich seine Patchworkfamilie akzeptierte. Neben Clara und Emil hatte er noch einen fast erwachsenen Sohn, Jamie, der gerade mal sieben Jahre jünger war als ich und zu dem sich eine vertrauensvolle Freundschaft entwickelte. Jamies Mutter, eine temperamentvolle, elegante Portugiesin mit dem schönen Namen Maria de Lourdes, war fast doppelt so alt wie ich. Sie gehörte wie selbstverständlich zur Familie. Wir verstanden uns ohne viele Worte. Ich glaube, wir sind uns sehr ähnlich.

Lulus Anwesenheit in unserem Leben beruhigte mich. Sie kannte Michael seit vielen, vielen Jahren und war eine absolute Expertin für diesen seltsamen Mann. Wenn ich sein Verhalten gelegentlich nicht begriff, rückte sie die Dinge für mich mit wenigen Sätzen wieder zurecht.

Zwei Jahre nach unserem Kennenlernen heirateten wir. Das war kein einfaches Unterfangen. Die Angestellten im Standesamt drückten uns einen Laufzettel in die Hand, auf dem nahezu alle Positionen angekreuzt waren.

»Das müssen wir alles machen?«, fragte ich entsetzt.

»Ja«, sagten die Leute vom Standesamt, »wenn eine Muslima einen Nichtmuslim heiratet, ist das kompliziert.«

Es stellte sich heraus, dass die deutschen Behörden bei solchen bilateralen Ehen auch das Recht des anderen Landes ins Kalkül ziehen. Also sollte, wie es in Marokko üblich ist, der Vater der Braut seine Zustimmung erteilen und in unserem Fall auch der Staat.

Das war aber schlecht möglich. Mein Vater hätte vielleicht zugestimmt, obwohl ein Muslim seiner Tochter niemals gestatten soll, einen Nichtmuslim zu heiraten. Aber Vater war nicht besonders gläubig und saß ohnehin im Gefängnis. Der Staat Marokko dagegen konnte einer solchen Ehe keinesfalls zustimmen.

»Ja«, sagten die Leute vom Standesamt, »wir kennen das Problem. Aber dafür gibt es eine Lösung.«

Die Lösung war eine Art Gerichtsurteil, welches unter bestimmten Voraussetzungen unsere Ehe auch ohne Einwilligungserklärungen aus Marokko möglich gemacht hätte. Aber das hätte einen unüberschaubaren Papierkrieg bedeutet.

»Mist«, stöhnte ich, »das dauert ja Monate!«

Die Leute vom Standesamt nickten zustimmend. Dann beugte sich eine der Frauen über den Tresen. »Soll ich Ihnen einen Tipp geben?«

»Bitte«, sagte ich.

»Dann fahren Sie nach Dänemark, dort reicht Ihr Pass für die Eheschließung. Und wenn Sie zurück sind, schreiben wir den Trauschein problemlos um.«

So standen wir an einem trüben September-Freitag im schmucken Rathaus von Tondern, gleich hinter der deutsch-dänischen Grenze, vor dem Standesbeamten. Alle Trauungen dort finden freitags statt, und wir waren natürlich nicht die Einzigen, die auf dem Weg zur Ehe den Umweg über Dänemark machten.

Der ganze Ort wimmelte plötzlich von gemischten Paaren: dunkelhäutiger Bräutigam, hellhäutige Braut; hellhäutiger Bräutigam, dunkelhäutige Braut. Es war einerseits komisch, aber auch beklemmend. Irgendwie sahen nämlich alle gleich aus. Vielleicht lag das aber auch daran, dass es nur einen Friseur und einen Blumenladen in Tondern gab. So hatten alle Bräute ähnliche Frisuren und ähnliche Brautsträuße.

Zügig machte uns ein freundlicher Standesbeamter in vorzüglichem Deutsch zu Mann und Frau, zwei Rentner aus dem Ort gaben die Trauzeugen, und kurz darauf hielten wir amtlich beglaubigte Trauscheine in fünf europäischen Sprachen in der Hand.

Die ganze Angelegenheit war nicht besonders romantisch, aber sehr effektiv, weil die dänischen Papiere in der gesamten Europäischen Union anerkannt werden. Schon wenige Tage später beglaubigte das Standesamt Berlin, das für Auslandstrauungen zuständig ist, die dänischen Papiere. Und seitdem sind Michael und ich vor dem Gesetz Mann und Frau.

Plötzlich fühlte ich mich so sicher, dass ich anfing, all das zu erledigen, was ich bisher auf die lange Bank geschoben hatte. Ich kümmerte mich um die Anerkennung meiner Schulausbildung und stellte fest, dass meine marokkanischen Abschlüsse in Deutschland nichts wert waren. Ich beschloss, in München noch einmal die Hauptschule zu besuchen – auch aus einem ganz praktischen Grund. Ich wollte lernen, was die Deutschen lernen: Wer sind die wichtigsten Dichter in diesem Land, und was haben sie gedichtet? Wie ist die Geschichte Europas? Wie war das mit Hitler und dem Zweiten Weltkrieg? Wie funktioniert das politische System? Wie ist das Land aufgebaut?

In Marokko hatte ich über diese Dinge nichts erfahren. Marokko ist eine afrikanische Monarchie, doch ich wollte begreifen, wie Demokratie in Europa funktioniert.

Besonders interessiert war ich an der Philosophie des Christentums. In Marokko hatte es geheißen, jeder Nichtmuslim sei ein Ungläubiger, auf den nicht das Paradies, sondern die Hölle warte. Jetzt hatte ich viele Christen und einige Juden kennengelernt, die so liebenswürdig waren, dass ich mir nicht vorstellen konnte, warum sie verflucht sein sollten. Ich beschäftigte mich mit Religionen und stellte fest, dass das

Christentum viel älter ist als der Islam, ganz zu schweigen vom Judentum. Ich entdeckte die Schönheit des Gebotes der Nächstenliebe, auch wenn das ziemlich unmuslimisch war.

Dennoch bedeutete das nicht, dass ich meinen muslimischen Glauben aufgegeben hätte. Aber ich empfand Andersdenkende nicht mehr als Bedrohung, sondern als Bereicherung für mein Leben. Mein Glaube an Allah wurde dadurch kein bisschen schwächer, ganz im Gegenteil: Ich denke, ich bin heute eine bessere Muslima als zuvor. Aber ich muss das nicht nach außen transportieren. Mein Glaube ist in mir. Er ist ein Geschenk, keine Waffe, um andere Menschen zu diskriminieren, herabzuwürdigen oder zu verfolgen.

Michael unterstützte mich in meinem Bildungshunger. Er gab mir das Gefühl, dass ich alles erreichen könnte, wenn ich mich nur auf den Weg machte. Für mich war das eine ungewohnte Erfahrung: Da war plötzlich ein Mensch, der an mich glaubte.

»Mach was«, sagte er, »egal, was es ist, du wirst es schaffen. Du bist klug, du bist jung, Sami ist im Kindergarten – was ist das Problem? Ich sorge für uns. Und du kümmerst dich um deine Zukunft.«

Ich belegte sofort einen Englischkurs in der Volkshochschule und meldete mich danach unverzüglich in der Hauptschule an, wo ich ein Jahr lang zusammen mit vielen Teenies die Schulbank drückte. Ich war zusammen mit einer Brasilianerin die Älteste in dieser Klasse, und an das Lernen musste ich mich erst wieder gewöhnen, so weit lag es zurück. Aber schließlich hatte ich den Abschluss und wusste auch, dass ich beruflich mit Kindern zu tun haben wollte. Ich besuchte nun eine Berufsfachschule für Kinderpflege.

Der Weg, den ich eingeschlagen hatte, war lang und lästig. Ich war älter als die meisten Mitschüler, und der Tod meines Vaters warf mich so aus der Bahn, dass ich fast die Kraft verloren hätte weiterzumachen.

Aber in Wahrheit hatte ich keine Alternative. Wenn ich mein Leben selbst in die Hand nehmen wollte, durfte ich nicht aufgeben.

Im Nachhinein betrachtet, kann ich jedem Ausländer nur empfehlen, deutsche Schulen zu besuchen. Besonders die Kinderpflegeschule war eine wahre Fundgrube für deutsche Verhaltensweisen und Gepflogenheiten. Dort lernte ich, wie Deutsche kochen, waschen, putzen, reden, denken, basteln, stricken, wählen, ihre Bürokratie organisieren, sich beschweren, Formulare ausfüllen, streiten und Konflikte lösen. Ich hörte von Goethe, Hesse, Beethoven, Wagner, Dürer und König Ludwig von Bayern.

Im Zentrum stand aber die Kindererziehung. Für mich war es überraschend, wie viele Gedanken sich diese Menschen über Pädagogik gemacht hatten. Alles wird irgendwie analysiert und geplant: wie man einen Frühstückstisch korrekt deckt, welche Lieder man mit Kindern in welchem Alter singt, welche Spiele es gibt, was man essen soll (und was nicht), wie viel man trinken muss, um nicht krank zu werden, was man tut bei Läusebefall, wie man Papierschiffchen faltet und Kinder sicher und vorteilhaft durch die Kindergartenzeit führt.

Ich fand manche Konzepte etwas altmodisch, aber ich war sehr beeindruckt von der Ernsthaftigkeit, mit der an dieser Schule gelehrt wurde. Jeder Tag dort bestätigte mich mehr in meinem Entschluss, diese Ausbildung zu machen. Ich entdeckte, wie wichtig gerade die Kindergartenzeit für die Entwicklung der Persönlichkeit und des Charakters ist. Hier wurden die Weichen gestellt für die Schulzeit und die Zukunft.

Ich hatte niemals einen Kindergarten besucht, den gab es in meiner Heimatstadt Agadir nur für reiche Kinder. Mich schickte mein Vater in eine Koranschule, wo der *talib* mit einem Stock für Disziplin sorgte und auch jederzeit bereit war, ihn einzusetzen, wenn man beim Rezitieren einer Sure ins Stocken geriet.

Im Vergleich dazu erschien mir das deutsche Modell viel liberaler, praktischer und kindgemäßer.

Mit zunehmender Bildung und Kenntnis vom deutschen Lebensalltag wuchs mein Selbstbewusstsein, und das Verhalten der Deutschen mir gegenüber veränderte sich parallel dazu. Ich wurde besser behandelt und fühlte mich anerkannter als jemals zuvor. Plötzlich gehörte ich dazu, und wenn jemand sich dennoch bemüßigt fühlte, mich zu duzen und dabei zu reden, als sei ich aufgrund meiner Hautfarbe ein wenig minderbemittelt, war das eher peinlich für mein Gegenüber als für mich.

Die Beziehung mit Michael war sehr kommunikativ. Er reiste und erlebte viel, wenn er auf Recherche war, und konnte eloquent darüber berichten. Jetzt hatte ich auch jeden Tag etwas zu erzählen. Die Schule, die Mitschüler und Mitschülerinnen und die Praktikumsplätze in verschiedenen Kindergärten ergaben mehr als genug Gesprächsstoff.

Vor allem in der Berufsfachschule war ich umgeben von interessanten Personen. Es gab die vierzigjährige egoistische Streberin, die in allen Fächern eine glatte Eins hatte, aber zum Schluss keine Arbeit fand – ihr fehlte wahrscheinlich die emotionale Intelligenz, und ich konnte mir überhaupt nicht vorstellen, wie diese ehrgeizige Person mit Kindern zurechtkommen sollte. Ich fragte mich immer, was im Leben dieser Frau schiefgelaufen war, aber es kam nie ein persönliches Gespräch mit ihr zustande.

Es gab aber auch den sechzehnjährigen Junkie, der nach einigen Monaten die Schule verlassen musste. Mir war das nicht unrecht, weil dieser junge Mann durch seine Sucht schon so verwahrlost war, dass er erbärmlich stank.

Es gab die begnadete Sängerin aus Ruanda, die leider eine schlimme Schlaftablette war und es nur ganz selten schaffte, morgens pünktlich zum Unterricht zu erscheinen.

Am besten gefielen mir aber zwei völlig unterschiedliche Mädchen. Frizzi war ein äußerst liebenswerter, unangepasster Hippie aus dem Umland, die jeden Tag mit der Regionalbahn nach München kam und von Berlin schwärmte. Sibel dagegen war eine hübsche türkische Gangsta-Braut, die jedem sofort Prügel androhte, der sie auch nur eine Sekunde zu lang anschaute. Hinter ihrem aggressiven Verhalten steckte aber eine feine Persönlichkeit, die sie zu einer hervorragenden Kindergärtnerin machte.

Als ich mit der Schule fertig war, brach der Kontakt zu den meisten von ihnen allerdings ab, weil unsere Lebenslinien auseinanderstrebten. Frizzi ging erst mal nach Amsterdam, Sibel bekam sofort eine Stelle in einem Kindergarten, ich beschloss, ein Buch zu schreiben.

Das sollte mein Leben noch einmal dramatisch durcheinanderwirbeln.

Mein erstes Buch habe ich geschrieben, als ich neun Jahre alt war – mein Tagebuch. Ihm vertraute ich mein Schicksal an.

Damals war ich ein kleines sonnenverbranntes Mädchen mit fast schwarzer Haut und grauen Locken. Die Locken waren grau, weil wir kein Shampoo hatten, sondern nur Tide, ein Waschmittel für Kleider, das Bleiche enthielt. Mein Vater hatte meine Mutter getötet, und ich lebte mit meinen Geschwistern bei Verwandten, die uns schlecht behandelten. Manchmal litten wir Hunger, manchmal wurden wir geschlagen. Sogar der Direktor unserer Schule schlug uns mit einem Gartenschlauch, wenn wir zu spät zum Unterricht kamen. Nachts schliefen meine Geschwister und ich auf Pappdeckeln und alten Schaffellen im Obergeschoss unseres Hauses. Nachdem Mutter tot und Vater verhaftet worden war, hatten unsere Cousinen und Cousins unsere Betten bekommen. Wir waren die Kinder des Mörders, die Ausgestoßenen.

Der erste Eintrag in meinem Tagebuch lautete:

Ich heiße Ouarda Saillo und bin neun Jahre alt. Ich verlor meine Eltern, als ich fünf war. Seitdem lebe ich bei meinem Onkel und seiner Familie. Mein Onkel ist sehr stark. Manchmal kommt er mir wie ein Löwe vor. Meine Tante ist böse zu mir und kratzt mich mit ihren scharfen Fingernägeln, bis ich blute. Sie kratzt mich an Stellen, die man nicht anfassen soll. Vor meinen Cousins habe ich oft Angst. Sie sind sehr brutal und schlagen uns. Außerdem kommen sie nachts immer zu uns und wollen kuscheln, sodass ich Angst habe einzuschlafen. Auf dem Klo waschen sie sich nie die Hände, sondern wischen ihre Kacke einfach an der Wand ab.

Das Tagebuch waren ein paar Blätter aus meinem Schulheft. Ich hatte gesehen, dass meine ältere Schwester Rabiaa alles aufschrieb, was sie erlebte. Sie konnte sehr schön schreiben, bei ihr klang alles wie ein Gedicht, auch die schlimmsten Dinge, die uns widerfuhren. Manchmal war ich dabei, wenn sie etwas aufschrieb. Sie nahm immer einen BIC-Kugelschreiber. Ich verstand jedes Wort, das sie notierte, obwohl ihre Sprache so poetisch war. Sie schrieb so, dass mein Herz den Inhalt ihrer Texte verstand. Ich musste gar nicht darüber nachdenken.

Rabiaas Buch war alt und groß, die Blätter waren schon dunkel, fast braun, und hatten Eselsohren. Rabiaa passte sehr gut auf, dass das Buch nicht in die Hände der Verwandten fiel. Während ich auf meine paar Blätter schrieb, wünschte ich mir, auch mal so ein altes, dickes braunes Buch wie Rabiaa zu haben.

Aber so weit kam es nicht. Natürlich entdeckte eine der Cousinen mein Tagebuch, als es gerade mal ein paar Seiten dick war. Sie riss es mir aus der Hand, rannte durch das Haus und schrie triumphierend: »Seht mal, was ich da habe!«

»Gib es wieder her«, rief ich, »das ist meins!«

Aber die Cousine war älter und größer als ich, und ich hatte keine Chance, ihr die Blätter zu entreißen. Laut las sie meine Aufzeichnungen vor. Die Cousins, Cousinen und Tante Zaina amüsierten sich köstlich. Aber dann bekamen die Augen einer der Cousinen den seltsamen, harten Ausdruck, den ich so fürchtete.

»Schau, was ich mit deinem verleumderischen Schund mache!«, rief sie.

Ich war wie erstarrt.

»*Das* mache ich damit!«

Ihre Stimme klang höhnisch und verletzend. Dann zerriss sie, was ich aufgeschrieben hatte.

Ich war entsetzt. Aber ich spürte, dass die Cousine verletzt war. Die Wahrheit, die ich beschrieben hatte, traf sie zutiefst. Sie war zwar Teil der Familie, die uns so schlecht behandelte, aber es schwarz auf weiß zu lesen, schien sie zu berühren.

Aus heutiger Sicht betrachte ich die schrecklichen Vorkommnisse in dieser Familie mit einer gewissen Milde. Damals fürchtete ich sie. Heute tun mir meine Cousinen und Cousins leid. Sie hatten mit diesen Eltern gar keine Chance, sich gut zu entwickeln. Ihnen wurden keine Werte vermittelt. Sie hatten nie gelernt, dass es andere Möglichkeiten als Schreien, Fluchen, Spucken, Kratzen und Prügeln gibt, um Konflikte auszutragen. In dieser Familie gab es keinen Stolz, keine Moral und keine Kultur. Sie hielt sich nicht einmal an die Gebote der Religion.

Nie wieder habe ich seitdem in Agadir irgendetwas Persönliches aufgeschrieben, bis auf das eine Mal, als ich im Sommer einen Italiener traf, der an unserem Strand Urlaub machte. Ich fasste so viel Vertrauen zu Giovanni Sergio, dass ich ihm einen Brief schreiben wollte, in dem ich mein Leben zu erklären versuchte. Aber noch bevor ich den Brief in einen Umschlag stecken konnte, wurde ich wieder von der Cousine erwischt.

»Was ist das denn für ein Brief?«

»Nichts Besonderes«, sagte ich. Ich war fast achtzehn und ließ mir nicht mehr alles gefallen. »Ich schreibe einem Freund.«

»Zeig doch mal«, säuselte die Cousine.

»Nein«, sagte ich.

»Ich will nur sehen, wie du schreibst, deinen Stil.«

Und damit nahm sie den Brief und las ihn. Dieses Mal zerriss sie das Blatt nicht. Aber in ihrem Gesicht konnte ich sehen, wie sehr meine Beschreibung ihrer Familie sie verbitterte. Sie schien zu spüren, dass ich stark genug war, mich nicht mehr demütigen zu lassen. Innerlich hatte ich mich zu diesem Zeitpunkt schon längst von meinen Verwandten verabschiedet. Ich hasste sie nicht einmal mehr. Sie waren mir gleichgültig geworden.

Nun war ich in Deutschland, und es wurde Zeit, Michael mit meiner Vergangenheit zu konfrontieren. Es ist schwierig, den richtigen Zeitpunkt zu finden für Enthüllungen dieser Art. Schließlich kann ich ja nicht beim ersten Date beiläufig mitteilen:

»Ach übrigens, was ich dir noch sagen wollte, meine Mutter wurde von meinem Vater erstochen, erstickt und verbrannt. Papa sitzt dafür noch immer im Gefängnis.«

Falsch wäre es aber auch, gar nichts zu sagen. Mein erster Mann Walter kannte meine Situation, er hatte mich schließlich daraus befreit. Robert, der Vater meines Kindes, wusste die wichtigsten Fakten. Aber bei Michael fiel es mir plötzlich ganz leicht, auch über meine Gefühle zu sprechen. Es sprudelte geradezu aus mir heraus.

Michael war keineswegs schockiert, offenbar hatte er als Journalist schon die eine oder andere schreckliche Lebensgeschichte gehört, er war aber interessiert und berührt. Ich glaube, er konnte fühlen, was mit mir geschehen war.

Immer mehr Details erzählte ich ihm, immer tiefer offenbarte ich meine Gefühle der Angst, der Demütigung, der Nichtsnutzigkeit, bis er mich unterbrach.

»Stopp«, sagte er, »mir schwirrt der Kopf, und mein Herz erträgt jetzt nicht mehr davon. Gib mir eine Pause.«

Am nächsten Abend erzählte ich weiter, und am übernächsten und am überübernächsten. Dann ging Michael auf eine Recherchereise und ließ mich zurück mit einer Bitte.

»Schreib das auf«, sagte er, bevor er zum Flughafen fuhr, »versuch es aufzuschreiben. Du wirst sehen, Schreiben ist mächtiger als Reden. Was du auf Papier festhalten kannst, verliert seine Schrecken. Schreiben bändigt das Leben. Es gibt ihm eine Form.«

Er drückte mir einen jener dicken Five-Star-Spiralblöcke in die Hand, die er sich von Reisen nach Amerika mitbrachte und wie seinen Augapfel hütete.

Ich saß mit dem Block im Bett, und wie von allein bewegte sich meine rechte Hand und schrieb meine Gedanken auf. Den Block habe ich heute noch. Zu meiner Überraschung schrieb ich nicht in den vertrauten arabischen Schriftzeichen, sondern auf Deutsch.

Meine Mutter war siebzehn, als sie von ihren Eltern verheiratet wurde. Sie starb mit achtundzwanzig. Sie war wunderschön. Sie war immer glücklich, wenn mein Vater nicht da war. Vor meinem Vater hatte sie große Angst. Er schlug sie manchmal ohne Grund. Einfach so, aus Lust und Laune. Einmal schlug er sie halb tot vor meinen Augen, nur weil sie vor der Haustür stand und nach uns gerufen hat. Seitdem traute sie sich nie wieder, einen Fuß vor die Tür zu setzen.

Mama hatte nur uns. Manchmal sperrte Vater sie ein. Sie durfte weder essen noch trinken. Die Nachbarn wussten das und versuchten zu helfen, indem sie auf das Dach stiegen und Essen in unser Haus warfen. Mein Vater war drogenabhängig. Er verlor seinen Verstand. Er benahm sich jeden Tag anders. Mal war er liebevoll, mal war er ungerecht, mal verbot er uns, gelbe Sachen zu tragen, mal verbrannte er alles, was gelb war, sogar unsere Schul-

bücher. Seine Lieblingsfarbe war eine Zeit lang Schwarz.
Wir mussten alle Schwarz tragen, und er strich die Zim-
mer schwarz. (Das war, kurz bevor er Mama das Leben
nahm. Mama war im siebten Monat schwanger.)

Das Wichtigste hatte ich tatsächlich in Klammern geschrieben. Immer wieder musste ich meine Aufzeichnungen unterbrechen, weil meine Tränen das Papier
durchweichten. Aber ich konnte nicht stoppen. Ich
schrieb immer weiter.

Am 19. September 1979 tötete mein Vater meine Mutter
auf dem Dach unseres Hauses. Es war zur Zeit des Früh-
stücks, als er uns auf die Straße schickte. Ich nahm meine
kleinen Schwestern Ouafa und Asia. Kurz bevor ich
das Haus verließ, sagte Mama ganz ruhig: »Ouarda, dein
Vater wird mich umbringen. Bitte teile dies den Nachbarn
mit.« Aber ich war mit meinen Schwestern beschäftigt
und dachte nicht mehr an Mamas Anliegen, bis ich von
der Straße aus sah, dass es auf dem Dach unseres Hauses
brannte. Es war unsere Mutter, die dort verbrannte.
Sie war tot. Es war vorbei. Ich verlor keine einzige Träne
um sie. Denn tief in meinem Innern freute ich mich für
sie, weil man nach dem Tod in das Paradies kommt und
glücklich wird, vor allem wenn man so ein unschuldiger
Mensch ist wie Mama.

Seite um Seite bedeckte ich mit kleinen Druckbuch-
staben, und mein Herz schmerzte. Tag um Tag, Nacht
für Nacht entleerte sich meine Seele auf das Papier des
Five-Star-Spiralblocks. Ich las, was ich geschrieben

hatte, und war fassungslos. Noch nie hatte ich es gewagt, mich derart intensiv mit mir selbst zu befassen. Ich war fasziniert und schockiert zugleich von dem, was da auf den matt linierten Seiten in der Schrift stand, die ich so gut kannte, weil es meine eigene war. Ich konnte es nicht fassen, was alles aus mir hervorbrach, welche Verzweiflung, welche Angst, welcher Überlebenswille.

Nervös begann ich, meine Fingernägel zu kauen, bis Blut zu den Spuren der Tränen auf die weiße Bettwäsche tropfte. Es kam mir passend vor: Tränen und Blut, Blut und Tränen. Wie viele Tränen, wie viel Blut hatte meine Mutter vergossen, bevor sie ermordet wurde. Blut und Tränen, Tränen und Blut.

Ich war wütend auf Michael. Er hatte mich in meine Erinnerungen getrieben und das Tor zur Hölle der Vergangenheit geöffnet, die mich nun zu verschlingen drohte. Jetzt, wo ich ihn so dringend brauchte, war er nicht da.

Als er endlich zurückkam, saß ich apathisch in unserem Bett mit blutenden Fingerkuppen und dick geschwollenen Augen, die alle Tränen vergossen hatten, die ihnen gegeben waren. Erschrocken nahm er mich in den Arm. Ich fühlte, wie die Spannung von mir abfiel.

»Was ist passiert?«, fragte er.

»Ich habe alles aufgeschrieben«, sagte ich. »Es war schrecklich, aber das Schreiben wollte nicht aufhören. Ich wollte es stoppen, aber es ging nicht.«

»Lass mich mal sehen«, sagte Michael, und ich gab ihm den Spiralblock.

»Nein«, sagte Michael, »nicht den Block. Deine Fingernägel.«

Er steckte mich in die Badewanne, desinfizierte meine Wunden und küsste meine Augen. Dann griff er nach dem Block. Obwohl mein Deutsch nicht fehlerfrei, meine Grammatik wechselhaft und der Stil fragwürdig war, vergaß Michael zu atmen, als er meine Erinnerungen las.

Lange sagte er kein Wort. Dann atmete er tief aus, es war eher ein Seufzen, bevor er mich wieder in die Arme schloss und ich seine Tränen an meiner Wange spürte.

»Das ist so traurig«, sagte er schließlich, »so traurig und so wunderschön.« Er wischte sich die Feuchtigkeit aus den Augenwinkeln und räusperte sich: »Du solltest ein Buch daraus machen.«

Daran hatte ich noch nie gedacht. Mein Schicksal war *mein* Schicksal. Es war schmerzhaft und traurig, aber es gehörte mir, nur mir. Andererseits hatte es mir trotz aller Seelenpein sehr gut getan, meine Empfindungen auf Papier festzuhalten, sie in Schriftform zu fassen, sie nach außen zu geben. Das Schreiben bewirkte etwas, es gab dem Schrecken eine Gestalt und nahm mir die Last von den Schultern.

Ich begann, mich mit dem Gedanken zu beschäftigen, mein Schicksal öffentlich zu machen. Ich hatte keine Ahnung, was das für mich bedeuten würde. Aber ich ahnte, dass ich sehr stark sein musste, um diesen Schritt zu wagen.

Ich fragte mich, ob ich mutig genug war, mit meiner Vergangenheit an die Öffentlichkeit zu gehen. Ich fand keine Antwort.

Ich fragte Michael: »Michael, werde ich die Kraft haben, das durchzustehen?«

Er zögerte keinen Moment. »Selbstverständlich.«

Dennoch war ich nicht überzeugt. Wenn ich die Wahrheit berichten wollte, musste ich sehr intime Momente meines Lebens preisgeben. Ich musste meine Verwandtschaft an den Pranger stellen und mein Land kritisieren. Beides ist im Islam mit einem Tabu versehen. Wenn ich ein Buch über mein Leben schreiben wollte, durfte ich keine Rücksicht auf Tabus nehmen, die bisher mein Leben bestimmt hatten. Wollte ich das wirklich?

Andererseits empfand ich es als notwendig, über die erbärmlichen Bedingungen zu reden, unter denen nicht nur ich, sondern viele andere Kinder in meinem Heimatland aufwuchsen und heute noch aufwachsen müssen. Der Tod meiner Mutter und das Schicksal meiner Familie hatten viel zu tun mit der sozialen Realität in Marokko, mit dem Bild der Frau im Islam und mit der Wertschätzung von Freiheit und persönlicher Würde.

Ich war hin und her gerissen. Ich wollte schon, aber ich traute mich nicht. Michael schien das nicht sonderlich zu beeindrucken. Er schuf feststehende Tatsachen und zeigte meine Notizen seinem Buchagenten. Der gab sie weiter an einen Verlag, und zwei Wochen später saß ich mit dem Chef des Verlags in einem der besten Restaurants in München. Er meinte, er könne sich gut vorstellen, dass viele Leute an mir und meiner Biografie interessiert sein könnten.

»Wirklich?«, fragte ich. Ich konnte es mir kaum vorstellen.

»Wirklich«, sagte er.

Und damit war klar, dass ich dieses Buch schreiben würde. Es war nicht einfach für mich, alles wieder aufleben zu lassen, was ich erlebt hatte. Aber meine Schwestern und Michael halfen mir dabei. Im Frühjahr 2004 wurde das Buch ausgeliefert. Der Verlag hatte es *Tränenmond* genannt und mich für das Titelfoto in ein Fotostudio geschickt. Das Buch wurde ein Bestseller.

Damit hatte ich nicht gerechnet.

Es ist überaus qualvoll, seine Lebensgeschichte aufzuschreiben, wenn diese Gewalt, Mord, Demütigung
und Missbrauch beinhaltet. Es ist schon schmerzhaft
genug, sie in einem geheimen Tagebuch festzuhalten.
Aber es ist noch viel schmerzhafter, jemandem dieses
Tagebuch zu zeigen. Und der Schmerz wird nahezu
unerträglich, wenn man ein Buch über das eigene
Leben schreibt, denn es lässt alle daran teilhaben:
Betroffene, Gleichgültige, Freunde, Feinde. Ich hatte
unterschätzt, was dadurch in Bewegung kam.

Nachdem ich mich entschlossen hatte, meine Vergangenheit zum Thema der Gegenwart zu machen, hörte
ich nicht mehr auf, alles zu notieren, was damals in der
düsteren Zeit nach dem Tod meiner Mutter geschehen war. Ich empfand es als Befreiung, darüber zu reden. Während des Schreibens tauchte ich noch einmal
tief ein in diese überwältigenden Ereignisse.

Manchmal glaubte ich, es nicht mehr aushalten
zu können, aber es ging immer weiter. Jedes Wort,
das ich zu Papier brachte, warf mich zurück in meine
Kindheit. Der Schmerz, den ich jetzt spürte, übertraf

alles, was ich damals gespürt hatte, und ich fragte mich, wie das kleine Mädchen, das ich damals war, dieses Leid aushalten konnte. Heute glaube ich, dass Kinder über einen lebensrettenden Mechanismus verfügen, der die schlimmsten Albträume mildert, um das Überleben der kleinen, verletzten Seele zu ermöglichen.

Jetzt, als Erwachsene, wurde mir zum ersten Mal wirklich bewusst, was damals geschehen war. Mein Herz schmerzte, während ich nach Worten suchte für die Vergangenheit, und jedes Wort riss die alten Narben wieder auf. Aber wenn die Worte geschrieben waren, entlasteten sie meine Seele.

Ich flog nach Marokko, weil ich es verstehen wollte. Ich wollte meinen Vater verstehen, der meine Mutter getötet hatte. Und ich wollte meine Schwestern verstehen und meinen Bruder. Ich besuchte meinen Vater im Gefängnis und traf einen alten, gebrochenen Mann, der mir nichts erklären konnte. Er ließ mich allein mit den Wunden aus meiner Kindheit. Er ließ mich allein mit den Narben der Gegenwart. Er tat nichts für mich – wieder tat er nichts für mich.

Ich erinnere mich gut, wie er bei unserer letzten Begegnung im Gefängnis auf einem wackeligen Plastikstuhl vor uns saß. Asia, meine Schwester, war dabei. Vater trug einen Jogginganzug, den ich ihm vor Jahren geschenkt hatte.

Er sagte: »Am 25. September 2003 komme ich frei.«

Er schaute uns an. Ich schaute Asia an. Asia schaute mich an. Keiner von uns sagte ein Wort. Vater senkte den Kopf. Er spürte, dass wir nicht auf ihn warteten, dass niemand auf ihn warten würde.

»Das ist Asias Geburtstag«, sagte er schließlich mit kraftloser Stimme.

Ich sagte nichts. Aber ich dachte mir, was für ein Geschenk!

Vater stand von seinem Stuhl auf und schlurfte zurück in seine Zelle. Ich sollte ihn nie wiedersehen. Er starb, bevor seine Haftstrafe verbüßt war.

Ich konnte ihn nicht bedauern, denn er hatte mir und meiner Familie so viel Leid zugefügt. Aber ich konnte ihn auch nicht hassen, denn er war mein Vater. Erst beim Schreiben des Buches entfernte ich mich langsam von ihm und dem Schatten, den er über mein Leben geworfen hatte. Es dauerte lange, bevor die Erinnerung an ihn nicht jede Nacht zurückkam. Und auch heute noch lässt er mich nicht in Ruhe. Wenn ich meine Augen im Spiegel sehe, blicke ich durch sie in die Seele meines Vaters. Wenn ich schlafe, begleitet er meine Träume.

Ich hatte vollkommen unterschätzt, wie groß das Interesse für meine Lebensgeschichte sein würde. Der Verlag lud Journalisten ein, mit mir nach Marokko zu fahren und die Originalschauplätze meines Berichts mit mir zusammen zu besuchen. Für mich war das schwierig, weil ich es nicht gewohnt war, mich wild-fremden Menschen zu öffnen. Es ist ein Unterschied, ob man im Schutz der Dunkelheit sein Innerstes nach außen kehrt und auf Papier schreibt oder ob man es Menschen von Angesicht zu Angesicht erzählt, deren

Betroffenheit, Mitleid und manchmal auch Skepsis sich in den Augen widerspiegeln.

Es war mir unangenehm, meine Geschwister, meine Verwandten im Süden und die Leute in Agadir mit diesen neugierigen Personen zu konfrontieren. Ich erkannte, wie unzureichend meine Beherrschung der deutschen Sprache war, um meine Gefühle im Gespräch zu beschreiben. Besonders in Marokko kam es mir so vor, als zöge sich die deutsche Sprache aus meinem Gehirn zurück, um Platz zu machen für die marokkanische Sprache und Tashl'hit, den Dialekt der Berber, den meine Mutter damals mit uns Kindern gesprochen hatte.

Trotzdem berichteten die Zeitungen ausführlich über *Tränenmond*, und als wir nach Deutschland zurückkamen, luden mich Fernsehanstalten zum Gespräch ein. Auch das war für mich neu. Ich war noch nie im Fernsehen gewesen, ich wusste nicht, wie man sich dort verhält, und am wenigsten wusste ich, wie man sich gut verkauft. Ich hätte mir gewünscht, dass Michael mich zu meinen Fernsehauftritten begleitete, er hatte damit Erfahrung.

Aber er weigerte sich. »Das ist dein Buch«, sagte er, »und du machst es schon richtig. Vertraue dir selbst. Ich vertraue dir ja auch.«

So saß ich plötzlich in einem Fernsehstudio und beantwortete Fragen, mit denen ich nicht gerechnet hatte. Ich fand, dass ich nicht besonders schlagfertig und professionell gewesen war, aber das war kein Wunder: Ich war eben weder professionell noch schlagfertig. Die Zuschauer schien das nicht zu stören. Schon am nächsten Tag gingen viele in ihre Buchhandlung und kauften mein Buch. Das hatte zur Folge, dass noch mehr Journalisten mit mir reden wollten, und ich musste mir überlegen, wie ich damit umgehen sollte.

Ich entschied mich, diese Chance der Öffentlichkeit zu nutzen. Marokko hat sich seit dem Tod meiner Mutter verändert, aber noch immer werden Frauen misshandelt und missbraucht und haben kaum eine Chance, sich zu schützen. In meiner Heimatstadt Agadir gibt es eine Organisation namens Oum el Banine, Mutter der Kinder. Sie versucht, Frauen und Kindern in Not zu helfen. Im Industriegebiet, gleich neben der stinkenden Fischfabrik, betreibt Oum el Banine ein Frauenhaus, in dem junge Mädchen Zuflucht finden, die als Sklavinnen vergewaltigt und schwanger aus dem Haus gejagt werden.

Diese Mädchen heißen *petites bonnes*, die kleinen Guten. Sie stammen vom Land und werden oft schon zu Beginn der Pubertät in die Stadt zu reichen Leuten geschickt, um die arme Familie zu Hause finanziell zu unterstützen. Einige von ihnen haben Glück und landen in einer verantwortungsbewussten Familie, die ihnen den Schulbesuch ermöglicht. Aber viele haben Pech und werden von ihren Besitzern geschunden und missbraucht. Wenn sie durch die Vergewaltigung schwanger werden, sind sie verloren. Im Haus des Vergewaltigers werden die jungen Mädchen nicht mehr geduldet. Zu ihrer Familie können sie nicht zurückkehren, die Schande der unehelichen Schwangerschaft und des Verlustes der Jungfräulichkeit ist zu groß. Auf dem Land würde das die Ehre der gesamten Familie zerstören, denn die strengen Gesetze des Korans verbieten Sex vor der Ehe, unabhängig von den Umständen.

Ihnen bleibt nur ein Leben auf der Straße als Tagelöhnerin oder Prostituierte. Das uneheliche Kind wächst illegal auf. Bis zu einer Gesetzesänderung vor wenigen Jahren gab es in Marokko offiziell keine unehelichen Kinder. Das bedeutete: Uneheliche Kinder konnten nicht zur Schule gehen, sie erhielten keine Ausweispapiere, sie hatten keine Rechte – sie existierten nicht. Diesen Kindern und ihren Müttern hilft Oum el Banine. Ich beschloss, meine neue Popularität für diese Organisation einzusetzen.

Mit Freunden ließ ich einen Verein im Vereinsregister eintragen, der so heißt wie mein erstes Buch: Tränenmond. Seine Aufgabe sollte es sein, Oum el Banine zu unterstützen. Das Finanzamt gab ihm den Status der Mildtätigkeit. Für diesen Verein machte ich nun Werbung bei meinen Auftritten. Das entlastete mich etwas. Nun ging es nicht mehr nur um mein privates Schicksal, nun ging es ums Prinzip.

Ich spürte, dass ich Dinge verändern wollte, und war bereit für einen neuen Schritt in meinem Leben.

Die Lage meiner Heimatstadt Agadir ist einzigartig. Von Westen rollen die Wellen des Atlantiks an den breiten goldgelben Strand. Im Norden erreichen die Felsklippen des Atlas-Gebirges die Küste und fallen dort steil ab. Eine der schönsten Küstenstraßen Marokkos windet sich in Richtung Essaouira, hoch über den Buchten, durch die Vorberge. Im Osten erhebt sich der Hohe Atlas bis zum schneebedeckten Toubkal. Ich liebe es, von Agadir die Pisten hinaufzufahren zu den Wasserfällen von Imouzzèr und dort in der Kühle der Höhe im erfrischenden Bergwasser zu schwimmen. Südlich von Agadir, jenseits des Sous-Tales, wird das Land flach und trocken, und der heiße Wind der Wüste ist zu spüren.

Agadir ist allerdings keine schöne Stadt. Zwar erheben sich die Ruinen der mächtigen Kasbah noch immer über ihr, aber seit Agadir im Jahr 1960 von einem Erdbeben fast vollständig zerstört und neu aufgebaut wurde, ist die Stadt ohne Gesicht. Entlang des Strandes drängen sich Luxushotels, hinter den Dünen liegt der Königspalast, und die billigen Wohnviertel schieben sich planlos immer weiter in die Argan-Wälder.

In einem der unattraktivsten Stadtteile, der Industriezone, hat Oum el Banine ein Gebäude gemietet, das seine beste Zeit schon lange hinter sich hat. Im Untergeschoss befindet sich eine Stätte für Taubstumme, in der Jugendliche in gespenstischer Ruhe lernen, Fahrräder zu reparieren. Der Beton des Swimmingpools im Hof der Taubstummen ist längst gerissen, ich habe niemals Wasser in dem Becken gesehen. Im Obergeschoss, das man über eine verrostete Eisentreppe erreicht, bei der man jedes Mal froh sein muss, heil oben anzukommen, hat Oum el Banine seine Büros und die *crèche*, die Kinderkrippe. Dort geben die jungen Frauen von Oum el Banine ihre Kinder ab, wenn sie arbeiten, Alphabetisierungskurse oder eine andere Ausbildung absolvieren.

Außerdem verfügt Oum el Banine in anderen Stadtteilen über zwei Wohnungen für Frauen, die Hilfe benötigen. Eine der Wohnungen hat Tränenmond e.V. mit Unterstützung von Sternstunden e.V., der Spendenaktion des Bayerischen Rundfunks, gekauft.

Im August 2004 hatte Tränenmond e.V. zum ersten Mal so viel Geld gesammelt, dass ich nach Marokko flog, um Oum el Banine und zwei weitere Projekte (das Kinderschutzzentrum Agadir und den Kindergarten im Lehmhüttendorf Igraar) zu unterstützen.

Madame Mahjouba Edbouche, die Direktorin von Oum el Banine, drückte mich wie üblich mit Tränen in den Augen an ihren mächtigen Busen. Sie kennt mich schon, seit ich ein kleines, halb verhungertes

Mädchen mit verlausten Haaren war. Damals arbeitete sie für Terre des Hommes, wo wir ein- bis zweimal im Jahr Kleider aus den Sammlungen in Europa erhielten. Jetzt kämpft sie für Mütter in Not und für die Rechte der Frauen im Allgemeinen.

Hinter ihrem Schreibtisch hängt ein Foto des neuen, jungen Königs Mohammed VI. Auf dem Bild steht Madame Edbouche neben ihm und lässt den König aufgrund ihrer gewaltigen Körperfülle fast klein erscheinen. Der König hält einen Scheck in der Hand, den er ihr gleich überreichen wird.

Madame Edbouche wird nicht müde, darauf hinzuweisen, dass der König sie unterstützt.

»Wenigstens Seine Majestät, der König, möge Allah ihm bei seiner Aufgabe helfen, steht auf unserer Seite«, sagte sie.

Marokko ist eine Monarchie. Die Familie des Königs, von der arabischen Halbinsel stammende Alawiden, regiert das Land seit fast vierhundert Jahren. Mohammed VI. ist der achtzehnte Thronfolger in der Ahnenreihe, die bis zum Propheten Mohammed – Allahs Segen und Heil sei über ihm – zurückführt. Wegen dieser uralten Blutlinie ist jeder Alawide ein *sherif*, auch unser junger König. Die Bezeichnung *sherif* wird ausschließlich auf Menschen angewandt, die in der direkten Nachfolge Mohammeds stehen. Auch meine Großmutter war eine *sherifa*, allerdings aus einer anderen und sehr viel unbedeutenderen Linie als unser König. Genau genommen hätte sogar ich das Recht, mich *sherifa* zu nennen.

Der König ist nicht nur unumschränkter Herrscher, sondern auch Oberster Befehlshaber der Armee und religiöses Oberhaupt aller gläubigen Muslime. Wir nennen ihn *Amir Al Mu'minin*, Prinz der Gläubigen. Wenn wir über den König sprechen, tut das niemand ohne den Zusatz: »Möge Allah ihm bei seiner Aufgabe helfen.«

Madame Edbouche brachte mich zur Kinderkrippe.

»Komm, Ouarda, jetzt ist es Zeit, dass ich dir ganz genau erkläre, um was es hier geht. Hier sind die Säuglinge und Kleinkinder, schau dir das Kind hier an.«

Sie deutete auf ein Mädchen, das ganz still in einer Schaukelwippe lag und an die Decke starrte. Es trug einen blauen Strampelanzug.

»Das ist Salwa«, sagte Madame Edbouche, »sie ist zweieinhalb Jahre alt.«

»Zweieinhalb Jahre«, echote ich, »sie kommt mir viel jünger vor.«

»Salwa ist behindert«, sagte Madame Edbouche. »Ihre Mutter wollte sie loswerden, noch bevor sie geboren war. Sie nahm das Gift, das ihr die Engelmacherin gegeben hatte. Aber Salwa überlebte ihren eigenen Tod. Und jetzt ist sie hier bei uns.«

Ich nahm Salwa aus ihrer Wippe und hielt sie in meinen Armen. Sie war schwer und unförmig in ihrem blauen Strampelanzug.

»Gut, dass du sie uns abnimmst«, sagten die Kinderpflegerinnen, »Salwa braucht immer ewig, bis sie gegessen hat.«

Es gab Kartoffelbrei mit Ei. Salwa hatte große

Schwierigkeiten, den Brei zu schlucken, weil sie den Mund nicht richtig schließen kann. Alle anderen Kinder waren schon satt, da saß ich immer noch mit Salwa in der Kinderkrippe und schob ihr Kartoffelbrei in den Mund.

Die Kinderkrippe befindet sich im Obergeschoss des Oum-el-Banine-Gebäudes. An der Decke flackern grelle Leuchtstoffröhren, es riecht muffig in dem alten Gebäude. Jedes Mal wenn ich in diesen Bereich des Hauses komme, bedrückt mich das Weinen und Schreien der Kinder. Aber Salwa konnte gar nicht schreien, sie machte nur leise, krächzende Geräusche – und das brach mir fast das Herz.

Dieses Mädchen hätte beinahe sterben müssen, weil irgendein reicher Familienvater Salwas Mutter als Sklavin in die Stadt geholt, missbraucht, geschwängert und aus dem Haus gejagt hatte. Die Mutter hatte keinen anderen Ausweg aus ihrer Situation gewusst, als das Baby in ihrem Bauch wegzumachen.

Dazu konnte sie natürlich nicht zu einem Arzt gehen, denn in Marokko sind Abtreibungen verboten. Der Prophet selbst hat eine etwas kryptische Aussage zu diesem Thema gemacht:

Die Schöpfung eines jeden von euch wird im Leibe seiner Mutter in vierzig Tagen als Samentropfen zusammengebracht, danach ist er ebenso lang ein Blutklumpen, danach ist er ebenso lang ein kleiner Klumpen Fleisch, dann wird zu ihm der Engel gesandt, der ihm den Lebensgeist einhaucht …

Manche Richtungen innerhalb des Islam schließen daraus, dass erst nach drei mal vierzig Tagen Schwangerschaft, also nach hundertzwanzig Tagen, das neue Leben beginnt, andere gehen davon aus, dass dies schon nach vierzig Tagen der Fall sei. In meiner Heimat gilt allerdings die sunnitisch-malekitische Rechtsauffassung, dass werdendes Leben weder vor noch nach der »Einhauchung« vernichtet werden darf, es sei denn, es gibt schwerwiegende medizinische Gründe.

Die konnte Salwas Mutter nicht vorweisen. Es gab »nur« soziale Gründe: die Ächtung einer unehelichen Schwangerschaft. Bis zur Reform des Familienrechts im Jahr 2003 war es so, dass bei Vergewaltigungen nicht der (männliche) Täter belangt, sondern das (weibliche) Opfer wegen des Verdachts der Prostitution verfolgt wurde.

Salwas Mutter ging deshalb zu einer Engelmacherin. Das sind bestimmte Frauen, die wir *darbo-shi-faal* nennen. Übersetzt heißt das: »Wollt ihr euer Schicksal sehen?«

Als Kind haben mir diese Frauen Angst gemacht, weil sie seltsam bunte Kleider und riesige Kopftücher trugen, während sie durch die Straßen zogen und mit kreischender Stimme schrien: »Wollt ihr euer Schicksal sehen?«

Wenn man ihrer Hilfe bedurfte, bat man sie ins Haus und ließ sich von ihnen die Karten legen. Daraus ergaben sich oft weitere Maßnahmen.

»Oh, oh, oh«, sagen die *darbo-shi-faal* zum Beispiel, »ich sehe hier ein Problem. Glaubst du, dass dein Mann dich betrügt?«

Die Kundin ist natürlich irritiert. »Nein, ich glaube nicht.«

»Hmmm«, die *darbo-shi-faal* schaut stirnrunzelnd in ihre Karten. »Ich sehe hier etwas anderes. Ich bin nicht sicher, Schwester, aber es sieht so aus, als würde dein Mann ... Aber ich habe da was für dich.«

Und dann rührt die *darbo-shi-faal* einen Tee an oder empfiehlt einen Zauberspruch oder eine rituelle Verbrennung. Natürlich alles gegen Gebühr.

Und manche dieser Frauen machen Kinder weg. Dafür gibt es verschiedene Methoden. Einige stechen Stricknadeln in den Unterleib der Schwangeren. Einige verabreichen bittere Sude voller giftiger Substanzen, zu denen fast immer Muskat gehört, und wieder andere verlassen sich auf Beschwörungsformeln und Gebete.

Heute sieht man kaum noch *darbo-shi-faals* und ihre männlichen Kollegen, die *fakhir*, auf den Straßen, weil der König diese Machenschaften verboten hat. Aber heimlich gehen immer noch viele Marokkaner zu den Hexen, Zauberern, Gewürzhändlern, Hellseherinnen und Engelmacherinnen, wenn ein Problem überirdisch groß zu sein scheint.

Salwas Mutter hatte sich einer Frau anvertraut, die sich auf Giftmischungen spezialisiert hatte, die aber zumindest in diesem Fall nicht wirksam waren.

Das Ergebnis lag jetzt in meinem Arm. Ein Kind, das kein Wort hervorbrachte und kaum sein Essen schlucken konnte. Das Opfer einer Engelmacherin und das Opfer einer sozialen Wirklichkeit, die Versklavung, Vergewaltigung und die Unterdrückung der Frau möglich machte.

Schließlich war auch Salwa mit dem Essen fertig. Eine Betreuerin nahm sie aus meinem Arm, wickelte sie und legte sie wieder in ihre Schaukelwippe zu den anderen Kindern, die bereits an der Wand entlang aufgereiht waren.

Die Kinderpflegerinnen bemerkten meinen Blick. »Ich weiß, Schwester, ich weiß«, sagten sie, »das ist nicht perfekt, was wir hier machen. Aber wir sind zu wenige Leute, um uns mit so schwierigen Fällen wie Salwa ausreichend befassen zu können. Eigentlich muss sie in ein Heim für Behinderte gebracht werden.«

»Warum tut ihr das nicht?«, fragte ich.

»Weil wir dafür kein Geld haben«, erwiderte eine der Erzieherinnen. »Oum el Banine hat oft nicht einmal genug Geld, um unsere Gehälter zu zahlen.«

Oum el Banine ist vollständig abhängig von Spenden, und meine kleine Organisation Tränenmond e.V. ist nicht in der Lage, die gesamten Kosten in Agadir zu übernehmen. In Wahrheit sind unsere Zuwendungen nur ein Tropfen auf den heißen Stein.

Im Frauenhaus werden die *petites bonnes*, die kleinen Sklavinnen, vor der Entbindung aufgenommen und bleiben bis wenige Wochen nach der Geburt. Dann müssen sie die Wohnung verlassen, weil so viele andere Frauen auf der Warteliste stehen.

Wenn ich sehe, wie verzweifelt die Frauen sind, wenn sie wieder ausziehen müssen, bin ich zutiefst traurig, dass wir nicht mehr Geld für ein ganzes Haus sammeln konnten. Denn der Bedarf an geschützten Wohnmöglichkeiten für Frauen in Marokko ist groß.

Als ich das letzte Mal im Frauenhaus von Agadir war, traf ich unter den Frauen zwei Mädchen, deren Schicksal sich von dem der anderen unterschied.

Haschima war eine schüchterne junge Frau vom Land mit einem kaputten Auge.

»Meine Geschichte?«, sagte sie. »Die ist doch nicht interessant, die kann doch jedem passieren.«

Haschima sprach weder Französisch noch Marokkanisch, sie beherrschte nur Tashl'hit. Sie sprach sehr leise, und ich musste mich konzentrieren, um alles zu verstehen.

»Ich war als *petite bonne* in der Stadt und wollte mit meiner Familie Eid al-Adha feiern, das Opferfest. Ich nahm ein Sammeltaxi, um in mein Dorf zu kommen, das ganz am Ende der Straße liegt. Alle anderen Fahrgäste stiegen vor mir aus. Als ich mit dem Taxifahrer allein war, fuhr er mit mir hinter einen Baum und vergewaltigte mich, bis ich ohnmächtig war. Dann ließ er mich dort liegen.«

»Bist du zur Polizei gegangen, Schwester?«, fragte ich.

Das Mädchen sah mich entsetzt an. »Natürlich nicht. Die unternehmen doch nichts gegen den Mann, die verhaften höchstens mich – als Prostituierte. Ich habe niemandem etwas von der Schande gesagt, nur meiner Mutter.«

Die Mutter kümmerte sich um den »Fall«, wie das alle Mütter in Marokko tun: indem sie schwieg und die Schwangerschaft vor dem Vater und den Brüdern verheimlichte. Nicht etwa, weil sie Angst gehabt hätte, dass die Männer der Familie sich auf die Suche nach dem Vergewaltiger machten, um ihn zu töten. Nein, weil sie Angst hatte, dass Vater und Brüder dem Mädchen etwas antun würden, weil es in deren Augen die Ehre der Familie beschmutzt hatte.

Zur Geburt brachte die Mutter das Mädchen, den Bauch verborgen unter einer weiten *dschellaba*, zu einer alleinstehenden Tante in einem weit entfernten Ort. Erst als das Kind da war, kam Haschima zu Oum el Banine.

Haschima wird wieder bei der Familie in der Stadt arbeiten, die offensichtlich etwas moderner denkt als die Menschen in den Bergen, wo Haschima herkam. Das Baby wird dann tagsüber in der Kinderkrippe sein.

Das andere Mädchen hieß Karima. Auch sie stammte aus einem Bergdorf im Osten von Agadir. Aber im Gegensatz zu Haschima war sie eine umwerfende Schönheit mit wildem Haar, feurigen Augen und einer üppigen Figur. Karima wollte ihr Alter nicht verraten, aber ich schätzte sie auf höchstens sechzehn Jahre. Ihr Baby war gerade erst auf die Welt gekommen, und ich hatte nicht den Eindruck, als habe sie viel Ahnung im Umgang mit kleinen Kindern.

Sie hielt das Kind derart unbeholfen, dass es gar nicht mehr zu schreien aufhören wollte, bis ich es ihr abnahm und in meinen Armen in den Schlaf wiegte.

Karima war von einem anderen Kaliber als Haschima. Sie war freiwillig von zu Hause abgehauen, um Abenteuer zu erleben und selbstständig zu sein.

»Eine Freundin von mir war schon mal bei ihrer Tante in Agadir und hat so von der Stadt geschwärmt, dass ich auch unbedingt dorthin wollte. Die Freundin hat von nichts anderem mehr geredet als von Agadir. Beim Ziegenhüten, im Hamam, zu Hause, auf der Straße – selbst beim Koranunterricht konnte sie ihre Gedanken nicht mehr von Agadir lösen. Agadir, Agadir, Agadir. Immer nur Agadir. Ich bin selbst schon ganz verrückt geworden.«

Als die Freundin das nächste Mal ihre Tante besuchte, fuhr Karima einfach mit.

»Warum«, fragte ich, »hattest du Probleme mit deinen Eltern?«

»Nee, ich habe sehr nette Eltern. Aber auf dem Land ist es halt langweilig, da passiert nicht viel. Das Einzige, was wir hatten, war der Fernseher.«

»Na klar«, sagte ich, »da hast du dir die ganzen Serien und Musikvideos angeschaut – und wolltest auch so sein wie die Mädchen dort.«

»Mmhmm.« Karima nickte.

Ich konnte mir gut vorstellen, wie sich die bunten Bilder vom Fernsehschirm immer tiefer in das Gehirn dieses feurigen Mädchens eingebrannt hatten. Im marokkanischen Fernsehen laufen Videoclips aus dem Libanon, wo lauter hellblond gebleichte Sängerinnen versuchen, westlicher auszusehen, als irgendjemand in Europa oder Amerika jemals aussieht. Dazu flimmern die üblichen Stars von Britney Spears bis Shakira über die Mattscheibe und natürlich die Liebesschnulzen aus Ägypten und die Daily Soaps aus Brasilien, in denen Herz und Schmerz so dick aufgetragen werden, dass in Europa darüber nur gelacht werden würde. In Marokko dagegen erscheint das Serienleben vielen jungen Menschen wie ein Abbild des Paradieses.

Kaum in Agadir angekommen, machte sich die Freundin auf den Weg zur Tante und traute sich plötzlich nicht mehr, Karima mitzunehmen. Karima blieb am Taxistand stehen. Aber nicht lange.

»Schon nach zehn Minuten fragte mich ein gut aussehender junger Mann, ob ich Hilfe brauche«, erzählte Karima. »Natürlich brauchte ich Hilfe. Deshalb war ich froh, dass der Typ mir anbot, ich könne vorübergehend bei ihm wohnen.«

Ich ahnte schon, wie diese Geschichte weitergehen würde. Und tatsächlich sagte Karima: »Nach vier Wochen war ich schwanger, und der Typ gab mir hundert Dirham und sagte, ich solle verschwinden.«

Wieder stand das junge Mädchen am Taxistand. Aber dieses Mal fiel sie nicht einem Mann auf, sondern einer Frau, die Karima umgehend auf den Strich schickte. Bis zum achten Schwangerschaftsmonat ging Karima anschaffen, dann wurde es selbst den Zuhälterinnen zu gefährlich, und sie brachten das Mädchen mit seinem großen Bauch zu Oum el Banine.

»Das war auch höchste Zeit«, sagte Karima, »ich hatte gar keine Lust mehr, ständig mit irgendwelchen Männern ins Bett zu gehen, die ich gar nicht kenne. Das ist nämlich ganz schön anstrengend, wenn man schwanger ist.«

Mittlerweile war Mahjouba Edbouche ins Frauenhaus gekommen.

»Das ist ein gutes Beispiel«, sagte sie. »Die Mädchen haben keine Ahnung von Sex, Liebe und Verhütung. Niemand klärt sie auf. Das ist immer noch ein Tabu. Was glaubst du, wie ich kämpfe, um endlich mal in die Schulen und auf die Dörfer zu kommen und etwas von diesen Dingen zu erzählen. Aber das gelingt immer noch nur sehr selten.«

Mahjouba schnaufte, weil sie sich wieder ein bisschen aufregen musste über die Rückständigkeit unserer marokkanischen Gesellschaft in diesen Bereichen. »Die wollen sich die Hände nicht schmutzig machen mit Gesprächen über Sexualität. Aber ich kann dann die ganze Chose ausbaden und versuchen, das Kind zu retten, das schon längst in den Brunnen gefallen ist.«

Mahjouba redet gern in blumigen Beispielen, garniert mit deftigen Ausdrücken – und das alles mit ungeniert lauter Stimme. Es ist völlig sinnlos, sie zu etwas Mäßigung zu bewegen. Ich habe das schon versucht, aber anscheinend ist Mahjoubas Energiepegel so hoch, dass alles rausmuss, mit voller Kraft. Das macht sie zu der unwiderstehlichen Person, die sie ist. Alle Menschen, die es mit ihr zu tun bekommen, haben mindestens Respekt vor ihr, einige schlottern sogar vor Angst. Das betrifft aber im Wesentlichen die Väter, die ihre Kinder nicht anerkennen wollen, und die Vergewaltiger, die denken, ihnen könne keiner etwas anhaben.

Da haben sie die Rechnung ohne Mahjouba gemacht. Mahjouba hat keinerlei Hemmungen, mit allen Tricks nach den Missetätern zu fahnden, sie zu stellen und lautstark mit ihren Vorwürfen zu konfrontieren, egal, wer in Hörweite ist. Und noch viel weniger schreckt Mahjouba davor zurück, Anzeige zu erstatten und den Behörden so lange auf die Nerven zu fallen, bis der betroffene Mann tatsächlich vor Gericht steht. In der Männerwelt der Sous-Region ist Madame Edbouche nicht gerade beliebt. Aber solange der König auf ihrer Seite ist, traut sich niemand, etwas gegen sie zu unternehmen.

Karima brachte ihr Kind bei Oum el Banine auf die Welt. Bald muss sie aber das Frauenhaus verlassen. Mahjouba sucht bereits ein Zimmer für sie. Sobald es angemietet ist, wird Karima ihre wenigen Sachen und das Baby packen und dorthin ziehen. Bis dahin muss sie mithilfe von Oum el Banine einen Job gefunden haben, um in der Lage zu sein, selbstständig zu leben.

Das Frauenhaus in Agadir ist voll von traurigen Schicksalen. Manchmal, wenn ich durch die schmale Tür eintrete, bleibt mir die Luft weg von der Dichte der Gefühle, die mich hier empfangen.

Es gab das Mädchen, das vom eigenen Schwager vergewaltigt wurde, als es seine Schwester besuchte, und danach beschuldigt wurde, herumgehurt zu haben und dem Verwandten das Kind anhängen zu wollen. Die Familie verstieß das junge Mädchen.

Es gab die Frau, die ihre Jungfräulichkeit bis zur Ehe bewahren wollte, von ihrem Freund betäubt und missbraucht wurde und erst von den Frauen im Hamam darauf hingewiesen wurde, dass sie wohl schwanger sei.

Und es gibt natürlich immer wieder die Mädchen, die als *petites bonnes* in die Stadt kommen, von ihrem Besitzer geschwängert und auf die Straße gejagt werden. Der »Klassiker« sozusagen. Nur manchmal ist es nicht der Familienvater, sondern sein ältester Sohn oder ein Onkel oder Nachbar oder der Taxifahrer – irgendein Mann findet sich immer, der bereit ist, seine Macht gegenüber hilflosen Teenagern durch sexuellen Missbrauch zu demonstrieren.

Der traurigste Fall für mich war aber einer, der gar nicht in das Frauenhaus gehört. Mitten unter den Müttern mit ihren Babys saß ein Kind. Ein kleines

Mädchen namens Faisa. Faisa war sechs Jahre alt, hatte freche Locken, und ihre Haut sah aus wie meine: Jemand hatte sie mit Zigarettenkippen verbrannt und ihr Narben mit spitzen Gegenständen zugefügt. Als ich ihr in die Augen sah, hatte ich das Gefühl, in meine eigenen Augen zu blicken.

Aber Faisas Geschichte unterschied sich von meiner. In meiner Vergangenheit hatte es einen Mord gegeben, der mich und meine Geschwister zu Vollwaisen gemacht hatte: Meine Mutter war tot, mein Vater im Gefängnis. Verwandte übernahmen uns Kinder, und wir wurden misshandelt, missbraucht und gedemütigt.

In Faisas Geschichte gab es eine Mutter, die das kleine Mädchen weggab zu einer Adoptivmutter, die nie ein Kind hätte erhalten dürfen. Faisa wurde von der Adoptivmutter und ihrem Freund gequält, gefoltert und missbraucht. Als sie sechs Jahre alt war, gelang es ihr zu flüchten. Sie wurde auf der Straße aufgegriffen und zu Oum el Banine gebracht. Hier lebt sie nun, obwohl sie eigentlich professionelle Hilfe für Kinder mit Traumata erhalten müsste. Aber für Faisa gibt es keine bessere Möglichkeit als das Frauenhaus in Agadir.

Als ich Faisa zum ersten Mal traf, fragte ich: »Hallo, Süße, wer bist du denn? Arbeitet deine Mutter hier?«

»Nein«, sagte Faisa, »ich bin genauso hier wie die anderen Frauen.«

»Aber du bist doch noch ein kleines Mädchen.«

»Ja und? Khalti Mahjouba hat mich hierhergebracht, weil meine Mutter und ihr Freund so gemein

zu mir waren. Die haben immer komische Sachen getrunken, und dann haben sie mir ganz arg wehgetan
mit Zigaretten und Messern, und wenn ich geweint
habe, haben sie ganz laut gelacht.«

Faisa muss in meinen Augen erkannt haben, dass
ich nicht sicher war, ob ich ihr glauben sollte.

»Willst du es sehen?«, fragte sie.

»Was denn?«

»Das Schlimme.«

Und dann zog sie ihr Hemd hoch und die Hose
herunter und zeigte mir ihren kleinen Popo und den
Rücken, die von Brandwunden und Messerschnitten
übersät waren.

Ich schluckte. Vor mir kauerte dieses kleine, un-
schuldige Mädchen und zeigte mir die Spuren von
Folter mit einer Selbstverständlichkeit, die mich schau-
dern ließ. Was war dieser zarten Seele angetan worden? Was hatte dieser hilflose Mensch schon erdulden
müssen?

Tausend Fragen lagen mir auf der Zunge, aber ich
wagte nicht, sie zu stellen. Ich musste sie nicht stellen. Ich wusste, was Faisa erlebt hatte. Ich hatte das
Gleiche erlebt. Ich war ebenso misshandelt, gequält,
verletzt worden wie dieses Kind, als ich Kind war. Ihr
Leiden war mein Leiden, und mein Leiden war ihr
Leiden. Vor dem Schicksal waren wir Schwestern.

Gelassen bedeckte Faisa wieder ihre Narben und
kletterte auf meinen Schoß. Ich hielt sie lange Zeit
fest umfangen in meinen Armen, weil ich nicht
wollte, dass sie das Mitleid in meinen Augen sah. Ich
wünschte mir, dass ich all ihr Leiden auf mich neh-

men könnte, aber sie und ich wussten, dass dies nicht möglich war.

Der Schmerz, der uns zugefügt wird, ist nicht übertragbar. Wir selbst müssen ihn erdulden, und wir selbst müssen mit der Erinnerung leben. Bis der Tod uns davon erlöst. Das wurde mir in diesem Moment zum ersten Mal so stark bewusst, dass ich einen Stich im Herzen fühlte.

Beim nächsten Besuch brachte ich Faisa einen Schulranzen mit, den schönsten, den ich in München finden konnte: rosarot und mädchenhaft.

Faisas Augen strahlten, als sie ihn in Empfang nahm.

Inzwischen geht sie seit zwei Jahren in eine Privatschule. Die Schule übernimmt alle Kosten für sie – Madame Edbouche kann sehr überzeugend sein, wenn sie milde Gaben einfordert.

Faisa ist eine sehr gute Schülerin. Es ist, als wüsste sie, dass es für sie nur eine einzige Chance gibt: lernen. Bildung ist der Weg in die Zukunft und in die Freiheit.

Wer einem Kind Bildung schenkt, schenkt ihm das Leben. Das habe ich schon geahnt, als ich selbst so alt war wie Faisa und jeden Tag zur Schule ging – egal, ob der Direktor mit einem Stück Gartenschlauch auf uns einprügelte oder ein Lehrer mich demütigte, indem er mich aufforderte, den Mund zu öffnen, und dann hineinspuckte. Ich wollte lernen. Ich wollte wissen. Ich wollte frei sein. Heute weiß ich, dass es stimmt: Dass ich die Chance hatte, zur Schule zu gehen, hat mich gerettet.

Bei Oum el Banine lernte ich im Jahr 2007 Yamna kennen, eine junge Frau aus einem abgelegenen Dorf im Süden des Antiatlas, von dem ich noch nie zuvor gehört hatte. Yamna war Analphabetin und hatte keine Ahnung, wie alt sie war. Mahjouba Edbouche schätzte sie auf zwanzig Jahre. Ich glaube, sie war jünger.

Yamna war ein zierliches Mädchen mit dem Gesicht einer alten Frau, von der heißen Sonne des Südens verbrannt. Solche Gesichter haben Menschen, die in den Bergen und Wüsten meines Landes als Hirten arbeiten.

Als ich Yamna zum ersten Mal sah, trug sie keine *dschellaba*, sondern ein beigefarbenes Ensemble, bestehend aus einem langen Rock, einer weiten Bluse und einem passenden Kopftuch. »Ensembles« gelten in den ländlichen Gegenden Marokkos als sehr modern, vor allem wenn sie statt aus Baumwolle aus Kunststoff sind, was in der Hitze meines Landes gelegentlich zu üblen Gerüchen führt. Bei Yamna gab es aber damit kein Problem. Auf dem Arm saß ihre achtzehn Monate alte Tochter und zerrte ständig an der Bluse, um Yamnas Busen zu erreichen und zu trinken.

»*Salam aleikum*, Schwester«, sagte ich.

»*Aleikum salam*«, antwortete sie.

Dann stieg sie mit ihrem Baby in Mahjoubas scheppernden Kastenwagen und machte sich zum ersten Mal seit achtzehn Monaten auf den etwa hundertachtzig Kilometer langen Weg zurück in ihr Dorf. Ich begleitete sie auf dieser Reise, obwohl ich bereits im fünften Monat schwanger war mit meinem zweiten Kind.

Es war eine schwierige Mission, denn Yamna hatte den Ort ihrer Geburt unehrenhaft verlassen, und es war nicht sicher, ob ihre Familie sie wieder aufnehmen würde.

Yamnas Geschichte ist eine Geschichte, wie sie in Marokko jeden Tag passiert. Ich erzähle sie hier in ihren Worten:

Mein Name ist Yamna. Ich komme aus einem Dorf am Fuß der Berge. Ich weiß nicht, wann ich geboren wurde. Meine Eltern sind Berber und Bauern. Zu Hause hatten wir Hühner, Ziegen und einen Esel. Wir waren arm, aber wir mussten nicht hungern. Ich war jeden Tag mit den Ziegen oben in den Bergen und bin nie zur Schule gegangen.

Meine Mutter ist gestorben, als ich noch klein war. Mein Vater heiratete noch einmal, glücklicherweise war meine Stiefmutter sehr nett zu mir.

Eines Tages, als ich allein auf den Feldern in den Bergen war, kam ein fremder Mann und sagte mir, wie schön ich sei.

Das gefiel mir. Der Mann wartete auf mich, wenn ich mit den Ziegen in die Berge ging, und machte mir Komplimente. Aber eines Tages hörte er mit den Komplimenten

*auf. Er stieß mich auf die Erde, grunzte wie ein wildes Tier,
wühlte in meinen Kleidern und nahm mir die Unschuld.*

*Ich weinte, weil ich wusste, dass ich mich gegen Allah,
den Allerbarmer, versündigt hatte. Aber der Mann sagte,
ich solle mir keine Sorgen machen, er werde mich heiraten,
wenn ich den Vorfall für mich behalten könne. Ich vertraute ihm und sagte nichts. Der Mann kam immer öfter
in die Berge und bediente sich an mir. Ich ließ es über mich
ergehen, weil ich an die Hochzeit dachte. Aber er sprach
nicht mehr davon.*

*Eines Tages merkte ich, dass mein Körper sich ver-
änderte. Mein Busen wurde größer und auch mein Bauch.
Von den Ziegen wusste ich, was das bedeutet: Ich würde
bald ein Kind bekommen. Als ich das dem Mann sagte,
freute er sich nicht über das Kind, sondern wurde sehr böse
und verschwand. Danach habe ich ihn nie wiedergesehen.*

*Ich versuchte, meine Schwangerschaft zu verheimlichen,
weil ich meinen Vater liebe und ihm die Schande eines unehelichen Enkelkindes ersparen wollte. Ich hoffte, mein
Bauch würde so plötzlich verschwinden, wie er gekommen
war. Aber er verschwand nicht, sondern wurde immer größer, bis ich mich in unbändiger Angst selbst in den Leib
boxte, um das Kind zu töten. Es wollte aber nicht sterben
und wuchs weiter. Meine Stiefmutter merkte es. Sie hielt zu
mir und verriet meinem Vater und dem Bruder nichts.*

*Erst kurz vor der Geburt des Kindes entdeckten sie,
welch schreckliche Sünde ich begangen hatte, und sie sperr-
ten mich wie ein Tier in einem der Räume ein, die als Ställe
benutzt wurden.*

*Hier brachte ich meine Tochter zur Welt. Ich war ganz
allein während der Geburt. Mein Vater und mein Bruder*

hinderten die Stiefmutter daran, mir zu helfen. Vielleicht haben sie gehofft, dass das Kind stirbt und dass das Dorf nichts merkt. Vielleicht hofften sie sogar, dass ich selbst die Geburt des Kindes nicht überlebte.

Ich schnitt die Nabelschnur mit einem Messer durch, das ich zuvor im Feuer der Kerze erhitzt hatte, säuberte das Kind mit Stroh und legte es an die Brust. Es ist ein sehr schönes Kind. Ich bin froh, dass ich es zur Welt gebracht habe.

Yamna weinte, als sie ihre Geschichte erzählte. Wir passierten die Stadt Tiznit im Süden, in deren unmittelbarer Umgebung ich zur Welt gekommen war, und bogen dann ab in Richtung der Bergstadt Tafraoute. Madame Edbouche hatte ihren mächtigen Körper auf dem Fahrersitz des Lieferwagens verkeilt und fuhr, so schnell sie konnte. Selbst an den Polizeikontrollen verringerte sie nicht die Geschwindigkeit. Aber anstatt sie anzuhalten, salutierten die Beamten, sobald sie ihr Auto erkannten.

»Alte Kumpels«, grinste Madame Edbouche. »Ich bin oft hier in der Gegend unterwegs, und sie wissen, dass ich versuche, meine gefallenen Mädchen wieder mit ihren Familien zu versöhnen. Das finden sie hochinteressant. Ihr werdet sehen, dass ich auf der Rückfahrt an jedem Posten anhalten muss, um den Männern zu erzählen, wie es gelaufen ist.«

Yamna hielt ihre Tochter fest im Arm, als wir bei Tighmi die Hauptstraße verließen und nun eine schmale Landstraße befuhren, die sich in Serpentinen durch die Berge immer weiter in Richtung Süden wand. Die Landschaft veränderte sich und wurde karger. Kaum ein Mensch war zu sehen. Große schwarze Vögel kreisten über uns. Adler. Oder waren es Geier? Yamna erzählte ihre Geschichte weiter.

Kurz nach der Geburt packte mein Bruder mich und das Kind, noch bevor die Sonne aufgegangen war, setzte uns auf einen Esel und brachte uns in den nächsten Ort, der Jemâa-n-Tirhirte heißt, wo schon ein Auto wartete. Das Auto brachte uns nach Agadir.

Mein Bruder hatte durch einen Mann in Jemâa-n-Tirhirte von Oum el Banine erfahren und dass dort Mädchen geholfen würde, die in Schande leben, wie ich es tat mit meiner unehelichen Tochter.

Der Bruder stürmte – seine Schwester und das Baby im Schlepptau – in das Büro von Madame Edbouche. Grob riss er das Mädchen aus Yamnas Arm und legte es auf den Schreibtisch.

»Da, das ist für Sie«, sagte er auf Tashl'hit, »danke und *ay-aouin rabij* – ›möge Gott Ihnen helfen‹.«

Er packte seine Schwester am Arm und versuchte, sie aus dem Büro zu zerren.

»Moment mal«, sagte Madame Edbouche, noch war ihre Stimme freundlich. »Verstehe ich das richtig, Sidi? Du willst das Baby hierlassen und die Mutter mitnehmen?«

Der Bruder nickte vorsichtig. Er ahnte langsam, dass die Sache womöglich nicht ganz so einfach laufen würde, wie er sich das vorgestellt hatte. Seine Ahnung wurde zur Gewissheit, als Madame Edbouche sich erhob. Wie eine massive Wand stand sie nun hinter ihrem Schreibtisch. Ihre Stimme wurde laut, sehr laut.

»Junger Mann«, brüllte Madame Edbouche, »wie kommst du überhaupt dazu zu denken, du könntest hier irgendwas bestimmen? Was glaubst du eigentlich, wer du bist!«

»Ich bin der Bruder«, stotterte der Bruder.

»Der Bruder!?« Madame Edbouches Hohngelächter ließ die Scheiben erbeben. »Ein Bruder, der fremden Frauen Babys auf den Tisch legt und über das Leben seiner Schwester bestimmen will! Ha! Ein Bruder, der Mutter und Kind trennt, nur weil es ihm gerade so gefällt!«

Madame Edbouches Stimme nahm noch etwas an Lautstärke zu, während sie mit den Händen fuchtelte, als gelte es, eine lästige Fliege aus dem Raum zu treiben. »Verschwinde, ich will dich nicht mehr sehen. Du fährst nach Hause, die beiden bleiben hier.«

Ein letztes Mal machte der Bruder den Fehler, Madame Edbouche zu widersprechen. »Mein Vater hat gesagt, ich soll Yamna wieder mitbringen. Sie muss die Ziegen hüten.«

»Sie muss die Ziegen hüten!«, wiederholte Madame Edbouche. Ihre Stimme war so scharf, dass der Bruder sich vor Schreck ganz klein machte. »Die Ziegen!« Madame Edbouche atmete tief ein und erschien dadurch noch ein wenig imposanter, als sie ohnehin schon war. Sie brauchte die zusätzliche Luft, weil nun die Lautstärke ihrer Stimme den Höhepunkt erreichte.

»Ist sie denn eure Sklavin?«, zeterte Madame Edbouche. »Das Sklaventum ist längst abgeschafft. Deine

Schwester hütet so schnell keine Ziegen mehr. Mach, dass du wegkommst, du Nichtsnutz. Und wenn dein Vater seine Tochter zum Ziegenhüten braucht, dann muss er schon selbst hierherkommen. Vorausgesetzt, er bringt den Mut dazu auf, mir das ins Gesicht zu sagen! *Bislama*. Tschüs. Auf Wiedersehen.«

Der Bruder machte, dass er wegkam von dieser unheimlichen Frau, die sich vollkommen anders verhielt, als er das bisher von Frauen gewohnt war. Sie schien keinerlei Angst zu haben. Nicht vor ihm. Und auch nicht vor seinem Vater. Das war gefährlich, das war unerhört, das war schockierend.

Als der Bruder den Raum verlassen hatte, zog Madame Edbouche das zitternde Mädchen an ihren gewaltigen Busen, strich ihr übers Haar und flüsterte: »Willkommen bei Oum el Banine. Hier bist du sicher und deine Tochter auch.« Dann drückte sie Yamna das Baby in den Arm, setzte sie in ihren Lieferwagen und fuhr sie zum Frauenhaus am Stadtrand.

Oum el Banine hat das Frauenhaus in Agadir eingerichtet, um unehelichen Müttern wie Yamna Sicherheit und Unterkunft zu geben. Es besteht aus kleinen Zimmern für die Frauen und ihre Kinder. Es gibt eine Gemeinschaftsküche und ein großes Wohnzimmer. Im oberen Stockwerk ist eine Werkstatt eingerichtet, in der die Mädchen nähen und andere Alltagsfertigkeiten lernen.

Madame Edbouche beschafft ihnen dann eine Arbeitsstelle, meistens als Hausangestellte, damit sie später selbstständig leben können. Die Kinder werden in der *crèche*, der Kinderkrippe, untergebracht, wäh-

18. (*Links*) Ouarda Saillo vor dem Haus ihres verstorbenen Großvaters in Tiznit.

19. (*Unten*) Auf dem Weg in das Wüstendorf Fask, in dem Ouardas Vater verflucht wurde.

20. *(Oben)* Fask. Von hier stammte Ouardas Vater, aber es lag ein Fluch auf seiner Beziehung zu diesem Ort.

21. *(Rechts)* Mit Kindern in Fask.

22. *(Oben)* Der Ortsausgang von Fask.

23. *(Links)* Oase bei Fask.

24. (*Oben links*) Beim Essen in einer Oase am Rande der Sahara.

25. (*Oben rechts*) Tajine, eine marokkanische Spezialität.

26. (*Unten*) Wegweiser zwischen Fask und Guelmim, dem Tor zur Sahara.

27. *(Links)* Ouarda (rechts) und ihre Schwester Asia am Atlantik.

28. *(Mitte links)* Ouarda bei der Zubereitung von Tee im Haus ihrer Tante.

29. *(Mitte rechts)* Ouarda im Kindergarten von Igraar, den Tränenmond e.V. ausgestattet hat.

30. *(Links)* Lehmhaus im Wüstendorf Igraar.

31. *(Oben)* Ziegen in einem Argan-Baum.

32. *(Unten)* Pause in Taroudant, am Fuße des Atlas-Gebirges.

33. Djamaa el-Fna, der berühmte Marktplatz von Marrakesch.

34. *(Rechts)*
Ouarda am Meer.

35. *(Unten)*
Ouarda beim
Joggen am Strand
von Agadir.

rend die Mütter zur Arbeit gehen. Nach vierzig Tagen müssen die Frauen die Einrichtung normalerweise verlassen und für akute Fälle Platz machen. Aber Oum el Banine hält weiter eine schützende Hand über sie und ihre Kinder. Wenn die Mädchen sich etabliert haben, versucht Madame Edbouche, den Kontakt zur Ursprungsfamilie wiederaufzunehmen – wie jetzt mit Yamna.

Kaum eines der Mädchen bei Oum el Banine kann lesen oder schreiben. Die meisten haben keine Ahnung von der Welt. Oder von ihren Rechten. Oder vom Leben in der Stadt. Oder gar von Sexualität und Familienplanung. Bei Oum el Banine lernen sie in einer Art Crashkurs die wichtigsten Voraussetzungen für ein selbstständiges Leben. Sie lernen nähen, kochen und wie man öffentliche Verkehrsmittel benutzt. Eine Psychologin steht ihnen zur Verfügung, und sie erfahren, dass es Verhütungsmittel gibt und wie man sie anwendet. Bisher besteht allerdings noch keine Möglichkeit für ein komplettes Alphabetisierungsprogramm, dafür ist nicht genug Geld da. Die meisten Mädchen können aber nach ein paar Wochen bei Oum el Banine Zahlen lesen und ihren Namen schreiben.

Yamna blieb länger im Frauenhaus als andere. Sie sprach nämlich kaum ein Wort Marokkanisch, als sie nach Agadir kam, sondern nur die Berbersprache Tashl'hit – und auch die in einem nahezu unverständlichen Dialekt, wie er in den abgelegenen Bergtälern am Rande der Sahara vorkommt. Selbst nach achtzehn Monaten in Agadir hatte sie ihren harten, ländlichen

Akzent noch nicht abgelegt, und ich musste mich höllisch konzentrieren, um sie überhaupt zu verstehen.

Unsere Fahrt in den Süden war nicht nur für Yamna eine Reise in die Vergangenheit. Auch mich führte sie zurück zu meinen Wurzeln. Der Unterschied zu Yamna war jedoch, dass sie noch einen Bezug zu dieser Vergangenheit hatte, schließlich war sie hier aufgewachsen. Ich dagegen war in der Stadt groß geworden und schon mit neunzehn nach Europa gegangen. Jetzt kam ich in Yamnas Welt – und fühlte mich fremder, als ich es jemals in Deutschland gewesen war.

Madame Edbouche lenkte ihr Auto von der Straße nach rechts auf den Marktplatz des Dorfes, wo Yamnas Baby endlich bei den Behörden angemeldet und eingetragen werden sollte. Das ist eine neue Errungenschaft in Marokko, dass auch uneheliche Kinder Papiere bekommen.

Der junge König Mohammed VI. hat dieses Gesetz gegen den Widerstand vieler konservativer Marokkaner durchgesetzt. Früher existierten uneheliche Kinder offiziell gar nicht. Viele von ihnen endeten als Kriminelle, Kinderprostituierte oder Drogensüchtige auf der Straße. Sie konnten weder zur Schule gehen noch wählen oder mit ordentlichen Papieren arbeiten. Ihr Leben war illegal, und sie vegetierten am Rand der Gesellschaft dahin, falls sie die Kindheit überhaupt überlebten.

Auf dem Marktplatz des Dorfes, dem Souk, hatten die Bauern aus der Umgebung an diesem Tag ihre Stände aufgebaut. Der Platz war überfüllt von Menschen, Tieren, aufgestapelten Früchten, Säcken mit Mehl,

Reis und Salz, Tongeschirr und Tand. Kassettenverkäufer beschallten den Platz mit scheppernder Berbermusik, ein billiger Jakob pries seine Waren über Megafon an. Es herrschte Chaos im Zentrum von Jemâa-n-Tirhirte. Aber das hinderte Madame Edbouche selbstverständlich nicht daran, direkt bis vor das Rathaus zu fahren. Unter Dauereinsatz der Hupe scheuchte sie die Marktbesucher aus dem Weg und quetschte sich zuletzt mit dem Kastenwagen zwischen einen Melonenstand und eine Bude mit Küchengeräten und Kosmetika.

Auffälliger war vermutlich noch nie in der Geschichte dieses Ortes jemand mit dem Auto ins Zentrum des Marktgeschehens vorgedrungen. Jedenfalls sammelte sich eine große Menschenmenge um das Fahrzeug. Es handelte sich ausschließlich um kleine, sonnenverbrannte Männer in braunen oder saharablauen *dschellabas*. Frauen waren nicht zu sehen. Einige der Männer trugen zur Feier des Markttages knallgelbe Tücher um den Kopf geschlungen. Andere hatten trotz der großen Hitze ihre Kapuzen hochgezogen.

Madame Edbouche öffnete die Tür des Kastenwagens und richtete sich zu ihrer vollen Größe auf, was dazu führte, dass die kleinen Männer ehrfürchtig zurückwichen und eine Gasse zur Tür des Rathauses bildeten, durch die Madame Edbouche verschwand. Sofort schloss sich die Gasse wieder, und die Männer glotzten nun misstrauisch in unser Auto. Eben war diesem Fahrzeug die mächtige Gestalt von Madame Edbouche entstiegen. Jetzt waren sie neugierig, ob sich womöglich auch noch ein Mann von ähnlich beeindruckender Figur in dem Kastenwagen verbarg.

Als sie jedoch sahen, dass wir nur Frauen waren, taten sie so, als gäbe es uns gar nicht. Einige lehnten sich gemütlich an das Auto, schwätzten in ihrem schwer verständlichen Dialekt miteinander und hielten dabei Händchen. Andere lagen halb auf der Kühlerhaube und ließen die Blicke schweifen, ob irgendetwas Interessantes zu sehen wäre, vielleicht Madame Edbouche auf dem Rückweg zum Fahrzeug.

Nach einiger Zeit beugte sich einer der Männer durchs Fenster.

»Wo ist Mann?«, blaffte er in einer Art Tashl'hit. Er war sich nicht sicher, ob wir ihn verstehen würden, deshalb beschränkte er sich auf die wichtigsten Wörter des Satzes.

»Welcher Mann?«, fragte ich.

»*Der* Mann!«, rief der Mann und fuchtelte mit dem Zeigefinger Richtung Fahrersitz.

»Wozu brauchst du denn *den* Mann?«

»Auto muss weg«, rief der Mann.

»Wenn's weiter nichts ist«, sagte ich, rutschte hinter das Lenkrad, ließ den Motor an und rangierte den Kastenwagen aus dem Weg. Der Mann beobachtete das Manöver mit offenem Mund. Seine Augen waren weit aufgerissen. Für ihn war klar, dass die Sache nicht gut gehen konnte. Eine Frau am Steuer! Und auch noch schwanger! Er entspannte sich erst wieder, als ich den Motor abstellte.

Kurz darauf schob ein anderer Mann seinen Oberkörper weit in unser Auto. Er trug einen guten Anzug und sah aus wie ein Beamter.

»Gehört ihr auch zu Oum el Banine?«, blaffte er.

»Ja, warum?«

»Das ist meine Schwester, die da sitzt. Ihr müsst sofort wieder zurückfahren nach Agadir, diese Aktion bringt nichts, gar nichts. Bei uns ist niemand zu Hause.«

Der Mann konnte vor Aufregung kaum reden. Er zitterte am ganzen Körper. Yamna saß wie erstarrt auf dem Rücksitz und brachte kein Wort heraus. Die Knöchel der Hand, mit der sie ihr Baby an sich drückte, waren trotz ihrer dunklen Haut fast weiß. Bisher war die Stimmung auf dem Marktplatz skurril gewesen, jetzt wurde sie plötzlich beängstigend. Die Geräusche der Menge klangen mit einem Mal aggressiv. Und Yamnas Bruder war kurz davor, die Kontrolle zu verlieren.

Ich beschloss, vorsichtig zu sein.

»Wenn das so ist«, sagte ich, »werden wir natürlich nicht in euer Dorf kommen, ich fahre sowieso nicht gern auf schlechten Straßen in diesem Zustand.« Dabei deutete ich auf meinen Bauch, der sich im fünften Monat der Schwangerschaft schon deutlich wölbte.

Erleichtert atmete Yamnas Bruder auf. »Abgemacht!«, rief er. »Ihr fahrt sofort wieder weg! Das ist sehr gut. Sehr gut für euch.«

Vermutlich sollte das eine Drohung sein. »Wir müssen nur eben auf Madame Edbouche warten«, sagte ich.

»Mpf«, machte der Bruder. Allein die Erwähnung dieses Namens trieb ihm Schweißperlen auf die Stirn. »Madame Edbouche ist manchmal etwas schwierig. Das könnte ein Problem werden.«

»Dann rede doch mit ihr direkt«, sagte ich, »sie ist drüben im Rathaus.«

Das hätte ich wahrscheinlich nicht sagen sollen. Yamnas Bruder wurde so bleich, als sei der Leibhaftige persönlich erwähnt worden, und verschwand hastig in der Menge.

Ich griff zum Handy und rief Madame Edbouche an.

»Hallo.« In Marokko melden sich die meisten Leute nur ungern mit ihrem Namen.

»Mahjouba, bist du es?«

»Ja, warum?«

»Du musst sofort herkommen, Yamnas Bruder war da. Er hat uns gedroht. Yamna hat Angst vor ihm.«

»Ach der«, lachte Mahjouba, »vor dem braucht ihr keine Angst zu haben. Der ist nichts als ein aufgeblasener Schlappschwanz. Der soll zu mir kommen, wenn er was will.«

Und damit legte sie auf.

Ich war etwas beruhigt, trotzdem beobachtete ich die Menschen rund um unser Auto nun mit größerer Aufmerksamkeit und war froh, als sich die Menge wieder teilte und ich die mächtige Gestalt von Madame Edbouche auf den Kastenwagen zukommen sah.

Im Amt hatte alles problemlos geklappt. Die Beamten der Verwaltung hatten sich äußerst höflich und kooperativ verhalten. Einer zeigte Madame Edbouche sogar, wo er die Informationsblätter von Oum el Banine ausgelegt hatte. Lediglich die Ausfertigung und Beglaubigung der Anmeldepapiere hatte etwas Zeit gekostet.

Yamnas Kind war unehelich und damit ein *harames*, ein Kind der Sünde. Natürlich kann man so ein Kind in einem islamischen Staat wie Marokko offiziell nicht legalisieren. Die marokkanischen Behörden haben aber eine elegante weltliche Lösung für dieses eher religiöse Problem gefunden (wie sie mit ein bisschen gutem Willen für jedes Problem eine Lösung finden).

Die Lösung sieht so aus, dass Mütter unehelicher Kinder sich aus der offiziellen Liste der Familiennamen, dem sogenannten *k'chef*, einen beliebigen Namen aussuchen. Dazu kommt ein Vorname, der aus einem der neunundneunzig Namen Allahs und dem Wort *abd*, der Diener, bestehen muss. *Abd* el Aziz zum Beispiel bedeutet »Diener des Allmächtigen«. Aus beiden Namensbestandteilen wird dann ein fiktiver Vater für die Papiere kreiert. So macht man in Marokko aus einem unehelichen Kind der Sünde ein Kind mit Vater – und alles hat wieder seine Ordnung.

Es war fast schon Mittag, als wir den Souk verließen und uns auf den Weg in Yamnas Dorf machten. Eine sehr schlechte Piste führte von Jemâa-n-Tirhirte direkt in die Berge hinein. Irgendwann hörte die Piste einfach auf, und Madame Edbouche steuerte den Kastenwagen querfeldein an Felsen vorbei bis zu einem großen Argan-Baum, neben dem ein dunkelbraunes Lehmhaus stand. Dahinter sah man drei, vier weitere Gehöfte: Yamnas Dorf, die Heimat von vielleicht fünf oder sechs Familien. Bis heute weiß ich nicht, ob es überhaupt einen eigenen Namen hat.

Der Ort wirkte wie ausgestorben. Es war etwas unheimlich, nicht einmal ein Kind zu sehen. Schließlich waren wir mehr als auffällig mit einem Kastenwagen auf das Dorf zugefahren. Das ist normalerweise die Garantie dafür, dass man schon vor der Ortseinfahrt von einer Horde johlender Jungen und Mädchen empfangen wird. Madame Edbouche parkte das Auto unter dem Argan-Baum, und wir stiegen aus.

Yamna wirkte wie paralysiert, sie stand einfach nur da, das Kind im Arm, und schaute auf das armselige Dorf, aus dem sie vor achtzehn Monaten vertrieben worden war.

Schließlich ging sie auf das Haus ihrer Eltern zu. Wie eine Fremde klopfte sie an die Tür. Aber niemand öffnete. Das Haus war verlassen. Vermutlich waren die Männer auf dem Souk und die Frauen auf dem Feld.

Yamna kam zurück und setzte sich zu uns in den Schatten des Argan-Baums, bis ein Kind hinter einem Mauervorsprung auftauchte. Langsam kam es auf uns zu. Es lächelte, aber es wirkte wie ein Gnom und konnte nicht sprechen. Yamna sagte uns, das Mädchen sei ihre kleinwüchsige Cousine. Schweigend setzte es sich zu uns und grinste.

Als Nächstes erschien eine Frau in bunten Tüchern. Wie von einer Schnur gezogen, ging sie auf Yamna zu, wobei sie klagende Laute ausstieß, als finde eine Trauerfeier statt. Ihr Schritt wurde immer schneller, schließlich stürzte sie sich geradezu auf Yamna, umarmte und küsste sie und rief: »Du lebst noch, Allah sei gesegnet, ein Wunder ist geschehen.«

Immer mehr Frauen kamen aus ihren Verstecken. Eine alte Frau weinte: »Der Allerbarmer sei gepriesen, dass er dich vor den Arabern gerettet hat.«

»Gerettet?«, fragte Yamna erstaunt. »Vor den Arabern? Warum denn?«

»Das weiß doch jeder, dass die Araber Menschen fressen«, sagte die alte Frau. »Die sind keine Berber wie wir.« Die anderen Frauen nickten bestätigend.

Dann öffnete eine der Frauen die Tür des Lehmhauses. Es war das Zuhause von Yamnas Onkel. Wir saßen in einem kühlen schönen Zimmer mit leuchtend grünen und roten Wänden. Es gab einen Fernsehapparat und eine kompliziert aussehende große Stereoanlage. Offenbar war das Dorf ans Stromnetz angeschlossen, und Yamnas Onkel hatte genug Geld, sich Elektrogeräte zu leisten. Irgendjemand kochte starken, süßen Tee und goss ihn in hohem Bogen in die kleinen Gläser.

Wir warteten auf Yamnas Familie. Es dauerte über eine Stunde, bis ihre Stiefmutter von den Feldern hoch oben in den Bergen zurückkam. Sie betrat den Raum, erstarrte mitten im Schritt, als sie ihre Tochter sah – und brach ohnmächtig zusammen.

Ein großes Tohuwabohu brach aus. Frauen kreischten, Kinder weinten, Yamna warf sich samt Tochter auf die ohnmächtige Stiefmutter. Dann begann eine Art Teufelsaustreibung.

Viele Menschen in Marokko glauben, dass Ohnmachtsanfälle von Dschinnen ausgelöst werden, mächtigen Geistwesen, die gelegentlich unwirsch reagieren, wenn man sie nicht fürsorglich behandelt. Zum Beispiel ist es streng untersagt, kochendes Wasser in den Ausguss zu schütten, ohne zuvor den Dschinn durch eine kleine Beschwörungsformel vorzuwarnen – jeder weiß nämlich, das Dschinnen sich gern im Sanitärsystem aufhalten. Jetzt, bei Yamnas

Stiefmutter, schafften die Frauen verschiedene Duft-wässerchen herbei, um den Dschinn zu besänftigen. Es wurde Rosenwasser ins Gesicht der Reglosen ge-spritzt und, als das nichts half, auch billiges Parfüm.

Ich flüchtete nach draußen, nachdem ich Yamna die Tochter abgenommen hatte. Seit ich schwanger war, konnte ich starke Gerüche kaum noch ertragen, ohne würgen zu müssen.

Drinnen beruhigte sich die Situation wieder etwas. Der Dschinn verließ die Stiefmutter, sie erwachte aus der Ohnmacht und war wieder ansprechbar, und die ganze Familie zog um in Yamnas Elternhaus, wo sich die Frauen sofort daranmachten, einen Ziegenfleisch-Tajine auf dem Holzkohlenfeuer zuzubereiten.

Noch bevor das Essen fertig war, traf Yamnas Vater ein. Er hatte auf dem Souk von der Rückkehr der ver-lorenen Tochter gehört, sich sofort auf den Esel ge-schwungen und das arme Tier im Galopp nach Hause getrieben. Jetzt stand er in der Tür und wusste nicht, was er tun sollte. Unsicher knetete er die Hände unter dem Gewand und wagte weder seine Tochter anzu-schauen noch sein Enkelkind.

»Vater!«, kreischte Yamna und warf sich vor ihm auf den Boden. »Bitte vergib mir.«

Sie zerrte an seinen Händen, küsste sie und weinte dabei. Der Vater blickte verlegen zur Decke. Schließ-lich hatte er aus Angst vor der Schande seine Tochter ins ferne Agadir geschickt, eine Stadt, in der arabische Menschenfresser ihr Unwesen treiben, wie einige der einfachen Berber in den Bergen absolut sicher zu wis-sen glauben. Genau genommen hatte der Vater seine

Tochter nicht nur aus dem Dorf, sondern in die Hände der Kannibalen getrieben. Dass sie jetzt wieder vor ihm stand, war für ihn Schock und Erleichterung zugleich.

Madame Edbouche gab ihm wenig Zeit, sich zu sammeln. »Deine Tochter«, rief sie, »ist ein gutes Mädchen. Du hättest sie niemals verstoßen dürfen. Deine Aufgabe als Vater war es, sie zu schützen. Hast du sie geschützt? Hast du den Mann gesucht, der sie geschwängert hat? Nein? Du hast es nicht gewagt, ihn zur Rede zu stellen. Du bist den einfachen Weg gegangen und hast deine Tochter bestraft für das Böse, das nicht sie getan hat, sondern das ihr angetan wurde.«

Der Vater senkte schuldbewusst den Kopf. »Frau, du hast recht. Was soll ich tun?«

»Suche den Mann, der deine Tochter geschwängert hat, und bringe ihn vor Gericht.«

»Ich werde ihn suchen«, versprach der Vater.

Seine Erleichterung war förmlich zu sehen, als die Frauen das Essen auftrugen und damit die Standpauke unterbrachen, die Madame Edbouche dem armen Mann hielt.

»Greift zu!«, sagte Yamnas Stiefmutter. »Seid unsere Gäste.«

»Essen die anderen nicht mit?«, fragte ich.

»Natürlich nicht. Die Männer essen niemals zusammen mit Frauen.«

Der Tajine schmeckte nach gar nichts, anscheinend war den Frauen im Dorf das Salz ausgegangen. Als wir fertig waren, schoben die Frauen die Reste in der Schüssel den Männern zu, die gierig begannen, die von uns zurückgelassenen Knochen aufzubrechen und das Mark herauszusaugen. Anscheinend hatten sie großen Hunger, und es gab nicht genug Nahrungsmittel für alle. Aus Höflichkeit waren wir Besucher bevorzugt versorgt worden.

Am späten Nachmittag brachen wir wieder auf. Die Begegnung von Yamna und ihrer Familie war keine rauschende Versöhnungsfeier geworden, aber immerhin hatte der Vater die Tochter nicht grundsätzlich abgelehnt. Madame Edbouche wertete das als einen großen Erfolg.

»Es geht nicht darum, Yamna wieder in ihr Dorf zurückzubringen. Es geht darum, dass die Tochter wieder mit ihrer Familie reden kann und eine gesicherte Identität hat. Ohne Familie und ein Zuhause ist sie in unserer Gesellschaft verloren. Wer ausgestoßen ist, hat hier keine Chance.«

Bevor wir das Haus verließen, sprach der Vater ein Gebet. Wir bildeten im Wohnzimmer der Familie einen Kreis, öffneten die Hände wie einen Kelch und hörten auf die ruhige, liebevolle Stimme des alten Mannes.

»Allah, der Verzeiher, reinige unsere Seelen und verzeihe uns unsere Sünden«, sagte er.

»Amen«, antworteten wir.

»Allah, der Allmächtige, beschütze uns vor dem Bösen.«

»Amen.«

»Allah, der Erniedriger, lasse diesen Mann sich schuldig fühlen, der unserer Tochter das alles angetan hat.«

»Amen.«

»Gib uns die Kraft, unsere Kinder so zu lieben, wie sie sind, o allwissender Gott.«

»Amen.«

»Und bitte, Allah, du Ruhmreicher, pass auf unsere Tochter auf in der fremden großen Stadt.«

»Amen.«

Eine halbe Stunde betete der Vater und offenbarte damit die Ängste, Sehnsüchte und Wünsche, die er in den letzten achtzehn Monaten tief in seinem Herzen vergraben hatte. Zuletzt sah er seine Tochter doch noch direkt an.

»Yamna, meine Tochter«, sagte er, »ich verzeihe dir und wünsche dir alles Gute in deinem neuen Leben.«

Er umarmte sie nicht. Aber nun ließ er zu, dass Yamna seine Stirn küsste, ein Zeichen der Ehrerbietung, das Jüngere den Älteren geben.

Wir stiegen in den Kastenwagen.

»Sollten wir diesen Leuten nicht ein bisschen Geld dalassen für das Essen?«, flüsterte ich Madame Edbouche zu.

»Nein«, antwortete sie, »das sind Berber. Du würdest sie beleidigen.« Sie machte eine kleine Pause. »Und außerdem hat Yamna ihrem Vater einen Haufen Geld zugesteckt, das sie sich von ihrem Gehalt als Haushälterin in Agadir vom Mund abgespart hat.«

Madame Edbouche ließ den Motor an und fuhr querfeldein zwischen den Felsen hindurch in Richtung Tal. Die Dorfbewohner vor ihren Häusern wurden hinter uns immer kleiner.

Yamna hielt ihr Kind umklammert und schaute nicht ein einziges Mal zurück.

Najat gibt es offiziell gar nicht. Sie hat keinen Ausweis und auch ansonsten keinerlei Dokumente, die ihre Existenz beweisen. Als sie zu Oum el Banine kam, war sie schwanger. Inzwischen ist ihre Tochter Zohra drei Jahre alt. Auch Zohra existiert offiziell nicht. Eine Mutter, die offiziell nicht existiert, kann natürlich auch kein Kind haben. Das ist marokkanische Logik.

Najat existiert nicht, weil sie vor einundzwanzig Jahren unehelich geboren wurde. Sie kennt ihren Vater nicht, und an ihre Mutter hat sie nur wenige Erinnerungen.

»Sie war eine Dienstmagd«, sagt Najat, »eine *petite bonne*, wie ich es bin. Sie gehörte einem Mann im Haha-Gebiet.«

Najat hat ein weiches, hübsches Gesicht mit schönen Augen. Wenn sie lacht, bilden sich Grübchen in ihren Wangen. Ihr Gesicht verrät nicht, was sie erlebt hat.

»Meine Mutter ist gestorben, als ich sechs Jahre alt war«, sagt Najat, »sie war sehr krank. Vor ihrem

Tod übergab sie mich einer Familie in der Wüste. Die Familie versprach, sich um mich zu kümmern.«

Die Mutter kannte die Familie nicht, der sie die Tochter anvertraute. Sie war in die Wüste gekommen, weil sich dort das Grab des heiligen Sidi Mohammad Obrahim befand und weil es hieß, dort werde man geheilt, wenn man den Sarg des Heiligen umrunde und küsse. Vorteilhaft sei es auch, Opfergaben dabeizuhaben: ein Huhn, ein Schaf, in ernsten Fällen womöglich eine Ziege. Harmlose Probleme lassen sich manchmal mit Räucherstäbchen, einer Kerze oder Geld lösen. Die Krankheit der Mutter erforderte allerdings den Tod eines Tieres, so bedrohlich war sie.

Zum Tieropfer kam es nicht mehr. Kaum hatte die Mutter für sich und ihre Tochter Unterkunft im Lehmhaus einer einheimischen Familie gefunden, starb sie. Das Kind blieb allein bei den fremden Menschen in dem heißen, staubigen Berberdorf im Süden des Landes zurück. Das ist nichts Ungewöhnliches in Marokko: Waisenkinder werden oft von Familien übernommen, die eine billige Arbeitskraft benötigen. Obwohl Najat damals erst sechs Jahre alt war, musste sie für Unterkunft und Verpflegung bei ihrer Familie als Dienstmädchen hart arbeiten.

In Wirklichkeit war Najat viel weniger als ein Dienstmädchen. Sie war eine *petite bonne*, eine Kindersklavin ohne Angehörige, ohne Papiere, ohne Schutz.

Manchmal haben Dienstmädchen Glück mit ihrem Besitzer. Er behandelt sie gut und schickt sie zur Schule. Manchmal haben Dienstmädchen Pech mit ihrem Besitzer.

Najat hatte Pech mit ihrem Besitzer. Er vermietete das sechsjährige Mädchen als *petite bonne* an eine andere Familie, wo sie vom Mann des Hauses vergewaltigt wurde. Als sie zurückkam in den Haushalt ihres Besitzers, vergewaltigte auch er das Kind, für das er die Verantwortung übernommen hatte.

Er tat es, wann immer er wollte, sogar vor den Augen seiner Frau.

»Was sollte ich dagegen machen?«, fragte Najat. »Ich war ja nur eine Frau.«

Sieben Jahre lang missbrauchten die Männer des Dorfes das Kind. Ich mag mir gar nicht vorstellen, wie viel Leid dieser kleinen Seele zugefügt wurde, wie oft sie sich in den Schlaf weinte, wie verloren sie sich fühlen musste. Und trotzdem kehrte sie immer wieder zu dem Mann zurück, der ihrer Mutter versprochen hatte, sich um das Kind zu kümmern – und sein Versprechen brach, als die Mutter noch nicht einmal beerdigt war.

»Es war meine Familie«, sagt Najat heute, »die einzige, die ich besaß. Wo hätte ich denn hingehen können?«

Najat war bereits zu einem hübschen Mädchen herangewachsen, als sie das Undenkbare wagte. Sie ging zur Polizei, eine Cousine des Täters hatte sie dazu gedrängt. Damit hatte der Mann nicht gerechnet. Er hatte darauf vertraut, dass ein Mensch, den es eigentlich gar nicht gab, keine Anzeige erstatten konnte. Aber manchmal geschehen selbst in der marokkanischen Bürokratie Wunder.

Der stellvertretende Gerichtspräsident bot sich an, für Najat zu sorgen. Sie zog in sein großes Haus und wurde zum ersten Mal seit Jahren gut behandelt. Natürlich musste sie wieder arbeiten, aber sie wurde nicht geschlagen und missbraucht. Aber weil Najat so hübsch geworden war, wurde die Frau des Gerichtspräsidenten eifersüchtig. Als ihr Mann im Dienst war, drückte sie Najat ein paar Scheine im Wert von zehn Euro in die Hand und sagte: »Mädchen, das ist für dich, verschwinde aus meinem Haus, und lass dich nie wieder sehen. Allah sei mit dir.« Najat war vierzehn Jahre alt.

Sie schlug sich durch bis nach Agadir, weil sie sich daran erinnerte, dass ihre Mutter von einer guten alten Frau gesprochen hatte, die dort lebte. Sie fand die Frau, und diese nahm sie auf. Von der alten Frau wurde sie an deren Sohn vererbt und von diesem an eine Verwandte weitergegeben, als er ins Ausland ging.

Viel mehr als ein Gebrauchsgegenstand war Najat nie. Sie wurde veräußert, vererbt, verkauft, wie man eine *dschellaba*, eine Ziege oder ein Kamel weitergibt. *Petites bonnes* sehen nach marokkanischem Verständnis zwar aus wie Menschen, aber sie sind lediglich Menschen zweiter Klasse.

Wir Marokkaner können *petites bonnes* problemlos auf der Straße erkennen. Sie tragen ihr Kopftuch mit einem bestimmten Knoten über der Stirn. Ihre Füße stecken oft in Gummisandalen, weil sie ständig den Boden schrubben müssen und dabei im Wasser stehen. Sie sehen einem niemals in die Augen. Sie zucken zusammen, wenn man eine schnelle Bewegung macht, weil sie denken, sie werden geschlagen. Und sie haben krumme Finger von der harten Arbeit.

Als ich klein war, waren mir die *petites bonnes* ein wenig unheimlich, weil sie so alt waren wie wir Kinder, aber gar nicht lebten, wie Kinder normalerweise leben. Wir selbst konnten uns kein Dienstmädchen leisten, aber einige meiner Klassenkameradinnen hatten welche. Manchmal waren die Dienstmädchen jünger als die Jungen und Mädchen, auf die sie aufpassen sollten.

Gelegentlich kam das Dienstmädchen meiner Freundin Fatima zu uns auf die Straße, wo wir mit kleinen Holzstückchen und Steinen spielten.

»Fatima, deine Mama schickt mich, du sollst nach Hause kommen.«

Es war komisch, ein so kleines Mädchen mit krummen Fingern zu sehen, das so tat, als sei es eine Erwachsene.

»He, Malika«, riefen wir, »willst du ein bisschen mitspielen?«

Malikas Augen leuchteten auf, sie hüpfte auf uns zu, aber dann fiel ihr etwas ein.

»Nein«, sagte sie, »das geht nicht. Ich bin ja nur eine *petite bonne*. Ich darf nicht mit normalen Kindern spielen. Und außerdem muss ich arbeiten.«

Damit verschwand sie wieder im Haus ihrer Besitzer. Und ich wusste, dass sie als Letzte ins Bett gehen würde, nachdem sie alles aufgeräumt und das Licht ausgemacht hatte. Und das Bett würde nichts anderes sein als ein paar Kartons und eine zerschlissene Wolldecke, denn so war auch mein Bett damals. Am Morgen würde Malika als Erste aufstehen, den Herd einheizen und die Dinge des Tages vorbereiten, bevor ihre Besitzer auftauchten. Dabei war Malika keine dreizehn Jahre alt.

Jetzt, wo ich Najats Geschichte erzähle, denke ich viel an Malika, die mit uns in derselben Straße wohnte, aber ein gänzlich anderes Leben führte als wir.

Najat landete schließlich bei einer Tante ihres letzten Besitzers und wurde von deren Enkelsohn geschwängert, einem jungen Mann, nicht viel älter als sie selbst. Die Tante brachte sie zu Oum el Banine.

Sie saß bei Madame Edbouche im Büro wie schon viele andere Frauen vor ihr. Neben ihr kauerte mit gesenktem Blick Najat. Hinter dem Schreibtisch thronte die Leiterin der Einrichtung in ihrer imposanten Fülle, mit feinen Schweißperlen auf der Stirn, die von der Hitze im Büro sowie einer beginnenden zornigen Erregung herrührten, und einem Blick, der schon ganz andere das Fürchten gelehrt hatte.

»Verehrte Frau Edbouche«, hob die Tante an, »Friede sei mit Ihnen! Das hier ist unser Dienstmädchen Najat, das durch einen Zufall geschwängert wurde.«

Die rechte Augenbraue der als »verehrte Frau Edbouche« Angesprochenen hob sich geringfügig, aber die Raumtemperatur sank dadurch unverzüglich um gefühlte fünf Grad Celsius.

»Najat ist ein sehr gutes Dienstmädchen«, die Stimme der Tante klang etwas zittrig, »und wir möchten sie gern behalten, sie kann sehr gut kochen, ist sehr reinlich, aber ...«

»... aber das Kind soll bei Oum el Banine bleiben, wenn es geboren ist«, setzte Madame Edbouche den Satz fort. Offenbar hatte sie diesen Satz schon sehr oft gehört. Zu oft. Ihre Stimme war noch leise, aber friedfertig klang sie nicht.

»Sie haben so recht, verehrte Frau Edbouche«, versuchte die Tante wieder Boden gutzumachen, »was Sie vorschlagen, klingt für mich wie eine sehr vernünftige Idee und ...«

Madame Edbouche ließ die Tante nicht ausreden. Wenn sie eines nicht leiden kann, dann sind es Heuchlerinnen. Sie machte eine ungeduldige Bewegung mit der Hand in Richtung der Tante, dann wandte sie sich an Najat.

»Na, mein Täubchen«, gurrte sie, »findest du das auch so eine gute Idee, dein Kind abzugeben und wieder putzen zu gehen bei dieser ...«, ihr Ton nahm einen schärferen Klang an, »... wohlanständigen Dame? Oder möchtest du bei deinem Kind sein?«

»Kind sein«, murmelte Najat fast unhörbar.

Madame Edbouche hatte es sehr gut verstanden. Alles, was sie hören will, versteht sie sehr gut.

»Haben Sie das auch gehört?«, fragte Madame Edbouche die Tante.

»Nein«, antwortete diese, »es war zu leise.«

»Dann werde ich es Ihnen noch einmal ganz deutlich sagen.« Madame Edbouches Stimme war nun tatsächlich laut geworden. »Dieses Mädchen wird tatsächlich sein Kind hier zur Welt bringen, und ich werde herausbekommen, wer sie geschwängert hat. Den Kerl werde ich vor Gericht stellen.« Madame Edbouche schluckte. »Danach wird Najat für ihr Kind da sein und nicht für Sie. Allah beschütze Sie auf Ihrem Weg nach Hause. Und du«, Mahjouba wandte sich an Najat, und ihre Stimme veränderte sich wieder. Nun klang sie weich und mütterlich. »Du bleibst hier bei uns. Du bist nicht die Einzige, die auf diese Weise schwanger wird. Und für das Kind in deinem Bauch brauchst du dich nicht zu schämen.«

Die Tante zog beleidigt ab. Najat zog in das Frauenhaus ein. Ihre Tochter Zohra kam im Krankenhaus zur Welt, sie ist ein gesundes und kluges kleines Mädchen. Najat arbeitet wieder für eine Familie, bei der es ihr zur Abwechslung einmal gut geht. Sie ist verlobt und will bald heiraten.

Für Madame Edbouche und Oum el Banine ist der Fall aber noch längst nicht erledigt, da sich Madame Edbouche nicht mit Teilsiegen begnügt. Für sie ist der Kampf um Gerechtigkeit für Frauen und Kinder eine Art Krieg, den man nur gewinnen oder verlieren kann. Ein bisschen gewinnen geht nicht.

Den ersten Besitzer von Najat, den Familienvater aus dem Wüstendorf, der sein Dienstmädchen vergewaltigte, als es noch nicht einmal zehn Jahre alt war, hat sie vor Gericht gezerrt. Das Verfahren schleppte sich hin, und wenn Mahjouba nicht ständig Druck gemacht hätte, wäre es wohl im Sand verlaufen. So wird es aber weitergeführt, und irgendwann soll es ein Urteil geben, so Gott will.

Das zweite Problem hat Madame Edbouche jetzt erst angepackt: die fehlende Identität von Najat. In langen Gesprächen rekonstruierte sie mit ihr die Vergangenheit und unternahm weite Fahrten durch Marokko, um Najats Abstammung zu belegen. Einen Onkel trieben sie im Haha-Gebiet auf, der sich aber nicht an ein Mädchen erinnern wollte, das in Schande lebt, weil es ein uneheliches Kind ausgetragen hat.

So schnell gibt Madame Edbouche allerdings nicht auf. Sie tingelte wie ein Politiker im Wahlkampf durch das Dorf, berief eine Versammlung ein und schilderte Najats Problem.

»Brüder und Schwestern«, rief sie, »was kann denn diese junge Frau dafür, dass sie keine Papiere hat. Sie hat ein schweres Schicksal hinter sich, sie wurde gedemütigt und misshandelt.«

Damit deutete sie auf Najat, die vor lauter Aufregung mit ihrer kleinen Tochter auf dem Schoß weinend in einer Ecke saß.

»*Allah'u akbar*«, murmelten die Dorfbewohner vorsichtshalber, »Allah ist groß.«

»Und ihr«, rief Madame Edbouche, »ihr könnt ihr helfen. Ich rufe alle Menschen hier in diesem Ort auf, die selbst eine Familie haben, dieser jungen Frau zu helfen, eine Familie zu gründen. Das geht aber nur, wenn sie Papiere hat.«

Zustimmendes Gemurmel.

»Ihr müsst bezeugen, dass Najat aus eurem Dorf stammt, dann bekommt sie ihre Papiere.«

»*Al hamdu li-ilahi*«, riefen die Leute aus dem Dorf,

»Lobpreis sei Allah! Wir werden das Mädchen nicht im Stich lassen.«

Jetzt will die Dorfgemeinschaft Najats Herkunft bezeugen. Und bald wird sie zum ersten Mal in ihrem Leben einen Personalausweis bekommen. Dann wird sie endlich offiziell existieren, sie wird in den Bevölkerungsstatistiken auftauchen, sie wird wählen können, zum Arzt gehen, und es wird ihr möglich sein zu heiraten.

Najat wird aus der Schattenwelt der Halbexistenzen ins Licht der bürgerlichen Legalität treten. Sie muss sich nicht mehr verstecken, sie muss ihr Kind nicht mehr verheimlichen. Sie kann auf die Straße gehen ohne Sorge, erwischt, beschimpft und bespuckt zu werden.

Najat wird ein ganz normaler Mensch sein. Wie alle anderen auch.

Eines Tages tauchte eine junge Frau bei Oum el Banine auf. Sie war zweiundzwanzig Jahre alt und nannte sich Amina. Ihr Problem war nicht direkt eines der vielen Probleme, mit denen Oum el Banine sich sonst befasst. Aber in der Sous-Region rund um Agadir gibt es nur eine einzige Anlaufstelle für Frauen, die Unterstützung benötigen: Oum el Banine.

Amina war eine ausnehmend attraktive Frau, als sie das Wartezimmer von Oum el Banine betrat: eine Reihe von wackeligen grünen Blechstühlen, die an der lindgrünen Wand im Vorraum aufgereiht sind. Sie hatte weder ein weinendes Baby bei sich wie einige der anderen Frauen, die hier um Hilfe ansuchten, noch einen dicken schwangeren Bauch. Dazu kam, dass sie den Blick nicht senkte, wenn jemand den Warteraum betrat oder verließ, sondern offen ihre Umgebung betrachtete.

Amina gehörte eindeutig nicht hierher. Die anderen Frauen beobachteten sie verstohlen unter ihren Kopftüchern hervor und tuschelten miteinander.

Als Madame Mahjouba Edbouche das Gebäude betrat, sprang die junge Frau auf.

»*Salam aleikum*, sind Sie Madame Edbouche?«

»*Aleikum salam*, Tochter«, antwortete die Leiterin des Frauenhauses, »was kann ich für dich tun?«

»Ich muss Sie um Ihre Hilfe bitten.«

Mahjoubas Blick wanderte routinemäßig über Aminas Bauch. Nichts. Jetzt war Madame Edbouche neugierig.

»Komm mit in mein Büro.«

Dort stellte sich Amina zunächst vor. Sie wollte Lehrerin werden und studierte an der Universität Agadir. Vor Kurzem war ihre Mutter gestorben und hatte ihr auf dem Sterbebett mitgeteilt, dass sie nicht die leibliche Mutter der jungen Frau sei. Amina sei adoptiert worden. »Finde deine wahre Familie, mein Kind«, sagte die alte Frau, bevor sie die Augen für immer schloss.

»Ich habe alles Mögliche versucht«, sagte Amina, »aber ich komme nicht weiter. Vielleicht können Sie mir helfen. Bitte.«

Madame Edbouche kann tatsächlich das eine oder andere Mal das Unmögliche möglich machen. Das liegt an ihrer imposanten Figur, die man schlecht übersehen kann, an ihrer Furchtlosigkeit, die zu ignorieren überhaupt nichts bringt, an ihrer Penetranz, die sie niemals aufgeben lässt, und an einem Netzwerk aus Beziehungen, das dicht gewebt wie ein Schleier über Agadir und dem ganzen südlichen Teil Marokkos liegt und – etwas dünner gewirkt – sogar die fernen Orte an der Grenze zu Algerien und das Rif-Gebirge ganz im Norden, kurz vor dem Mittelmeer, erreicht.

Aminas Schilderung hatte Madame Edbouches Ehrgeiz geweckt. Sie ließ sich die Adoptionspapiere zeigen, führte eine Art Verhör mit Amina, schrieb sich Stichworte auf und machte sich dann auf den Weg durch die Amtsstuben.

Das ist in Marokko noch immer eine ungewisse Angelegenheit. In den Behörden ist man nicht Staatsbürger, dem die Beamten durch den Dschungel der Gesetze und Verordnungen zu helfen haben. In Marokko ist man Bittsteller und fällt ununterbrochen den Machtdemonstrationen der Staatsbediensteten anheim. Für das Beschaffen eines einzigen Formulars kann man den ganzen Tag in den muffigen Behördenräumen verbringen. Kompliziertere Dinge wie eine Bescheinigung, ein Registerauszug oder gar ein Pass erfordern gemeinhin mehrfache demütige Vorsprachen oder kleine Geldgaben, um das Verfahren nicht völlig zum Erliegen zu bringen.

Aber selbst die Korruption ist eine hoch komplizierte Sache, nicht erst, seit der neue König energisch dagegen vorgeht. Man muss sehr genau wissen, wann man diskret einen Geldschein gibt – und wann nicht. Noch schwieriger ist es, den Wert des Geldscheins korrekt zu bemessen. Ist die Summe zu klein, passiert gar nichts. Ist sie zu groß, wird der anvisierte Empfänger die Banknote unverzüglich mit einem Gesichtsausdruck der Abscheu zurückweisen, wenn er nicht gleich Zeter und Mordio schreit und einen Bestechungsversuch zur Anzeige bringt.

Ich habe mich aus diesen Gründen niemals getraut, Amtsangelegenheiten auf diese Weise zu regeln. Und ich könnte wetten, dass Madame Edbouche solche plumpen Machenschaften nicht nötig hat. Sie kennt ihre Pappenheimer und nutzt andere Verfahren, um die Kooperationsbereitschaft zu steigern.

Jedenfalls hatte sie wenige Tage nach Aminas Besuch genug Informationen gesammelt, um in eine empörte Erregung zu verfallen, die sich bei Mahjouba Edbouche durch feine Schweißperlen auf der Stirn, erhöhten Blutdruck und den ständigen Griff nach dem im Ärmel verborgenen Stofftaschentuch ausdrückt, mit dem sie sich tupfend über die Stirn fährt.

»Stell dir vor«, sagte sie mir, »was da für eine Schweinerei passiert ist.«

Ich konnte mir viele mögliche Schweinereien vorstellen, aber bevor ich noch die Chance hatte, in meinem Gedächtnis nach einem passenden Skandal zu suchen, rollte Mahjouba Aminas Fall vor mir auf.

Er begann vor dreiundzwanzig Jahren, als sich Aminas leibliche Mutter beim Studium in einen Kommilitonen verliebte. Sie schliefen nicht miteinander, natürlich nicht, weil Aminas Mutter jungfräulich in die Ehe mit dem Mitstudenten gehen wollte; die Hochzeit war für die Zeit nach dem Studienabschluss vorgesehen.

Dennoch kam es zum Austausch von Körperflüssigkeiten – und eines Tages war Aminas Mutter schwanger. Als ihre Eltern davon erfuhren, war es schon zu spät für eine Abtreibung, aber der Frauenarzt hatte auch eine gute Nachricht: Das Jungfernhäutchen war noch immer intakt.

Mahjouba spuckte die letzten Worte geradezu aus. »Intakt. Das Jungfernhäutchen.«

Ich erkannte die Brisanz dieser Aussage nicht sofort, aber das war nur eine vorübergehende Ahnungslosigkeit, die unverzüglich von Mahjouba beseitigt werden sollte.

»Du ahnst schon, was jetzt kommt?« Die Adern an ihrer Schläfe erweiterten sich auf eine geradezu ungesunde Weise.

Ich schüttelte den Kopf.

»Alles drehte sich nur um dieses vermaledeite Jungfernhäutchen.«

Mahjouba tupfte sich Schweiß von der Stirn und von der Oberlippe.

»Die machten alles, um das Jungfernhäutchen zu retten. Und sie taten nichts für die Mutter und das Kind.«

Ich verstand noch immer nichts. »Was haben sie denn gemacht?«

»Sie haben den Arzt bezahlt, damit er einen Kaiserschnitt macht und das Jungfernhäutchen bei der Geburt unversehrt bleibt, obwohl es keinerlei medizinische Indikation dafür gab. Dann gaben sie das Kind sofort zur Adoption frei. Und der Höhepunkt der Perfidie: Sie erzählten Aminas Mutter, das Kind sei gestorben. Die arme Frau, sie bekam ihre eigene Tochter niemals zu Gesicht.«

Jetzt begriff ich Mahjoubas Zorn. Wieder einmal hatte die Rücksichtnahme auf gesellschaftliche Normen Leben zerstört, Seelen verletzt, Familien zerrissen. Wieder einmal war es wichtiger gewesen, wie man vor den Nachbarn, Bekannten und Verwandten dasteht, statt auf das eigene Herz zu hören. Wieder einmal waren Frauen die Leidtragenden.

Zwei Tage später packte Madame Edbouche Amina in ihren Kastenwagen.

»Ich habe die Adresse«, sagte Madame Edbouche nur. Stundenlang beobachteten die beiden Frauen vom Auto aus ein großes Haus in Agadir. Endlich verließ eine alte Frau das Gebäude.

»Mein Gott«, flüsterte Mahjouba, »ich glaube, ich kenne diese Frau.«

»Wer ist sie?«, fragte Amina.

»Sie ist auf jeden Fall meine alte Lehrerin«, antwortete Mahjouba leise, »und ich glaube, sie ist deine Großmutter.«

Die beiden Frauen stiegen aus und gingen auf Mahjoubas alte Lehrerin zu.

»Erkennst du mich?«, fragte Madame Edbouche.

»Nein.« Die Frau schüttelte den Kopf.

»Ich bin deine Schülerin Mahjouba. Ich war in deiner Schulklasse.«

»Ach, du bist es, ich erinnere mich«, sagte die alte Frau. »Ich erinnere mich gut.« Sie breitete die Arme aus, um Mahjouba zu umarmen. Aber diese entzog sich.

»Hier ist noch jemand, den du kennen solltest.« Mahjouba deutete auf Amina.

Die alte Frau war verwirrt: »Warum sollte ich dieses junge Mädchen kennen?«

»Weil es deine Enkelin ist. Deine ›tote‹ Enkelin.« Mahjouba schnaufte abfällig, als sie das Wort »tote« aussprach.

Die alte Frau wurde bleich. Aber sie wirkte nicht überrascht, eher schuldbewusst. Ich glaube, sie hatte die ganze Sache eingefädelt, um Schande von der Familie abzuwenden und die Ehre ihrer Sippe zu bewahren. Wie viel Leid wird verursacht, um irgendeine »Ehre« zu bewahren? Wie viel Liebe wird zerstört, um eine angebliche »Schande« zu verhindern? Wie viele Verbrechen werden dafür begangen? Wie viele Morde?

»Bitte«, sagte die alte Frau, »diese Sache muss unter uns bleiben. Wir sind eine ehrenhafte und bedeutende Familie.«

Sie dachte wiederum nur an das Ansehen ihrer Familie. Sie hatte immer noch nicht begriffen, dass ihre Enkeltochter vor ihr stand, deren Leben die eigene Großmutter zu zerstören versucht hatte.

Mahjouba lachte. Es war kein freundliches Lachen.

»Die ganze Welt wird erfahren, was geschehen ist, wenn du dich nicht unverzüglich darum kümmerst, dass diese junge Frau in der Familie aufgenommen wird, zu der sie gehört. Wo ist Aminas Mutter, deine Tochter?«

»Sie lebt weit weg von hier, in Abu Dhabi. Ihr geht es nicht gut. Ich kann ihr unmöglich von diesem Kind erzählen.« Die alte Frau deutete fahrig in die Richtung von Amina.

»Ich befürchte, du wirst es tun müssen, wenn du nicht einen riesigen Skandal erleben willst, in dessen Mittelpunkt du stehst.«

Schließlich erklärte sich die alte Frau doch dazu bereit, einige Informationen zu geben. Eine davon betraf den Vater und führte dazu, dass Amina fast in

Ohnmacht fiel und selbst Madame Edbouche der Mund offen stehen blieb.

»Ich habe schon viel erlebt«, sagte sie, »aber dieser Fall war etwas ganz Besonderes. So viele Verbindungen zwischen den Betroffenen sind fast schon unheimlich. Zuerst die Großmutter, die meine Lehrerin war. Dann der Vater.«

»Was war mit dem Vater?«, fragte ich.

»Stell dir vor«, antwortete Mahjouba, »ihr Vater war ihr Professor. Er hatte sie schon seit Jahren unterrichtet. Und weder er noch Amina ahnten, dass sie so eng miteinander verwandt sind. Der arme Mann hatte ebenfalls gedacht, seine Tochter sei bei der Geburt gestorben.«

Unterdessen hat Amina auch Kontakt mit ihrer Mutter im Nahen Osten aufgenommen, die die Beziehung zu Aminas Vater auf Druck der Familie beenden musste und ihn niemals wiedergesehen hatte. Sie wurde mit einem Cousin verheiratet und verließ mit ihm Marokko.

Die Familie hat sich bereit erklärt, Amina aufzunehmen. Sie wird den Namen ihrer Eltern tragen und erbberechtigt sein. Bald fliegt sie nach Abu Dhabi, um ihre Mutter kennenzulernen – nach dreiundzwanzig Jahren.

Das staatliche Kinderschutzzentrum von Agadir liegt an der großen Straße, die vom Stadtzentrum zum Souk führt, dem großen, überdachten Markt mit den Hunderten von Geschäften und den Tausenden von Kunden.

Im Kinderschutzzentrum sind etwa achtzig Jungen von sechs bis achtzehn Jahren untergebracht, die von der Polizei auf der Straße aufgegriffen und vom Gericht in die Anstalt eingewiesen wurden. In Deutschland hätte man diese Institution früher wahrscheinlich Besserungsanstalt genannt.

Ich kannte das Kinderschutzzentrum schon lange, weil ein Verwandter von mir bereits mit zehn Jahren dorthin kam, nachdem er beim Fahrraddiebstahl erwischt worden war. Meine Familie hat mich gebeten, seinen wahren Namen nicht zu nennen, um ihm die Rückkehr in unsere Gesellschaft nicht zu verbauen. Ich werde ihn Tarik nennen.

Tarik ist mittlerweile neunzehn Jahre alt, hat das Zentrum verlassen und arbeitet angeblich als Kellner in einem Ort weit vor den Toren von Agadir. Ich bin nicht sicher, ob aus ihm jemals wieder ein angesehenes Mitglied unserer Gesellschaft werden kann. Bei meinem letzten Besuch zumindest erwies er sich nicht gerade als geläutert. Er klaute mein ganzes Geld.

Ich kann ihm dafür nicht richtig böse sein, weil ich seine Lebensgeschichte kenne. Tarik ist ein Scheidungskind. Er wuchs ab seinem siebten Lebensjahr bei seinem Vater auf, weil der neue Ehemann seiner Mutter nichts mit ihm zu tun haben wollte.

Der Vater kümmerte sich kaum um ihn. Tarik verwahrloste immer mehr. Er lebte auf der Straße. So oft wie möglich versuchte er, zu seiner Mutter zu kommen. Manchmal marschierte er tagelang die hundert Kilometer zu ihr. Einmal entdeckte ihn mein Bruder Jaber in einem Karton, in dem er sich wie ein kleines, ängstliches Tier zum Schlafen eingerollt hatte.

Ich machte mir immer Sorgen, dass er wie die anderen Straßenkinder anfangen könnte, Schusterleim aus einer kleinen Plastiktüte zu schnüffeln, um mit dem berauschenden Duft den Hunger, die Angst und die Einsamkeit zu bekämpfen.

Nachdem Tarik nicht bei seiner Mutter bleiben konnte, weil der neue Mann ihn ablehnte, wurde er wieder zum Vater zurückgeschickt. Das geschah immer wieder, und jedes Mal erfüllte es mein Herz mit Trauer und Wut, wenn ich davon erfuhr.

Ich hatte und habe ein enges Verhältnis zu Tarik. Wenn ich in den Ort am Rande der Wüste kam, fuhr ich ein paarmal durch die Gassen im Stadtzentrum und fragte die Straßenkinder nach ihm. Dann stand er nach wenigen Stunden vor dem Haus seines Vaters und wartete auf mich. Niemals betrat er die Wohnung. Immer fanden unsere Treffen im Freien statt.

»Wie geht's dir?«, fragte ich.

»Gut.«

»Warum gehst du nicht zur Schule?«

»Ja, ja, ich gehe bald wieder hin. Hast du mir was mitgebracht?«

Mir kam Tarik schon als Kind sehr berechnend vor. Er erinnerte mich an mich selbst. Als ich in seinem Alter war, gab es auch keinen erwachsenen Menschen, der mir Geborgenheit gab. Wie er verbrachte ich den Großteil des Tages auf der Straße und versuchte etwas zu finden gegen den Hunger, der sich tief in meinen Körper gegraben hatte.

Aber ich glaube nicht, dass ich so kalt kalkulierte wie Tarik. Ich war mir immer sicher, dass ich es schaffen könnte. Ich war offen für die Welt. Ich wollte lernen. Ich wollte lieben. Tarik dagegen hatte sich selbst aufgegeben. Er konnte nicht mehr lernen, er konnte nicht mehr lieben – am wenigsten sich selbst.

Kürzlich klingelte bei mir das Telefon.

»Hallo, Khalti Ouarda, hier ist Tarik.«

»Tarik, was für eine Überraschung, was ist los?«

Tarik hatte mich noch nie in Deutschland angerufen. Es musste etwas Wichtiges sein.

»Gib mir Geld, Tante, nur fünfzigtausend Dirham. Ich brauche fünfzigtausend Dirham.«

Fünfzigtausend Dirham sind viel Geld. Umgerechnet sind das fünftausend Euro. Aber in Marokko ist es fast zehnmal so viel wert. Mit fünfzigtausend Dirham kann man ein ganzes Jahr leben.

»Fünfzigtausend Dirham. Was willst du denn mit so viel Geld?«

»Ich komme nach Europa.«

Ich war misstrauisch. »Aber du sprichst doch weder Französisch noch Englisch, geschweige denn Deutsch. Die lassen dich hier niemals rein.«

»Tante!« Tarik redete mit mir, als wäre ich etwas schwer von Begriff. »Dafür brauche ich doch das Geld. Wer fünfzigtausend Dirham hat, braucht keine Sprachen zu können.«

Nun verstand ich, was Tarik meinte. Er wollte einen Schleuser bezahlen, der ihn über das Mittelmeer nach Spanien oder über den Atlantik zu den Kanarischen Inseln bringen sollte.

»Ich finde es gut, dass du an deine Zukunft denkst und etwas verändern willst. Aber das musst du auf eine andere Art tun als mit Männern, die dir viel Geld abnehmen. Ich bin nicht in Marokko. Also sprich mit meiner Schwester Asia ausführlich darüber, die wird mir dann sagen, ob es in Ordnung ist, was du planst.«

Natürlich sprach Tarik niemals mit Asia über seine Reisepläne. Ich befürchte, er hatte nur versucht, Geld bei mir lockerzumachen für irgendwelche illegalen Geschäfte.

Als Tarik mit zehn Jahren in das Kinderschutzzentrum kam, war das ein Glücksfall für ihn. Die Jungs wohnen zwar in großen Schlafsälen, aber es gibt jeden Tag eine warme Mahlzeit, und die Kinder besuchen die Schule oder machen eine Lehre als Schuster oder Kürschner. Natürlich fehlt es an vielem im Kinderschutzzentrum. Pro Kind und Tag stehen nur elf Dirham zur Verfügung, umgerechnet 1,10 Euro.

Tränenmond e.V. unterstützt deshalb das Kinderschutzzentrum mit Dingen, die es sich sonst nicht leisten könnte. Wir haben neue Duscharmaturen gekauft, Medikamente für ein epilepsiekrankes Kind, Shampoos und Seifen und den größten Wunsch der Jungs erfüllt: ein DVD-Player und ein halbes Dutzend Filme.

Das Kinderschutzzentrum ist kein Gefängnis, obwohl es nur Kinder und Jugendliche aufnimmt, die straffällig geworden sind. Die Tore werden nur nachts geschlossen. Die Jungs können die Einrichtung jederzeit verlassen.

»Die hauen ein-, zweimal ab«, sagen die Sozialpädagogen, »dann kommen die meisten aber wieder zurück und sind dankbar für die Sicherheit und die Perspektive, die wir ihnen bieten.«

Unterdessen kennen mich die Jungs im Kinderschutzzentrum bereits. Die älteren versuchen cool zu sein und halten Distanz. Die jüngeren kreischen »Khalti Ouarda, willkommen« und erzählen, was sie in der Schule gelernt haben.

Tarik ist nicht mehr hier. Und ich bin froh darüber. Der Abschied von ihm war immer ein Drama. Tarik weinte jedes Mal, wenn ich durch das große Tor auf die Straße vor dem Kinderschutzzentrum hinausging, wo das Auto parkte.

»Bitte, Tante, nimm mich mit.«

»Ich kann dich nicht mitnehmen, Tarik, das weißt du. Du bist hier, weil du vom Gericht hierhergebracht wurdest. Du kannst Marokko nicht verlassen.«

Mehrfach hatte ich mit den Behörden gesprochen. Sogar in Deutschland hatte ich mich erkundigt, unter welchen Voraussetzungen ein Kind aus Marokko zu mir nach München kommen könnte. Aber die Restriktionen waren so streng, dass es keine Möglichkeit gab, Tarik legal zu mir zu holen. Mal ganz abgesehen davon, dass er Eltern hatte, die das gar nicht wünschten.

Tariks Gesicht versteinerte, seine Tränen versiegten, ein trotziger Zug zeigte sich um seinen Mund.

»Du wirst schon sehen, was passiert, Tante!«, sagte er. »Ich werde es schaffen.«

Ich wünschte, er hätte recht gehabt. Aber ich fürchte, er hat keine Chance.

Im August 2004 kam meine ganze Familie nach Marokko. Michael brachte seine Kinder Clara und Emil mit. Wir hatten eine Wohnung in Agadir gemietet, die besonders bei Samuel gut ankam, weil es viele große Ameisen gab.

Stundenlang saß Samuel auf dem kahlen Platz mit den staubigen Bäumen vor unserem Haus und beobachtete die Ameisen. Er ist fasziniert von Insekten. Ihm gefiel Marokko. Und es gefiel ihm noch mehr, als er im Buschwerk vor dem Gebäude eine Gottesanbeterin entdeckte, die von da an mit Ameisen gefüttert wurde.

Zu der kleinen Wohnanlage gehörte ein Hausmeister namens Said, der es sich zur Aufgabe gemacht hatte, uns Ausländer unter seinen besonderen Schutz zu stellen.

Said war ausgemergelt wie ein Fakir und stützte sich beim Gehen auf dem Besen ab, den er immer bei sich führte. Er war ein Araber aus dem Norden und schwer zu verstehen. Seine Aussprache war verwaschen, weil er fast keine Zähne mehr hatte, und seine Augen waren rot, als nähme er häufig das starke Haschisch aus dem Rif-Gebirge zu sich. Aber er war ein zuverlässiger Wächter für Samuel, der sich auf der Suche nach Ameisen gelegentlich etwas zu weit entfernte und dann von Said mithilfe des Besens wieder in unsere Wohnanlage zurückgetrieben wurde.

Auch bei anderen Problemen zeigte sich Said einsatzbereit. Einmal gab es Ärger mit unserem Mietwagen. Das Kofferraumschloss war kaputt, und der Vermieter kam von der Reparatur zurück, um bei uns die Kosten abzukassieren. Ich dachte nicht daran, ihm das Geld zu geben, und es kam zu einem kleinen Disput auf dem Parkplatz der Wohnanlage. Said lehnte auf seinem Besen unter einem der armseligen Bäume. Und als der Disput ein wenig lauter wurde, schlurfte er näher und nuschelte mir zu:

»Soll ich ihn für dich verprügeln?«

Dabei schwang er unternehmungslustig seinen Besenstiel.

Ich musste mir ein Lachen verkneifen. »Nein, ich glaube, das ist nicht nötig. Aber bleib bitte in der Nähe, vorsichtshalber.«

Mit wichtigem Gesichtsausdruck stützte sich Said nun unmittelbar neben dem strittigen Kofferraumdeckel auf seinen Besen, was den Vermieter so nervös machte, dass er letztendlich auf seine Forderung verzichtete.

Für mich war es eine fröhliche, entspannte Zeit mit Michael und den Kindern. Manchmal vergaß ich sogar meine Sorgen um Oum el Banine, das Kinderschutzzentrum und mein Heimatdorf Igraar.

Michael und ich standen jeden Morgen früh auf, fuhren zum Strand und joggten an der Wasserlinie entlang. Meistens war es so früh, dass wir nur Soldaten beim Sport trafen. Einmal begegneten wir dem König, der seinen Sommerpalast unmittelbar hinter den Dünen hat. Normalerweise joggt er nur in dem abgesperrten Bereich vor dem Schloss. Aber an diesem Tag schien er besonders fit zu sein und seine Jogging-Route ein wenig auszudehnen. Er kam uns zügig entgegen, sah aber neben seinen durchtrainierten Bodyguards ehrlich gesagt nicht besonders sportlich aus.

»Guten Morgen, Sidi«, rief ich. Sidi, Herr, ist die traditionelle Anrede für den Herrscher, aber auch für andere Respektspersonen.

Der König lächelte. Und schon war er weg.

An einem Tag fuhren wir nach Imouzzèr im Antiatlas östlich von Agadir. Imouzzèr ist in ganz Marokko berühmt für seine Wasserfälle. Die Straße windet sich durch das Asif Tamrhakht, das Paradies-Tal, in Serpentinen immer spektakulärer hinauf bis in 1160 Meter Höhe. Oben ist das wunderschöne, einfache Hotel Cascades mit einer großen Terrasse, auf der Tee und Kaffee serviert werden. Danach zieht man seine Badekleidung an und springt in den erfrischend kühlen Naturwasserpool.

Der Wasserfall selbst war etwas enttäuschend. Wegen der langen Trockenheit gab es wenig Wasser und wenige Touristen. Umso intensiver bemühten sich die Andenkenverkäufer, Führer, Parkplatzwächter und sonstigen Dorfbewohner um uns. Unsere Entourage auf dem kurzen Weg zum Wasserfall bestand aus mindestens zehn Personen, die später natürlich alle ein Trinkgeld beanspruchten.

Kaum am Wasserfall angekommen, stürmte eine Horde von jungen Männern und Jugendlichen die Felsen, sie kletterten ganz nach oben und stürzten sich Dutzende von Metern von einem Steinsims in das kleine Bassin, das der Wasserfall aus dem Fels gegraben hatte. Natürlich taten auch sie das in der Hoffnung auf eine milde Gabe.

Michael ließ die Abzockversuche meiner Landsleute ganz entspannt über sich ergehen. Aber mich regte es auf. Da auch ich Marokkanerin bin, erwartete ich, entsprechend respektiert zu werden. Mehr noch, ich bin Berberin. Ich gehöre dazu und möchte mich nicht wie eine Araberin oder Touristin behandeln lassen.

Im Berbergebiet gibt es nämlich unterschiedliche »Gebührensätze« für alles. Berber bezahlen den normalen Preis, Araber das Doppelte, und Touristen wird mindestens das Drei- bis Vierfache des Berberpreises abgenommen.

Manchmal gab es deshalb richtig Stress. Wir parkten unser Auto in der wunderschönen Bergstadt Taroudant, die von einer meterhohen Lehmmauer umschlossen wird. Als wir zurückkamen, verlangte einer der Männer, die am Straßenrand herumlungerten, zehn Dirham für »die Bewachung« des Autos. Zehn Dirham sind der Touristenpreis. Berber parken für zwei Dirham.

»Bruder«, sagte ich in Tashl'hit, »ich bin von hier.«

»Ach ja«, antwortete der Mann, »dein Tashl'hit klingt aber komisch. Du siehst aus wie eine Europäe-

rin« – er zeigte auf die Kinder und Michael – »und die
erst recht.«

»Ich lebe in Europa, aber ich bin Amazigh wie du.«

Der Berber musterte mich abfällig von oben bis
unten. Dann sagte er: »Zehn Dirham.«

»Nicht von mir«, sagte ich.

Mir ging es ums Prinzip. Im Nachhinein finde ich
meine Sturheit auch ein wenig lächerlich. Aber in diesem Moment hatte ich den Eindruck, für meine Identität kämpfen zu müssen.

Ich musste immer für meine Identität kämpfen. Als
Kind musste ich nach dem Mord an meiner Mutter um
meinen Platz in der Welt kämpfen. Als Jugendliche,
die von den eigenen Verwandten gedemütigt und
misshandelt wurde, musste ich darum kämpfen, meine
Würde zu bewahren. Als Afrikanerin in Deutschland
musste ich um meine Position kämpfen. Ich glaube,
ich hatte fast schon vergessen, wie es ist, einmal nicht
kämpfen zu müssen.

Die Stimmung begann zu kippen. Ich kenne meine
Brüder: Wenn sie das Gefühl haben, ein schönes kleines Geschäft könnte ihnen durch die Lappen gehen,
oder schlimmer noch, jemand behandle sie nicht angemessen, werden sie schnell aggressiv. Und dieser
Mann, der bereits zehn Dirham sicher wähnte, fühlte
sich durch meine Rechthaberei garantiert nicht angemessen behandelt.

»Alle ins Auto«, zischte ich den Kindern zu, »und
die Türen verriegeln! Michael ans Steuer!«

Wider Erwarten befolgten alle gehorsam meine Anweisungen. Jetzt musste es schnell gehen. Ich sprang ins Auto und rief: »Los!«

Michael startete den Motor, aber er kam wegen der Fußgänger und Eselskarren auf der Straße nicht besonders zügig voran. Der Berber rannte neben dem Auto her und trommelte mit den Fäusten auf das Dach. Als er nicht mehr konnte, blieb er stehen, sammelte Steine auf und schleuderte sie uns hinterher.

»Was war das denn für eine Aktion?«, fragte Michael.

»Der wollte von uns Touristenpreise kassieren.«

»Wir sind doch Touristen!«

Erstaunt schaute ich ihn an. Tatsächlich: Mein Mann sah nicht wirklich wie ein Berber aus. Ich betrachtete die Kinder auf dem Rücksitz. Sie hatten glänzende Augen vor Aufregung, aber außer Samuel wäre keines von ihnen als Marokkaner durchgegangen.

»Trotzdem«, sagte ich lahm.

»Um wie viel ging es denn?«, fragte Michael.

»Zehn Dirham.«

Michael lachte: »Zehn Dirham, das ist doch nicht mal ein Euro.«

Ich nickte.

»Weißt du was?«, sagte Michael. »Wegen eines Euros lohnt sich der ganze Stress doch gar nicht. Lass mich künftig die finanziellen Verhandlungen führen. Ich gebe dem Mann zwei Euro, und du wirst sehen, er wird uns dafür segnen, statt Steine zu werfen. Das ist doch viel besser.«

So machen wir es seitdem. Es kränkt mich zwar ein wenig in meinem Berberstolz, aber es macht das Leben in Marokko viel angenehmer. Außerdem ist es in Marokko sowieso üblich, dass der Mann alles regelt. Wenn Michael das erledigt, fühle ich mich sogar ein wenig marokkanischer. Michael machte seine Sache im Übrigen so gut, dass mein Stolz auf ihn meine Kränkung fast vergessen machte.

Ein anderes Mal fuhren wir in den Süden in die Stadt Guelmim, wo im August und Oktober die größten Kamelmärkte der Westsahara stattfinden. Guelmim ist die letzte größere Stadt vor der Wüste.

Kurz vor Guelmim liegt rechter Hand von der Hauptstraße ein kleiner Ort mit einer heilenden Quelle, der wundersame Wirkungen gegen vielerlei Krankheiten nachgesagt werden. Der Ort wird Abeino genannt und hat außer den beiden Bädern und einem Blumenbeet auf der Kreuzung der beiden Landstraßen, die hier zusammentreffen, nichts zu bieten.

Das eine Bad ist nur für Männer, und man sieht die Mühsamen und Gebrechlichen in abenteuerlich großen Badehosen im Wasser liegen. Noch interessanter ist jedoch das Damenbad, hier gilt offenbar absoluter Verhüllungszwang. Jedenfalls wateten die Badenden in voller Montur mit Pyjamas und Kopftuch durch das mit heißem Wasser gefüllte Becken. Mich überraschte das ein wenig, weil marokkanische Frauen sich ansonsten ganz ohne Hemmungen voreinander nackt zeigen, das sind sie aus dem Hamam gewohnt. Mir kam die Sache mit den Pyjamas so seltsam und unhygienisch vor, dass ich darauf verzichtete, ein Bad zu nehmen.

Der Kamelmarkt von Guelmim befindet sich auf einem Gelände unmittelbar vor den Toren der Stadt an der Straße nach Tan-Tan. Tausende von Kamelen werden aus Mali und Mauretanien durch die Wüste nach Nordwesten in Richtung Guelmim geführt, wo die Händler aus dem ganzen Land auf das Eintreffen der Karawanen warten.

Als wir ankamen, waren zwar die meisten Kamele schon verkauft. Aber immer noch waren ein paar Hundert Tiere im Angebot. Die Männer betrachteten jedes einzelne Kamel zunächst von allen Seiten. Dann warfen sie es mit vereinten Kräften zu Boden, fesselten es an den Beinen, mit denen ein Kamel tödliche Tritte austeilen kann, und kontrollierten Geschlechtsorgane, Augen und Zähne, bevor das Palaver um den Preis begann.

Wir fuhren weiter nach Fask, dem Wüstendorf am Eingang zur Sahara, aus dem mein Vater damals so verwirrt zurückgekommen war, dass wir den Eindruck gewinnen mussten, ein böser Dschinn habe Besitz von ihm ergriffen. Auf dem Weg nach Fask liegt die Oase Tighmart, in der es ein neues Hotel gibt, das für die Rallye Paris–Dakar gebaut wurde, die einmal im Jahr hier vorbeiführt.

Das Hotel lag still und verlassen in der Nachmittagshitze, als wir ankamen. Von fern hörte man Berbermusik. In der Lobby schliefen zwei Hunde. Hinter der Theke schnarchte ein junger Mann. Das Gefühl zu stören war übermächtig. Gerade wollten wir uns leise wieder zurückziehen, als das Schnarchen aufhörte. Der junge Mann richtete sich auf.

»*Salam aleikum*«, sagte er, »was kann ich für euch tun?« Er tat so, als wartete er seit Stunden hellwach auf uns.

»Ist das Hotel geöffnet?«, fragte ich.

»Selbstverständlich, Madame«, erwiderte der junge Mann weltmännisch. Dann zeigte er uns die Zimmer. Auf dem Weg dorthin versuchte er immer wieder unauffällig, ein paar getrocknete Hundewürstchen wegzukicken, die überall herumlagen. Anscheinend war schon sehr lange niemand mehr hier gewesen, der sich an den Kothäufchen hätte stören können.

Wir erhielten zwei schöne Zimmer, aber als ich die Bettdecke zurückschlug, war klar, dass die Laken nicht gewechselt worden waren. Bei der Kontrolle der Toiletten entdeckten wir eine alte Kackwurst im Abfluss, das Wasser war schon längst verdunstet.

»Entschuldigung«, sagte ich, »könnten Sie das bitte in Ordnung bringen lassen?«

Der Mann bekam auf der Stelle einen flackernden Blick.

»Ich könnte die Putzfrau fragen«, sagte er lahm, »aber sie wird es wahrscheinlich nicht machen. Sie macht nie, was ich sage. Sie ist eine unmögliche Putzfrau. Wenn Sie sich trauen, können Sie selbst mit ihr reden. Aber ich warne Sie: Unsere Putzfrau ist eine sehr aufbrausende Person.«

»Wo finde ich denn die Putzfrau?«

»Hören Sie diese Musik?«

»Ja, ich höre etwas.«

»Folgen Sie einfach der Musik, da werden Sie die Putzfrau finden.«

Das Hotel war um mehrere Innenhöfe gruppiert. Die Musik kam aus dem letzten Hof, und je näher man ihm kam, desto lauter wurde sie. Schließlich stand ich vor einer Tür, die nahezu vibrierte im Rhythmus der Berbertrommeln. Ich trommelte gegen das Holz.

Es dauerte lange, bis die Tür sich öffnete. Eine große, schöne Frau schaute mich an. Sie hatte sich nicht die Mühe gemacht, ihr Radio auszuschalten.

»Was willst du?«, brüllte sie auf Tashl'hit.

»Entschuldigung«, brüllte ich zurück, »bist du die Putzfrau?«

Die Putzfrau sah mich an, als sei ich ihr lästig. Schließlich bequemte sie sich doch, ihre Musikanlage leiser zu drehen.

»Ja«, sagte sie und stützte ihre Arme demonstrativ in die Seiten, »gibt's irgendein Problem?«

»Wir sind die neuen Gäste.«

»Na und?«

»Vielleicht solltest du dir mal unsere Zimmer anschauen«, sagte ich, »da stimmt was nicht.«

»Was soll da nicht stimmen?«, murrte die Putzfrau, aber dann schlurfte sie doch widerwillig hinter mir her.

»Da«, sagte ich, »das Bettlaken: schmutzig und voller Haare. Und hier, das Klo!« Ich zeigte auf die Exkremente.

Die Putzfrau lachte höhnisch.

»Schwester, was bist du denn für eine? Bist du zu fein zum Kacken? Wenn ich die Wurst wegmache, dann machst du doch gleich wieder eine rein. Und das gilt auch für das Laken. Wenn ich ein neues draufmache, dann macht ihr es dreckig, und ich kann morgen die Bettwäsche gleich wieder wechseln. Wo kommen wir denn da hin?«

Ich glaube, ich stand mit offenem Mund vor ihr. Zumindest war ich vorübergehend sprachlos. Aber als ich mich wieder gefasst hatte, spürte ich, wie Wut in mir aufstieg. Was bildete diese Frau sich ein! Ihr Job war es, die Zimmer sauber zu halten, dafür wurde sie bezahlt. Aber sie dachte gar nicht daran, ihre Aufgabe freiwillig zu erledigen. Sie war zu faul oder zu stolz oder zu gleichgültig dafür.

Das ist ein Phänomen, das mich nicht nur in Marokko ärgert: Menschen, die ihre Verantwortung nicht wahrnehmen. Menschen, die große Reden schwingen, aber nichts tun, was ihr Geschwätz rechtfertigen könnte. Das gibt es natürlich nicht nur in Marokko, ich habe das auch in Deutschland erlebt, besonders bei Politikern, Beamten und Funktionären, aber in Marokko scheint mir dieses Verhalten besonders weit verbreitet zu sein.

Zu meiner eigenen Überraschung hörte ich, dass ich nicht mehr mit der Putzfrau redete, sondern sie anschrie und dabei Tashl'hit-Wörter verwendete, von denen ich gar nicht wusste, dass ich sie kannte. Aus den Augenwinkeln sah ich, wie meine Familie mich erschrocken beobachtete. Erschrocken, aber auch beeindruckt. Das gab mir noch mehr Kraft, und mein

kleiner Auftritt endete in einer wütenden Schimpf-
kanonade.

Man kann nicht behaupten, dass die Putzfrau vor
Ehrfurcht im Boden versunken wäre, aber sie zuckelte
immerhin los, holte einigermaßen frische Bettwäsche
und füllte einen Eimer mit ein paar Tropfen Wasser,
die sie mit theatralischer Geste ins Klo kippte, weil die
Spülung nicht funktionierte.

Später stellte sich heraus, dass im Hotel gar nichts
funktionierte, weder Wasser noch Strom. Lediglich an
der Tag und Nacht vollkommen ausgestorbenen Bar
spendete ein Wasserhahn ein paar armselige Rinn-
sale, weil er direkt unter dem Wasserbehälter auf dem
Dach lag. Hier versammelte sich die ganze Familie
morgens und abends zum Zähneputzen wie bei einem
rituellen Regentanz. An eine komplette Körper-
wäsche war nicht zu denken, dazu gab es nicht genug
Wasser.

Am nächsten Tag trafen wir nahe der Oase in einem
Zelt aus Kamelwolle einen dunkelhäutigen Mann im
blauen Gewand der Wüstenbewohner, der sich Mohammed Butro nannte. Er war zusammen mit elf anderen Männern aus dem Nomadenstamm der Asuawit mit einer Karawane aus hundertsechzig Kamelen,
einer sogenannten *gafla*, aus Mauretanien gekommen.
Vierzig Nächte dauert der Marsch durch die Wüste,
nur die Sterne und die Beschaffenheit des Bodens zeigen den Weg. Den Asuawit reicht es, eine Prise Sand
zwischen den Fingern zu reiben, um exakt sagen zu
können, wo sie gerade sind.

»Der Sand besteht aus mehr Körnern, als es Sterne gibt«, erklärte Mohammed Butro in Hassania, der gutturalen Sprache seines Stammes, »aber kein Korn gleicht dem anderen. Dem Allmächtigen sei Dank. So weist er uns den Weg.«

Tagsüber rasten die Karawanen, denn in der Wüste ist es unter der Sonne selbst für die Kamele (die in Wahrheit Dromedare sind) zu heiß.

Die Kamele sind beladen mit Gold und Schmuck und anderen Wertgegenständen, wenn die Karawane Richtung Norden zieht. In Guelmim wird die Hälfte der Tiere verkauft, mit den anderen machen sich die Asuawit wieder auf den Weg in ihre Heimat. Dabei tragen die Kamele auf dem Rücken Meersalz vom Atlantik, Mehl, Zucker und andere Gebrauchsgüter, die in der Wüste rar sind.

Geführt wird die *gafla* stets von einem der wertvollen weißen Kamele aus Mali, die den Asuawit heilig sind und niemals von einem Menschen berührt, geschweige denn verkauft werden dürfen.

Die weißen Kamele stehen in der Vorstellung der Beduinen Allah noch näher als ihre braunhaarigen Artgenossen. Aber auch diese genießen hohes Ansehen. Es heißt, sie seien entstanden, als Gott die Menschen aus Ton formte. Dabei sei ein Klümpchen zu Boden gefallen, aus dem das erste Kamel erwuchs. Kamele sind Allah so nahe, dass sie als einziges Lebewesen auf Erden seinen hundertsten Namen kennen. Selbst die Menschen kennen nur neunundneunzig Namen des Allmächtigen, darunter zum Beispiel »der

Barmherzige«, »der Erzeuger der Not«, »das Licht«, »der Tötende«, »der Wiedererweckende«, »der Unterwerfer« und »der Allesverstehende«.

Unweit der Palmenhaine von Tighmart erheben sich die letzten kargen Ausläufer des Antiatlas. An ihrem Fuß liegt Fask, ein trostloser, staubiger Ort, aus dem meine Familie väterlicherseits stammt. Ich habe immer ein seltsames Gefühl, wenn das Dorf aus den Staubwolken auftaucht, die der Wind aus der Wüste herüberträgt. Viele böse Legenden ranken sich um Fask.

Es heißt, meine hiesigen Verwandten hätten versucht, meinen Großvater zu vergiften, um seine Ländereien an sich zu bringen. Und als mein Vater später versuchte, das Land wieder zu erwerben, kam er ohne Erfolg aus Fask zurück.

Später erfuhr ich, dass es einen Streit mit dem Ortsältesten gegeben hatte. Der alte Mann hatte meinem Vater bei der Abreise hinterhergerufen: »Allah möge dich verfluchen. Dein Weg nach Agadir im Norden möge nicht von Allah beschützt werden.« Als Vater von seiner Reise nach Fask zurückkkam, war er ein anderer Mensch. Er verhielt sich seltsam, wurde immer unberechenbarer und tötete schließlich unsere Mutter, seine Frau.

Ich fuhr nicht gern nach Fask. Immer wenn ich auf dem Weg dorthin bin, geschehen seltsame Dinge. Bei dieser Reise stand eine alte Frau am Straßenrand. Wir hielten an, wie es Sitte ist in den abgelegenen Berg- und Wüstenregionen meines Landes, wo manchmal

nur ein Dutzend Fahrzeuge am Tag die Pisten be-
fährt.

»Können wir dir helfen, *Lala*?«, fragte ich.

»Fahrt ihr nach Fask, Tochter?«

»Ja.«

»Dann nehmt mich mit.«

Die alte Frau stieg ein, drängte die Kinder zur
Seite und machte sich so breit, wie sie nur konnte.
Im Rückspiegel konnte ich sehen, wie unangenehm
das den Kindern war, insbesondere auch deshalb, weil
die alte Frau nicht gerade gut roch.

Schließlich lehnte sich die Frau schwer gegen die
Kinder, die versuchten, im Sitz zu verschwinden, und
begann zu reden. Sie erzählte von den Menschen in
Fask, die aus unerfindlichen Gründen in ihrem trost-
losen Nest sehr, sehr reich geworden wären. Niemand
wisse genau, warum, aber die Leute aus Fask seien besonders großzügig.

»Vielleicht haben sie irgendetwas Schlimmes getan, um so wohlhabend zu werden?« Die alte Frau
kicherte. »Vielleicht plagt sie jetzt ein schlechtes
Gewissen? Nur Allah weiß die Antwort.«

Jedenfalls sei Fask weit und breit der beste Platz
zum Betteln. Wir waren froh, als wir die alte Frau vor
dem Tante-Emma-Laden mit der lauwarmen Cola
absetzen konnten. Mir war die Lust auf Verwandten-
besuche vergangen. Wir fuhren durch Fask, ohne noch
einmal anzuhalten, und machten uns auf den Weg zurück nach Agadir.

Die Ferienreise war vorbei. Die Schatten der Vergangenheit hatten mich wieder eingefangen.

Etwa hundertzwanzig Kilometer südlich von Agadir liegen die Dörfer E-Dirh und Igraar. Die Küstenstraße passiert das Sous-Tal und den Ort Massa, wo meine Geschwister und ich nach dem Tod meiner Mutter eine kurze Zeit lang bei Verwandten lebten. Dann erreicht sie die Garnisonsstadt Tiznit mit ihren lehmroten Befestigungsmauern. Hinter Tiznit wird die Straße immer schmaler, bis man vor den Bergen nach rechts auf eine staubige Piste abbiegt, die entlang dem Gebirge Richtung Atlantik führt.

Kakteen stehen an der Piste, und wenn man vorsichtig genug ist, kann man saftige Feigen aus den Stacheln ernten, in denen man die heiße Sonne meiner Heimat schmeckt. Auf den steinigen Feldern wachsen kümmerliche Maispflanzen und goldgelber Weizen. Auf den knorrigen Argan-Bäumen klettern Ziegen herum.

Hier, in dieser Gegend, habe ich die schönsten Tage meiner Kindheit verbracht. In dem Dorf E-Dirh, das in den Berghang hineingebaut wurde, bin ich geboren worden. Das Haus meiner Großmutter, in dem ich das Licht der Welt erblickte, steht noch immer in der Mitte des Dorfes. Seine Wände sind weiß gestrichen, die Fensterläden blau. Seit dem Tod der Großmutter ist es allerdings nicht mehr bewohnt. Nur mein Onkel Ibrahim zieht sich gelegentlich hierher zurück, um nachzudenken und sich zu entspannen.

Khali Ibrahim ist der Bruder meiner Mutter und der liebenswerteste und friedlichste Mensch, den ich kenne. Er hat den beschwerlichen Pilgermarsch nach Mekka absolviert, der eigentlich für jeden gläubigen Muslim Pflicht ist, und darf sich deshalb Hadschi nennen. Die Menschen verehren ihn als *sherif*, als direkten Nachfolger des Propheten. Sein Rat wird gesucht und hoch geschätzt. Gelegentlich sieht man ihn in seiner *dschellaba* zu Fuß von Dorf zu Dorf wandern, wo er Analphabeten unterrichtet und den Menschen in religiösen und privaten Streitfragen einen Weg weist. Onkel Ibrahim war vor seiner Pensionierung Lehrer. Jetzt setzt er sein Wissen und seine Herzensbildung ehrenamtlich zum Wohl der Menschen ein.

Ich empfinde großen Respekt für Khali Ibrahim, aber gleichzeitig fürchte ich ihn. Seine ethischen und religiösen Ansprüche sind so hoch, dass ich stets das Gefühl habe, ihnen niemals entsprechen zu können. Onkel Ibrahim scheint ebenfalls das tiefere Gespräch mit mir zu meiden. Fast kommt es mir so vor, als wolle er mich nicht in Verlegenheit bringen.

Zwar respektiert er mich und mein Leben, aber gleichzeitig bin ich fest davon überzeugt, dass er als frommer Muslim im tiefsten Innern nicht akzeptieren kann, dass ich so fern von meiner Heimat und meiner

Religion lebe. Wahrscheinlich betet der Onkel für meine Seele, die er für verloren hält. Jedenfalls glaube ich manchmal eine seltsame Kraft zu spüren, selbst im fernen Deutschland, die mich im Herzen berührt. Außer Onkel Ibrahim gibt es keinen Menschen, dem ich so viel religiöse Reinheit zutraue, um dies zu erreichen.

In diesem Sommer ließen wir E-Dirh links liegen und blieben weiter auf der Piste im Tal, die sich nun verzweigt. Eine Spur führt hinüber zum Meer, die andere überquert ein ausgetrocknetes Bachbett und erreicht nach etwa zehn Minuten Igraar.

Michael saß am Steuer unseres vollgepackten Peugeots und schien die Piste zu genießen. Er fuhr so schnell, dass eine mächtige Staubwolke hinter uns die gleißende Sonne verdunkelte und sich ein feiner ockergelber Schleier auf die Pflanzen entlang der Strecke legte. Der Staub kroch durch die Ritzen in das Auto, bedeckte alle Flächen mit einer kreidigen Schicht, reizte die Augen und trocknete unsere Lippen aus.

Vor Igraar sieht man linker Hand den kargen Friedhof des Ortes, der in Wahrheit eine trostlose Schotterwüste ist, dann tauchen auch schon die Lehmmauern der Gehöfte hinter den Kaktusgewächsen auf. Das erste Haus rechts gehört meiner Tante Khadija, einer energischen Dame von höchster Disziplin, die ihr Anwesen so sauber hält, dass man vom Boden essen könnte, obwohl der nur aus Zement besteht.

Die dicken Außenwände des Hofs sind aus Lehm gebaut, der auf ein Gerüst aus Astwerk aufgebracht wird. Kein einziges Fenster weist nach außen. Nur eine schwere hölzerne Tür, die von eisernen Beschlägen gehalten wird, gewährt Zugang. Ein gewaltiger Schlüssel ist notwendig, um das Schloss zu öffnen.

Vom Innenhof geht es in die drei Schlafzimmer und das Wohnzimmer. Außerdem gibt es eine Küche mit Kühlschrank und Propangasherd und eine Backstube für Brot. In einem düsteren Eckraum befindet sich ein Loch im Boden, das ist die Toilette. Der große Innenhof ist sonnenhell, in seiner Mitte wachsen Pflanzen in Trögen. Tante Khadija gießt sie täglich. Das Wasser schöpft sie mit dem Eimer aus der Zisterne, die unter dem Hof liegt und das kostbare Regenwasser sammelt. Fließendes Wasser gibt es in ganz Igraar nicht, einmal abgesehen von dem Wasserhahn vor der Schule, bei dem niemand genau weiß, woher das Wasser kommt, das er gelegentlich schwallweise ausspuckt.

Das Dach des Hauses von Tante Khadija ist flach und aus Lehm gestampft. Auf ihm befindet sich eine gewaltige Satellitenschüssel, die mein Neffe Isam mithilfe einer Fernbedienung unter günstigen Voraussetzungen und mit quietschenden Geräuschen so ausrichten kann, dass plötzlich SAT.1 über den Fernsehschirm flimmert, der nur bei Besuch von seinem schützenden Zierdeckchen befreit wird. Rund um die Satellitenschüssel legt Tante Khadija die harten Argan-Früchte zum Trocknen aus, aus denen sie später im Jahr das wertvolle Argan-Öl presst. Die alte Steinmühle steht gleich hinter der schweren Eingangstür.

Immer wenn wir in Marokko sind, wohnen wir hier einige Tage. Für die Kinder ist das eine Umstellung.

»Papa«, fragten Michaels Kinder beim ersten Mal, »wo sollen wir duschen?«

»In dem Raum mit dem Loch im Boden.«

»Auf dem Klo?«

»Das ist kein Klo, das ist ein Badezimmer.«

»Und wo kommt das Wasser her?«

»Das schöpfe ich aus der Zisterne und kippe es euch über den Kopf«, sagte Michael.

»Boah, echt krass«, staunten die Kinder.

Aber sie gewöhnten sich schnell daran, genauso wie sie sich an den Esel hinter dem Haus, an die beiden Ziegen, die vier Schafe und an Amlou zum Frühstück gewöhnten. Auf Amlou waren die Kinder sogar richtig scharf. Amlou ist eine Mischung aus Argan-Öl, gemahlenen Nüssen und Honig. Dazu macht Tante Khadija frische Fladenbrote in der Pfanne.

Wer allerdings früh genug aufsteht, kommt in den Genuss von Getreidesuppe. Tante Khadija rührt sie vor der Morgendämmerung nach dem Morgengebet *al-fajr* aus Mehl, heißem Wasser, Salz und etwas Kümmel an, bevor sie auf die Felder hinausgeht. Obwohl ich Tante Khadijas Getreidesuppe liebe, weil sie heiß, natürlich und erdig ist, schaffte ich es nur selten, rechtzeitig wach zu sein.

Am nächsten Tag wollten wir dem Kindergarten von Igraar eine Spende übergeben. Der Kindergarten bestand aus einem einzigen kahlen Raum. Es gab zwar eine Kindergärtnerin und mindestens dreißig Kinder, aber keinerlei Ausstattung außer ein paar Stühlen und Tischen. Es gab kein Papier, keine Stifte, kein Spielzeug, keine Farben – nichts, was einen Kindergarten ausmacht.

Als Kindergärtnerin war es mir besonders wichtig, hier einiges zu verändern. Ich hatte zum Verein zur Förderung der Bildung in Igraar, der von einem jungen Mann namens Chafik geleitet wurde, Kontakt aufgenommen. Chafik versprach, die Leute aus dem Dorf zu einem Treffen zusammenzutrommeln und den Kindergartenraum in Eigenarbeit zu renovieren, wenn Tränenmond e.V. die Materialien beisteuert. Die ganze Aktion sollte tausend Euro kosten. Dafür sollten bunte Bilder an die Wände gemalt, Licht und eine Toilette installiert sowie Malutensilien, Hefte und Spielsachen gekauft werden.

Als wir Tante Khadijas Haus verließen und vorbei an der Moschee den Platz vor dem Kindergarten erreichten, waren die staubigen Wege schon bevölkert. Das ganze Dorf wartete auf uns. Die Kinder lugten hinter Hausecken hervor, die Männer kauerten, auf den Hacken sitzend, in ihren *dschellabas* am Straßenrand, nur die Frauen ließen sich nicht sehen.

Im Kindergarten saßen – abgesehen von Chafik – lauter alte Männer: die Respektspersonen des Ortes. Meine Schwester Asia und ich waren die einzigen Frauen. Ich hatte Asia gebeten, mich zu begleiten, weil sie in Igraar aufgewachsen war, alle sie kannten und sie vor allem den örtlichen Berberdialekt perfekt beherrschte, mit dem ich meine Schwierigkeiten hatte. Die Männer in Igraar sprachen mehrheitlich kein Marokkanisch, geschweige denn Französisch oder Hocharabisch, sondern unterhielten sich in Tashl'hit.

»Mannomann!«, flüsterte ich Asia zu. »Wie die mich anschauen.«

»Bleib cool, Schwester«, flüsterte Asia zurück, »das schaffen wir schon.«

»Aber wieso sind keine Frauen da?«

Asia kicherte. »Hallo, wir sind auf dem Land.«

Das Gemurmel der Männer verstummte abrupt, als wir den Raum betraten. Etwa dreißig männliche Augenpaare beobachteten Asia und mich. Dann wurden sie etwas abgelenkt, weil Michael uns folgte. Europäer im Kindergarten von Igraar sind noch seltener als fremde Frauen.

»*Salam aleikum*«, sagte ich, »ihr kennt mich wahrscheinlich nicht mehr …«

Die Männer waren sehr zurückhaltend, skeptisch begutachteten sie meine Aufmachung. Jeans, kein Kopftuch, vor solchen Frauen ist man in Igraar auf der Hut.

»… ich bin Ouarda, die Schwester von Asia …«

Jetzt nickten einige Köpfe. Es gab zustimmendes Gemurmel. Meine kleinen Schwestern Asia und Ouafa waren nach dem Mord an unserer Mutter bei Tante Khadija hier im Dorf aufgewachsen. Ouafa hatte später sogar einige Jahre lang die Dorfbewohner im Lesen und Schreiben unterrichtet. Die Männer betrachteten mich nun etwas ungenierter.

Ich stellte Michael vor. Alle Augen wandten sich meinem Mann zu. Bisher hatten es die meisten nicht gewagt, ihn offen zu betrachten. Das schickt sich nicht. Michael erwies sich als Sensation: ein Meter neunzig groß, weißhäutig, Glatze. Ein Mann, der sich im Hintergrund hält, während seine Frau vorn am Pult Reden schwingt. Das ist so ziemlich das Exotischste, was den Menschen in den abgelegenen Dörfern am Rande der Sahara passieren kann. Viele von ihnen waren noch nie weiter gekommen als bis in das zwölf Kilometer entfernte Städtchen Tiznit. Aber auch dort sind westliche Touristen ziemlich selten.

Dann übernahm Asia das Wort. Routiniert, als spräche sie ständig vor dreißig Männern, die noch nie einer Frau länger als zwei Minuten zugehört hatten, erläuterte sie Tränenmond e.V. und unsere Unterstützung für Igraar.

Noch waren die Männer nicht richtig überzeugt. Da kann ja jeder kommen und wohlfeile Sprüche klopfen! Und dann noch eine Frau! Nein, zwei Frauen. Den Männern kam die ganze Angelegenheit ziemlich verdächtig vor.

Aber als ich zehntausend Dirham in die Höhe hielt, das entspricht tausend Euro, und dazu sagte: »Das ist die Spende aus Deutschland für den Kindergarten«, änderte sich die Stimmung. Die Männer erkannten, dass wir tatsächlich etwas für das Dorf tun wollten. Aber das Misstrauen war noch nicht völlig beseitigt. Dass jemand einfach hilft, ohne damit irgendwelche zwielichtigen Absichten zu verfolgen, war ihnen anscheinend noch nicht so oft passiert.

»Was will deine Schwester?«, fragte einer Asia später. »Will sie ein politisches Amt? Will sie unsere Stimmen?«

Heute ist allen klar, dass ich keine persönlichen Interessen an irgendeiner Funktion in Igraar habe, sondern nur sentimentale Erinnerungen an die Sommerwochen, die ich hier verbringen durfte, und einen Blick für die Bedürfnisse und Probleme dieses Ortes, der in meinem Leben eine wichtige Rolle spielt. Aber damals war die Skepsis mit Händen zu greifen.

»Ich werde diese zehntausend Dirham meiner Schwester geben«, sagte ich, »sie ist eure Ansprechpartnerin. Ich lebe nämlich in Deutschland und muss bald dorthin zurück.«

Ich hatte mich bewusst dafür entschieden, Asia mit der Abwicklung des Projektes zu beauftragen und nicht einen der anwesenden Männer. Zehntausend Dirham sind in Marokko sehr viel Geld; die alten Leute auf dem Land rechnen diese Summe immer noch in Centime um: Eine Million Centime – das ist nahezu unvorstellbar. Wenn eine junge Frau wie meine Schwester diese gewaltige Summe verwaltete, war das für die Männer des Dorfes etwas äußerst Ungewohntes. Das würde vielleicht ihre Einstellung gegenüber Frauen verändern. Zumindest war es ein Anfang.

Asia war selbstverständlich in der Lage, dieses Projekt zu führen. Sie ist Unternehmerin und hat in Agadir ihre eigene Schule aufgebaut, in der junge Mädchen Nähen und Fremdsprachen lernen. Alles, was Asia macht, tut sie professionell und schnell. Ohne sie wäre es niemals möglich gewesen, so effektiv mit den Spendengeldern von Tränenmond e.V. zu helfen.

Gegen Ende der Veranstaltung hatten sich die Männer anscheinend an uns gewöhnt. Jedenfalls meldeten sich nun einige mit Fragen, und schließlich standen sogar alle auf, applaudierten und kamen nach vorn zum Pult, wo Asia und ich standen.

Ein alter Mann ohne Zähne sprach mich besonders herzlich an.

»Erinnerst du dich noch an mich?«, fragte er.

Ich schüttelte bedauernd den Kopf, während er meine Hand wie einen Pumpenschwengel auf und ab bewegte.

»Aber ich bin's doch, dein Onkel! Ich habe euch auf dem Rücken hierhergetragen.«

Und jetzt fiel es mir wieder ein. Der alte Mann sprach von der Zeit unmittelbar nach dem Tod meiner Mutter, als die Verwandten uns auf Onkel und Tanten verteilten.

Meine ältere Schwester Jamila, damals zehn Jahre alt, war mit meinen kleinen Geschwistern Ouafa und Asia aufs Land zur Großmutter geschickt worden. Die Großmutter wollte die beiden aber nicht auf Dauer aufnehmen, sie hatte Angst, dass mein Vater aus dem Gefängnis entlassen werden könnte und sie heimsuchen würde.

Jamila bettelte: »Bitte, *jeddah* (Oma), behalte die beiden Kleinen bei dir. Sie dürfen nicht zurück zu der bösen Tante in Agadir. Mich kannst du wegschicken. Ich bin schon groß.«

Aber die Angst der Großmutter vor meinem Vater war übermächtig.

»Es geht nicht«, sagte sie, »möge Allah mir vergeben.«

In der Sommerhitze machte sich Jamila deshalb mit den beiden Kleinen entlang der Ausläufer des Atlas-Gebirges auf den Weg nach Igraar zu Tante Khadija und Onkel Mohammed. Sie wollte Onkel und Tante überreden, die beiden Mädchen aufzunehmen. Ouafa war damals fünf Jahre alt, Asia drei.

Onkel Mohammed war viel älter als die Tante. Er hatte in Frankreich gearbeitet und war erst nach der Pensionierung in das Land seiner Vorfahren zurückgekommen. Hier heiratete er Khadija, die Schwester meiner Mutter.

Der Onkel war ein großer Mann und trug stets einen Hut und Hosen mit Hosenträgern. Ich kann mich nicht entsinnen, dass ich ihn jemals ohne Zigarette im Mund gesehen hätte. Mir kam er vor wie ein Cowboy, nur der Revolver fehlte, dafür trug er eine *jenoui* bei sich, eine scharfe marokkanische Machete, um Gras zu schneiden, Äste abzusäbeln und Schlangen zu töten. Für mich war er der coolste Mann in ganz Marokko.

Er starb an Lungenkrebs, der vom Rauchen kam. Aber schon lange vor seinem Tod hatte die Krankheit Löcher in sein Gesicht gefressen. Onkel Mohammed rauchte trotzdem weiter. Aus den Löchern in seinem Gesicht quoll Qualm. Das war faszinierend und beunruhigend zugleich.

Auf dem Weg zu Onkel Mohammed und Tante Khadija traf Jamila mit den beiden kleineren Schwestern auf den Mann, der mich nun begrüßte. Er hatte die beiden Kleinen abwechselnd auf den Buckel genommen, um sie nach Igraar zu tragen. Ich hatte damit nichts zu tun, wahrscheinlich verwechselte er mich mit Ouafa.

Der Onkel und die Tante waren sofort bereit, meine kleinen Geschwister aufzunehmen und großzuziehen. Aber Jamila musste nach Agadir zurückkehren.

Die Renovierung des Kindergartens lief nach unserer Abreise unverzüglich an. Das ganze Dorf machte mit. Und es dauerte nur wenige Tage, bis die Wände des einst kahlen Raumes in den von Tränenmond e.V. bezahlten bunten Farben erstrahlten. Die Künstler des Ortes malten pädagogisch wertvolle Bilder an die Rückwand. Der Elektriker verlegte Leitungen und schraubte Birnen ein, der Installateur baute ein Plumpsklo. Einige Männer, die gelegentlich in die Stadt kamen, brachten Spielsachen, Stifte und Papier mit, und als ich ein Jahr später den Kindergarten wieder besuchte, hatte sich alles zum Guten verändert.

Aber es gab noch viele andere Probleme in Igraar zu lösen. Sie hatten alle mit der Schule zu tun.

Igraar ist ein sehr armes, vergessenes Dorf. Etwa hundert Familien leben hier. Es gibt kein Rathaus, es gibt keinen Arzt, es gibt nur drei Tante-Emma-Läden, eine Moschee, eine Getreidemühle, eine Grundschule mit sechs Klassen und den Kindergarten. Die Schule und der Kindergarten sind sehr schlecht ausgestattet.

Die Schule steht aus unerfindlichen Gründen im Bachbett eines Wadis. Zwar ist das Wadi fast immer trocken, aber ein-, zweimal im Jahr führt es Wasser, das nach den seltenen Regenfällen aus den Bergen in die Ebene gespült wird.

Meistens regnet es erst, wenn die Imame und die Gläubigen das Regengebet *salat al-istisqa'* sprechen, den sechzigsten Vers aus der Sure Nummer 2, »Die Kuh«.

Und als Moses für sein Volk um Wasser bat, da sagten wir: »Schlag mit deinem Stock auf den Felsen.« Da sprudelten aus ihm zwölf Quellen heraus. So kannte jeder Stamm seine Trinkstelle. »Esset und trinkt von dem, was Allah euch gegeben hat, und richtet auf Erden kein Unheil an.«

Das Regengebet erscheint harmlos, aber wenn es wirken soll, erfordert es einen ziemlichen Aufwand. Bevor der Muadhin dazu aufruft, müssen die Gläubigen drei Tage lang fasten, den Armen Almosen geben und bescheidene Kleider aus dem Schrank holen, die beim Beten zu tragen sind, nachdem man Allah vielmals um Vergebung gebeten hat. Im Stall und auf den Feldern müssen Jungtiere von den Muttertieren getrennt werden, und es ist nicht zulässig, Ungläubige zum Gebet mitzunehmen. Gebetet wird dann drei Tage.

Danach regnet es.

Manchmal kommt sogar zu viel Wasser vom Himmel. Gerade erst mussten die Vereinten Nationen eingreifen, als in unserem Nachbarland Mauretanien die Imame und Gläubigen in einer Trockenperiode auf Wunsch des Präsidenten so inbrünstig beteten, dass beim darauf einsetzenden Regen ganze Landstriche überflutet und fünfzehntausend Menschen obdachlos wurden.

Auch in Igraar sind Regengebete nicht ohne Risiko. Die Bauern brauchen sie, die Lehrer und Schüler fürchten sie. Denn bei Starkregen wird das Wadi zu einem gefährlichen Strom und reißt fast jedes Mal einen Teil der Schule oder zumindest des Schulhofs weg.

Das ist das erste Problem.

Das zweite Problem ist die weiterführende Schule. Eine befindet sich in Aglou, die andere in Tiznit. Beide Orte sind etwa zwölf Kilometer entfernt. In Igraar haben nur drei Familien ein Auto, die meisten Leute wären froh, sich einen Esel leisten zu können. Deshalb müssen Kinder, die eine weiterführende

Schule besuchen wollen, jeden Tag zwölf Kilometer zur Schule und zwölf Kilometer zurückgehen, wenn sie nicht »Monsieur Autobus« mit seinem VW-Bully anheuern wollen, der gegen Gebühr nach Igraar fährt, um dort Leute abzuholen, falls genug Passagiere zusammenkommen.

Das dritte Problem sind die Augen. Viele Kinder in Igraar können nicht gut sehen. Deshalb begreifen sie auch nicht, was der Lehrer an die Tafel schreibt.

Eines Tages rief Asia mich an. »Ouarda«, sagte sie, »die Kinder sehen nicht gut.«

»Welche Kinder?«

»Die Kinder aus Igraar. Die Eltern haben mich gefragt, ob du helfen kannst.«

Das ist eine Frage, die Asia häufig hört, seitdem bekannt geworden ist, dass es in Deutschland einen Verein namens Tränenmond e.V. gibt, der den Ausbau des Kindergartens finanziert hat.

»Wie viele Kinder sind es denn?«, fragte ich.

»Alle«, erwiderte Asia.

»Alle?«

»Fast alle. Die Lehrer glauben, dass es stimmt. Aber keiner weiß, warum die Kinder so schlecht sehen.«

»Was wird das kosten?«, wollte ich wissen.

»Ich habe mich schon erkundigt«, sagte Asia. Etwas anderes hätte ich bei ihr auch gar nicht erwartet. »Wir haben dreißig verdächtige Kinder in der Schule und im Kindergarten. Wenn wir mit denen zum Augenarzt gehen, kostet das nicht mehr als fünftausend Dirham plus die Brillen. Die sind aber nicht sehr teuer bei uns in Marokko. Insgesamt kostet alles nicht mehr als zehntausend Dirham.«

Zehntausend Dirham sind tausend Euro. Das konnte sich Tränenmond e.V. leisten.

Zwei Tage später mietete Asia ein kleines Auto und überredete den befreundeten Besitzer eines Renault Espace aus Agadir, mit ihr nach Igraar zu fahren. Dort packten sie in mehreren Touren dreißig Kinder in die Fahrzeuge und brachten sie zum Augenarzt nach Tiznit. Er war der Einzige in der ganzen Region, ein junger Doktor, der in Frankreich studiert und seine Praxis ganz modern eingerichtet hatte.

Schon morgens um acht Uhr standen die Kinder aus Igraar vor der Tür der Praxis, ohne angemeldet zu sein. Der Augenarzt fragte nun alle erwachsenen Patienten, die schon im Wartezimmer saßen, ob sie eventuell am Nachmittag wiederkommen könnten, man sehe ja, dass nun sehr viele Kinder da seien, und die Erwachsenen zogen ab, ohne zu murren.

Den ganzen Vormittag lang untersuchte der Augenarzt die Kinder aus Igraar. Die meisten waren kurzsichtig und brauchten eine Brille. Einige hatten Allergien vom feinen Staub der Sahara oder weil das Wasser aus der Zisterne ihrer Eltern nicht mehr sauber war. Manche hatten ein Gerstenkorn.

Der Arzt träufelte Tropfen in die Augen der Kinder, rieb Salben in ihre Tränensäcke und vermaß die Sehstärke mit seinen modernen Instrumenten. Die Kinder waren sehr beeindruckt und bekamen vor lauter Aufregung so großen Hunger, dass Asia mit ihnen in ein Restaurant ging und Tajine bestellte, das traditionelle Eintopfgericht meines Landes, das in Tontöpfen geschmort und serviert wird.

Als ich einige Monate später wieder Igraar besuchte, war die Schule voll mit Brillengesichtern. Neunzehn Augenpaare schauten mich strahlend durch ihre Kassenbrillen an, und dann versammelten sich alle Schüler unter Aufsicht der Lehrer im Hof, um mir zum Dank einige Lieder im Berberdialekt zu singen. Ich kannte die Lieder nicht, aber ich hatte feuchte Augen vor Rührung.

Ich konnte die Lieder nicht kennen, denn als ich zur Schule ging, war es noch verboten, Tashl'hit zu sprechen. Unterdessen ist es in den Grundschulen der Berberdörfer sogar erlaubt, die Sprache unserer Vorfahren zu unterrichten. Selbst der Koran wurde auf Tashl'hit veröffentlicht.

Die Berber sind ein uralter Stamm aus dem Orient. Schon 950 vor Christus stellten sie die ägyptischen Pharaonen der 22. Dynastie. Später wanderten sie vom Nil aus am Mittelmeer entlang Richtung Westen bis zum Atlantik. Berberkönige beherrschten das Gebiet der heutigen Staaten Libyen, Tunesien, Algerien, Marokko und Mauretanien: den *Maghreb al arabi*. Im 5. Jahrhundert nach Christus vermischten sie sich mit den germanischen Vandalen, die mit achtzigtausend Familien in Nordafrika einfielen. Bis heute haben zahlreiche Berber blonde Haare und blaue oder grüne Augen. Erst viele Jahrhunderte später gaben sie sich den aus dem Osten nachdrängenden Arabern geschlagen, die die Kultur der Berber unterdrückten.

Heute gibt es nur noch etwa dreiundzwanzig Millionen Berber, von denen über die Hälfte in Marokko lebt. Viele meiner Brüder und Schwestern nennen sich Imazighen, »freier Mann«, und erinnern sich wieder an unsere uralte Kultur. Im Internet kursieren Berberlieder, ein Berberwörterbuch und Listen mit berühmten Berbern vom römischen Kaiser Macrinus über den berühmtesten Historiker des Mittelalters Ibn Khaldoun bis zum Ausnahmefußballer Zinedine Zidane, dessen Eltern Berber aus Algerien sind.

Es ist sehr angenehm, mit den Menschen in Igraar zu arbeiten. Sie sind gleichzeitig stolz und bescheiden und sehr engagiert, wenn es darum geht, gemeinsam etwas für ihre Gemeinde zu tun. Ich habe mich entschlossen, den Menschen in Igraar dabei zu helfen, ihren Kindern eine bessere Ausbildung zu geben. Tränenmond e.V. ist zu klein, um etwas gegen die Armut zu tun oder jedem Haus fließendes Wasser zu geben. Aber wir können mithilfe der Leute in Igraar daran arbeiten, die Chancen ihrer Kinder zu verbessern. Es sind einfache Menschen in diesem Dorf, aber sie wünschen ihren Kindern, dass sie studieren können, ins Ausland gehen und mit guten Erfahrungen, Geld und Wissen in ihre Heimat zurückkehren.

Ich bin bereit, das zu unterstützen.

Der Rückflug nach Deutschland im Jahr 2004 unterschied sich von allen anderen Flügen, die ich vorher unternommen hatte. Die Maschine hob wie immer in Richtung Norden vom Flughafen Al Massira ab, überflog die Randbezirke Agadirs und den Friedhof unterhalb der Kasbah, auf dem meine Mutter beerdigt ist. Von oben sah er aus wie ein ausgedörrtes Feld.

Dann kam der Steilhang in Sicht, auf dem sich die Ruinen der einst mächtigen Burg festklammern, und die Lichter des Schriftzuges funkelten zu mir herauf, der in überdimensionalen, beleuchteten Buchstaben auf den Fels geschrieben war: »*Allah, Al Watan, Al Mallik*« – »Gott, das Land, der König«.

Links vom Flugzeug sah ich die gewaltige, ruhige Dünung des Atlantiks, die sich an der felsigen Küste zwischen Agadir und dem schönen Fischerstädtchen Essaouira brach.

Hinter mir verschwand meine alte Heimat in der Dunkelheit. Ich lehnte mich zurück. Und zum ersten Mal fühlte ich tief in meinem Herzen eine große Zufriedenheit. Ich hatte mich mit Marokko versöhnt. Ich konnte mein Land, das schönste Land der Welt, wieder lieben. Und gleichzeitig konnte ich mich auf meine neue Heimat in Deutschland freuen. Ich war bereit, in beiden Welten zu leben. Und ich hegte keinen Groll mehr. Gegen nichts und niemanden. Endlich war ich befreit von meiner Vergangenheit.

Ich weinte und lächelte zur gleichen Zeit und legte meinen Kopf auf die Schulter von Michael, der neben mir saß. In der Reihe vor uns hörte ich die Kinder vergnügt miteinander reden. Ich war glücklich.

Die Ankunft in München war dagegen wie immer. Die Schönheit dieser Stadt berührte mich jedes Mal, wenn ich nach längerer Abwesenheit wieder zurückkam. Aber einiges würde sich in naher Zukunft ändern. Ich würde meine Ausbildung beenden. Ich würde beginnen zu arbeiten. Und ich wollte noch ein Kind. Man kann nicht sagen, dass Michael und ich zu wenig für die Sicherung unserer Renten getan hätten, wir hatten zusammen vier Kinder, aber ich wünschte mir ein gemeinsames Kind. Und ich hatte den Eindruck, mein Mann war einverstanden.

Die Operation Stellensuche erwies sich als leichte Aufgabe. Ich wollte wegen Samuel eigentlich nur drei Tage in der Woche arbeiten und radelte an einem der schönsten Kindergärten Münchens vorbei. Er befindet sich direkt hinter den Gebäuden der Universität in einer eher fragwürdigen Nachkriegsbaracke in einem kleinen Park. Als ich vor dem Tor des Kindergartens stoppte, hatte ich das Gefühl, von einer Welle guter, positiver Stimmung getroffen zu werden. Die Kinder tobten fröhlich im Freien herum oder kletterten zu dem Baumhaus hinauf, das neben der Baracke stand, und die Erzieherinnen schienen sich blendend zu verstehen. Ich hätte mich nicht gewundert, wenn plötzlich Pippi Langstrumpf aus der Tür gekommen wäre oder einer der Wilden Kerle. Irgendwie kam es mir hier so vor wie in einem Kinderbuch.

Kurz entschlossen sprach ich eine Frau mit halblangen roten Haaren an, die eine Respektsperson in diesem Kindergarten zu sein schien.

»Entschuldigung, brauchen Sie vielleicht demnächst eine Kinderpflegerin?«

Die Frau schaute mich an und lachte: »Ja, woher weißt du das?«

Ich wusste gar nichts, ich hatte ja nur mal so gefragt. Ich wusste noch nicht mal, dass man sich in Elterninitiativen, wie dies eine war, grundsätzlich duzt.

»Komm mal heute Nachmittag um vier Uhr vorbei, da haben wir eine kleine Bewerbungsrunde.«

Die Bewerbungsrunde bestand aus der Frau mit den roten Haaren, die sich als stellvertretende Leiterin des Kindergartens herausstellte, und aus ihrer Chefin, einer schmalen Frau mit lustigen Augen und einem liebenswerten Münchner Dialekt. Neben mir waren noch fünf, sechs andere Bewerberinnen gekommen, darunter eine Tierpflegerin, die vom Arbeitsamt aus Versehen in den Kindergarten geschickt worden war. Anscheinend machte man sich bei der Behörde keine besonders tiefschürfenden Gedanken über den Unterschied von Kindererziehung und Tierpflege.

Es stellte sich schnell heraus, dass ich die Favoritin der beiden Leiterinnen war, und so war ich kurz darauf fest angestellt, und zwar Vollzeit. Das ging nur, weil mein Mann als selbstständiger Autor ziemlich frei über seine Zeit verfügen konnte und bereit war, sich um unsere Kinder zu kümmern, während ich mich um die Kinder der anderen kümmerte.

Der Job machte mir Spaß, die Kinder mochten mich, die Eltern und die Kollegen mochten mich, und ich mochte sie. Die Arbeit war sehr befriedigend, weil sich die Kinder in der freien und doch geborgenen Atmosphäre dieses besonderen Kindergartens so positiv entwickelten.

Einmal gab es große Aufregung um einen Kollegen, für dessen Bewerbung ich mich stark eingesetzt hatte, was später dazu führte, dass ich heftig an meiner Menschenkenntnis zweifelte, aber auch am Verantwortungsbewusstsein der Behörden.

Der Mann war schon etwas älter, hatte eine dunkle Haut und ein herzliches Lachen. Er war sehr musikalisch und sang in einem Gospelchor. Er berührte mich im Herzen. Aus meiner Sicht sprach alles für ihn. Und zunächst schien es so, als wäre meine Einschätzung richtig gewesen.

Aber dann passierte etwas Schreckliches. Der neue Kollege war bereits ein halbes Jahr in unserem Kindergarten, als ein junger Mann das Gebäude betrat und nach der Leitung fragte.

»Entschuldigung«, sagte er, »ich habe einen dunkelhäutigen Mann hier hineingehen sehen. Arbeitet dieser Mann hier?«

»Ja, er ist einer unserer Erzieher.«

»Das habe ich befürchtet«, sagte der junge Mann.

»Dieser Mann war der Lebensgefährte meiner Mutter. Er hat mich mehrfach missbraucht und war dafür viele Jahre im Gefängnis. Das wollte ich Ihnen mitteilen.«

Wir waren schockiert. Es stellte sich heraus, dass die Angaben des jungen Mannes richtig waren. Angeblich hatte das Arbeitsamt nichts von der Vergangenheit des Kollegen gewusst, als es ihn in unseren Kindergarten vermittelt hatte. Wer in Deutschland eine Strafe verbüßt hat, so hieß es, darf für seine Tat nicht mehr benachteiligt werden, auch nicht in seiner Berufswahl.

Ich finde das vollkommen verrückt. Das deutsche Arbeitsamt vermittelt einen Mann, der Kinder missbraucht, als Erzieher in einen Kindergarten! Da stimmt doch etwas nicht, wenn der Täter besser geschützt wird als die potenziellen Opfer. Wir hatten von der Gefahr durch diesen Mann nur erfahren, weil ihn ein früheres Opfer gesehen und bis zum Kindergarten verfolgt hatte.

Mir wird jetzt noch ganz schwindlig, wenn ich daran denke, was unseren Kindern hätte passieren können. Und ich frage mich noch immer, wie es geschehen konnte, dass ich nichts gespürt habe. Ist es so, dass Kinderschänder nicht erkannt werden können? Ist es tatsächlich so, dass selbst Mütter mit ihrem sensiblen Gespür für Risiken, die ihre Kinder betreffen, so etwas nicht merken? Wenn ja, dann ist das kein besonders beruhigender Gedanke.

Der Kindergarten konnte den Mann nur loswerden, weil er noch in der Probezeit war. Intensive psychologische Gespräche mit den betroffenen Kindern ergaben, dass wohl noch nichts Verwerfliches passiert war. Aber von diesem Zeitpunkt an bestand ein Misstrauen, das vorher noch nicht da gewesen war.

Nach zwei Jahren im Kindergarten kündigte ich, nicht weil mir die Arbeit nicht mehr gefallen hätte, sondern weil ich noch einmal schwanger werden wollte.

Unterdessen ist mein jüngster Sohn zur Welt gekommen. Es war eine Hausgeburt, so wie ich vor Jahren es war.

Mitten im Verlauf der Geburt geschah etwas Seltsames, sehr Beunruhigendes. Ich verlor plötzlich jede Kraft, meine Wehen ließen nach, der Muttermund öffnete sich nicht weiter, ich war apathisch und kaum ansprechbar. Es war, als versuchten die bösen Geister Marokkos noch einmal, Besitz von mir zu ergreifen. Eigentlich konnten die mächtigen jenseitigen Wesen, die Dschinnen, das Meer nicht überqueren, aber vielleicht hatte doch einer von ihnen die Möglichkeit gefunden, mir zu folgen, um mich daran zu erinnern, wo ich herkam.

»Was ist los mit dir?«, fragte die Hebamme.

»Ich weiß es nicht.«

»Doch, du weißt es. Was hier passiert, das kennst du.«

Ich konnte nicht antworten. Aber ich wusste, dass die Hebamme recht hatte. Ich war zurückgefallen in die Welt meiner Kindheit. Ich hatte den Kontakt zur Außenwelt eingestellt, weil der Schmerz der Wehen zu groß war, um ihn zu ertragen, so wie ich damals als kleines Mädchen in Marokko apathisch wurde, wenn ich das Gefühl hatte, nicht mehr aushalten zu können, was mir geschah. Ich hatte eine Technik entwickelt, mich aus der diesseitigen Welt in eine jenseitige zurückzuziehen, wenn es zu schmerzhaft wurde. Ich befand mich in einem Zustand, der dem Tod näher war als dem Leben.

Ich spürte die dunkle Last der Vergangenheit auf mir und war unfähig, Leben zu schenken, solange der Hauch des Todes um mich war. Ich sah die brennende Leiche meiner Mutter auf dem Dach unseres Hauses. Ich sah die Klinge des *jenoui* in der Hand meines Vaters. Ich sah das hassverzerrte Gesicht meiner Tante, wenn sie mit ihren spitzen Nägeln die Innenseite meiner Oberschenkel zerriss. Ich sah das Blut auf meiner Haut, und ich spürte den Hunger in meinem Innern.

Aber dann hörte ich die Stimme der Hebamme. »Ouarda, denk an all die starken Frauen in deinem Leben, die dir Kraft gegeben haben, wenn du nicht mehr konntest.«

Und plötzlich löste sich die Fratze des Dschinns auf, und ich erkannte meine Schwestern, ich erkannte Beate von Stebut, die mich auf meinem Weg in Deutschland stets liebevoll begleitet hatte. Ich spürte Maria de Lourdes, die meine Hand hielt.

Und ich sah meine Freundin Bethel, die bescheiden und zuverlässig wie immer in der Nähe war. Mit Bethel Fath, die eine einfühlsame Fotografin ist, hatte ich mehrere Reisen nach Marokko unternommen, wo sie die Arbeit von Tränenmond e.V. dokumentierte. Bethel hat die Fähigkeit, im entscheidenden Moment da zu sein, ohne jemals aufdringlich zu werden – eine seltene Gabe.

Dann kehrte meine Kraft zurück. Zwei Stunden später erblickte mein kleiner Sohn das Licht der Welt. Ich nenne ihn Yiliyen – nach einem der mächtigen ägyptischen Berberkönige aus der Zeit vor Christi Geburt; und ich gebe ihm den Namen Sharif – weil er wie seine Großmutter, wie meine Mutter und wie ich in direkter Linie vom Propheten abstammt.

Weil mein Nacken und meine Schultern verspannt waren, besuchte mich vor einiger Zeit eine brasilianische Bekannte, die gleichzeitig eine sehr gute Masseurin ist. Ich lag auf dem Bett, in dem unser Kind geboren worden war. Yiliyen lag neben mir. Eine Kerze brannte, das Licht war gedämpft, entspannende Musik füllte den Raum, auf einem Stückchen Holzkohle glimmte ein wenig marokkanischer Weihrauch.

Die Brasilianerin begann mit ihrer Behandlung im Lendenwirbelbereich. Langsam wanderten ihre Hände den Rücken aufwärts. Als sie meinen Nacken erreichte, veränderte sich etwas. Ich hatte das Gefühl, ihre Finger glühten. Die Hitzestrahlung drang tief in meinen Körper ein. Es war gleichzeitig faszinierend und beunruhigend.

Plötzlich beendete sie die Massage, sprang auf und sagte: »Du musst dich mit deinem Bruder versöhnen.«

Dann packte sie ihre Sachen zusammen und wollte gehen. Ihre Hände zitterten.

»Moment«, sagte ich, »mein Bruder? Was weißt du von meinem Bruder?«

»Ich weiß gar nichts«, sagte sie, »aber ich sehe etwas. Ich sehe einen Mann, der dein Bruder ist und dich verflucht. Und ich sehe einen Mann, der dein Vater ist und den du nicht loslassen kannst. Und ich sehe dich und die dunklen Schatten, die auf deiner Seele liegen. Ich will damit nichts zu tun haben. Aber ich rate dir, versöhne dich mit deinem Bruder. Und löse dich von deinem Vater.«

Damit ließ sie mich zurück. Ich hörte die Wohnungstür ins Schloss fallen und war allein mit mir, mit meinem neugeborenen Sohn und mit einem rasenden Schmerz im Nacken.

Ich fragte mich, woher die Brasilianerin von meiner Vergangenheit wusste. Ich hatte ihr nichts erzählt, sie kannte meine Lebensgeschichte nicht. Sie musste etwas gespürt haben, was ich längst verdrängt hatte.

Von diesem Moment an ließ mich das Thema nicht mehr los, das ich bisher immer verdrängt hatte, weil es zu groß und schmerzhaft war. Ich ahnte, dass ich mich den Tatsachen stellen musste.

Die Tatsachen waren gleichzeitig sehr klar und sehr verworren: Ich hatte meine Familie verloren, weil wir uns auseinanderentwickelt hatten. Ich war nach Europa gegangen und frei geworden in meinen Gedanken. Meine Geschwister dagegen wurden immer religiöser und intoleranter.

Mein Bruder Jaber, als einziger Sohn nach islamischer Tradition das Oberhaupt der Familie, hatte mich verstoßen und verflucht. Lange konnte ich nicht darüber reden, aber jetzt klangen mir seine verbitterten Worte in den Ohren.

»Du bist nicht mehr meine Schwester. Du hast die Familie verraten, als du ein Buch über uns geschrieben hast. Und du hast Allah verraten, als du dich für deinen Mann entschieden hast. Er ist ein Ungläubiger, und du bist eine Abtrünnige, eine Verstoßene.«

Zunächst hatte ich das nicht allzu ernst genommen, insbesondere weil meine kleinen Schwestern Asia und Ouafa liebevoll zu mir standen. Aber meine große Schwester Rabiaa wurde mir immer fremder, so wie ich ihr immer fremder wurde. Sie schickte mir regelmäßig per E-Mail Informationen über den Islam, und ich spürte, in welchen Konflikt Rabiaa geraten war, weil ich »den richtigen Weg« verlassen hatte.

Rabiaa betete für mich, wie meine Schwester Jamila in Paris für mich betet.

Jamila erzählte mir bei einem Besuch in Paris: »Stell dir vor, was meiner Freundin passiert ist.«

»Was denn?«, fragte ich.

»Sie wird ihren Mann verlassen, nach zwölf Jahren Ehe.«

»Wieso?«, fragte ich.

»Weil er ein Ungläubiger ist, ein Christ.«

»Deshalb verlässt sie ihn?«

»Ja, es ging einfach nicht mehr. Meine Freundin fühlte, dass etwas nicht stimmt. Sie befragte im Internet religiöse Experten. Und alle sagten ihr: Stell diesem Mann ein Ultimatum!«

»Ich kann mir denken, was für ein Ultimatum das war«, sagte ich. »Konvertiere, oder ich verlasse dich.«

Ein bitterer Geschmack lag auf meiner Zunge. Jamila erzählte mir diese Geschichte nicht zufällig. Es war eine Parabel für mein Leben. Sie wagte es nicht, mir direkt ins Gesicht zu sagen, dass ich meinen Mann bekehren oder verlassen müsse, wenn ich vor Gott nicht in Ungnade fallen wolle. Deshalb nahm sie den Umweg über diese Freundin.

»Stimmt«, sagte sie. »Sie hat ihm das Ultimatum gestellt.«

»Aber die haben doch Kinder! Glaubst du, Allah möchte, dass eine Familie zerstört wird, nur weil einer statt Allah Gott zu seinem Gott sagt?«

Jamila war ernsthaft empört: »Aber das ist doch nicht das Gleiche. Allah ist der einzig wahre Gott. Versündige dich nicht!«

Ich spürte, dass eine Verständigung kaum mehr möglich war. Ich dachte an meinen Mann, der sich offen und interessiert mit dem Islam beschäftigte. Ich dachte an den Kapuzinermönch Pater Siegfried aus der großen alten Kirche in unserer Nachbarschaft in München, bei dem meine Stiefkinder getauft und zur ersten heiligen Kommunion gegangen waren und der mich mit offenen Armen empfangen hatte.

Mir kam die Engstirnigkeit meiner nächsten Verwandten plötzlich arm und gefährlich vor. Was ist das für ein Gott, der Familien zerstört, um seine Gesetze durchzusetzen? Was ist das für ein Gott, auf den sich Terroristen berufen und Selbstmordattentäter? Was ist das für eine Religion, die Menschen zu Intoleranz und Gewalt verleitet?

Ich liebe meine Religion, und der Koran bedeutet viel für mich. Aber ich werde wütend, wenn ich höre und sehe, wie bösartig und gehässig Andersdenkende verurteilt werden. Ich lebe inzwischen in einer Welt, in der Muslime, Juden, Christen und Personen zu meinem Freundeskreis gehören, von denen ich noch nicht einmal weiß, ob sie überhaupt glauben. Ich habe Freunde, die homosexuell sind. Ich rede mit katholischen Priestern ebenso gern wie mit muslimischen Geistlichen. Und ich möchte nicht, dass ein Teil meiner Freunde und meiner Familie nicht meine Freunde und meine Familie sein dürfen, weil sie etwas anderes glauben.

Am schlimmsten finde ich, dass ich mit meinen Geschwistern nicht darüber reden kann, ohne sie zu schockieren und in große Gewissensbisse zu stürzen. Wüssten sie, wie offen und unkompliziert ich hier in Deutschland mit Andersdenkenden verkehre, würde das Verzweiflung und Angst bei ihnen auslösen. Sie halten mich jetzt schon für eine verlorene Seele. Ich habe Angst, dass sie alle Hoffnung fahren lassen, wenn sie wüssten, wie frei ich hier leben kann.

Bisher wagte ich kaum, das Thema Intoleranz im Islam anzusprechen, zumindest nicht im Kreis von Muslimen, weil viele von ihnen tatsächlich so intolerant sind, dass für sie dieses Thema gar nicht existiert.

Aber seit dem seltsamen Erlebnis bei der Massage verdrängt Wut meine Angst. Ich habe keine Lust mehr, mich ständig unter Druck setzen zu lassen. Ich bin nicht unzufrieden, ich bin nicht unglücklich. Ich warte nicht darauf, dass mein Mann endlich konvertiert, ich will noch nicht mal, dass er es für mich tut. Ich will nicht mehr hören, dass Christen, Juden, alle, die das islamische Glaubensbekenntnis nicht abgelegt haben, unrein sind. Und ich glaube wohl, dass Allah mich liebt, auch wenn ich einen Nichtmuslim geheiratet habe.

Als Jamila uns in München besuchte, hatte sie ernsthafte Probleme, weil in unserer Wohnung einige Buddha-Figuren stehen, die Michael von seinen Reisen mitgebracht hatte. Schließlich deckte sie die kleinen Statuen mit Küchentüchern ab, um Allah wohlgefällig zu sein. Mit dem wunderschönen Koranband, den ich aus Marokko mitgebracht hatte, lief sie lange durch die Wohnung, bis sie schließlich einen Platz entdeckte, an dem das heilige Buch hervorgehoben vor allen anderen Büchern war. Die Bibel, die wir selbstverständlich auch haben, hat sie glücklicherweise gar nicht entdeckt. Das hätte sie in weitere Konflikte gebracht.

Dieses Verhalten ist doch nicht souverän und frei! Es ist eng und beschränkt!

Ich glaube, dass die Welt schöner und besser wäre ohne religiösen Fanatismus. Ich glaube, dass viele der schrecklichen Schicksalsschläge in meinem Leben mit Intoleranz, Angst und Engstirnigkeit zu tun haben.

Ich habe beschlossen, meine schmerzhafte Vergangenheit zurückzulassen. Ich habe mich entschieden, zu meinem neuen Leben zu stehen, egal, was der Islam davon hält oder mein Bruder oder meine Verwandten in Marokko. Ich bin stark genug dafür. Die Nackenschmerzen sind vorbei. Die Zukunft kann beginnen.

Die Spur der Tränen führt von Marokko nach
Deutschland und zurück. Ich habe in diesem Buch
versucht, diese Spur nachzuzeichnen. Mein Bericht
speist sich aus meinen Erinnerungen und Aufzeichnungen. Wo immer ich konnte, habe ich versucht,
Daten und Ereignisse in Gesprächen und Dokumen-
ten zu überprüfen, dennoch ist dies eine subjektive
Darstellung. Für Fehleinschätzungen oder verzerrte
Erinnerungen trage ich allein die Verantwortung.

Die Spur der Tränen unterscheidet sich von meinem ersten Buch *Tränenmond* in einem bedeutsamen
Ausmaß. *Tränenmond* ist ein ganz und gar emotionales Buch. Es entspringt direkt aus dem Herzen des
Kindes, das ich damals war, und aus den Schmerzen,
die ich überleben musste. *Die Spur der Tränen* ist dagegen ein erwachsenes Buch. Es beschreibt meinen
Weg in der Erwachsenenwelt. Ich würde nicht sagen,
dass es kein emotionales Buch ist, aber ich habe versucht, viele Dinge zu reflektieren und einzuordnen.

Eine ganze Reihe von Namen in diesem Buch ist
verändert. Das hat unterschiedliche Gründe. Ich habe
die Namen einiger Menschen in Marokko umgewan-

delt, weil ich nicht möchte, dass diese Personen heute so gesehen werden, wie sie damals waren. Vielleicht haben sie sich ja zum Besseren verändert. Die Klarnamen der Kinder und Frauen aus dem Frauenhaus in Agadir habe ich zum Schutz dieser Personen selbstverständlich ebenso durch Pseudonyme ersetzt wie die Namen der Frauen im Frauenhaus München.

Wie immer haben viele Personen dazu beigetragen, dieses Buch möglich zu machen. Einige möchte ich besonders erwähnen. An erster Stelle steht meine außergewöhnliche und kluge Schwester Asia in Agadir, die ich bestimmt hundertmal angerufen habe, wenn nicht noch öfter, um Dinge zu klären oder sie mit Recherche-Aufgaben zu belästigen. Auch Madame Mahjouba Edbouche hatte neben ihrer ohnehin nerven- und zeitraubenden Arbeit als Leiterin von Oum el Banine auch noch meine Besuche, Faxe, Mails und Anrufe zu bewältigen. Sie hat das mit großer Geduld über sich ergehen lassen. Eine große Hilfe in Deutschland war mir Beate von Stebut, ohne die ich nicht diejenige wäre, die ich nun bin. Und selbstverständlich hat mein Mann Michael Kneissler wieder dazu beigetragen, dieses Buch in eine vernünftige deutsche Form zu bringen. Von unseren Kindern möchte ich gar nicht reden, die auf viele Stunden mit mir verzichten mussten, weil ich »wieder dieses Buch« schrieb, wie es gelegentlich mit leicht anklagendem Unterton hieß.

Wenn Sie den Projekten helfen wollen, die in diesem Buch erwähnt sind, freuen wir uns, wenn Sie auf *www.traenenmond.de* Informationen einholen und mit einer Spende dazu beitragen, dass sich die Lage in Marokko noch mehr verbessert. Schon eine kleine Spende nach deutschen Maßstäben kann in Afrika viel bewirken.

abd	Diener
Abeino	Thermalbad bei → Guelmim
Aglou	Ort an der Atlantikküste
Al Baqara	»Die Kuh«, 2. Koransure
al-fajr	Morgengebet
Al Falakh	»Das Frühlicht«, Schutzsure 113 aus dem Koran
Al hamdu li-ilahi	»Lobpreis sei Allah«
Al Hasar	»Die Versammlung«, 59. Koransure
Allah, Al Watan, Al Mallik	»Gott, das Land, der König«; Motto Marokkos
Allah'u akbar	»Allah ist groß«
Allah yeh'fad	»Gott bewahre!«
Al Massira	»Der Marsch«; Name des Flughafens von Agadir
Al Mujadala	»Der Streit«, 58. Koransure
Al Rum	»Die Römer«, 30. Koransure
Al Safat	»Die sich reihen«, 37. Koransure
Al Tariq	»Der Nachtstern«, 86. Koransure

Amazigh	wörtlich: »freie Männer«; Berberstamm der → Sous-Region; Plural von Imazighen
Amir Al Mu'minin	»Prinz der Gläubigen«; Titel des marokkanischen Königs als religiöses Oberhaupt
Amlou	Brotaufstrich aus Argan-Öl, Nüssen und Honig
An-Nahl	»Die Bienen«, 16. Koransure
Argan	Frucht des Eisenholzbaumes (Arganie), aus der ein wertvolles Öl gewonnen wird. Der Eisenholzbaum wächst seit achtzig Millionen Jahren ausschließlich im Süden Marokkos.
Aschadu-alla ilaha illa-llahu	»Ich bezeuge, dass es keinen Gott gibt außer Gott.«
Asif Tamrhakht	Paradies-Tal, führt nach → Imouzzèr
Asuawit	Nomadenstamm in Mauretanien
ay-aouin rabij	»Möge Gott dir helfen« (berberisch)
Ayat Al Kursi	Thronvers aus der 2. Koransure
bislama	Abschiedsgruß
bubi	Hund
darbo-shi-faal	wörtlich: »Wollt ihr euer Schicksal sehen?« Bezeichnung für Wahrsager und Engelmacherinnen
Darija	Dialekt in Marokko
dhu l'hiddscha	zwölfter Monat im islamischen Kalender

Dirham	marokkanische Währung; zehn Dirham entsprechen einem Euro
Djamaa el-Fna	Hauptplatz in Marrakesch
dschellaba	Kleidungsstück mit Kapuze für Frauen und Männer
Dschinn	Geist, kann gut oder böse sein
E-Dirh	Dorf am Rand des Antiatlas, Geburtsort von Ouarda Saillo
el R'ryba	marokkanisches Gebäck
fakhir	»arm«; Bezeichnung für Zauber-mächtige
Fask	Ort am Rande der Sahara
gafla	Kamel-Karawane
Guelmim	Stadt am Rande der Sahara mit großem Kamelmarkt
Hadith	Überlieferung Mohammeds, die nicht im Koran steht
Hadsch	große Pilgerfahrt nach Mekka
Hadschi	Pilgerreisender, Ehrentitel für Männer, die nach Mekka gereist sind
Haha-Gebiet	Region bei Agadir
Hamam	Dampfbad
haram	Sünde
Hassania	Sprache der →Asuawit
Igraar	Dorf am Rand des Antiatlas, Nachbarort von → E-Dirh
Imam	Vorbeter in der → Moschee
Imazighen	»freier Mann«; Singular von → Amazigh

Imouzzèr	Bergstadt bei Agadir
Inshallah	»Wenn Gott will«
jeddah	Oma
Jemâa-n-Tirhirte	Dorf in Südmarokko
jenoui	marokkanisch für scharfes Messer, Machete
Kaab el Ghazal	»Gazellenhörnchen«, Mandelgebäck
Kaaba	zentrales Heiligtum der Muslime, Kubus im Innenhof der großen Moschee von Mekka
Kasbah	Burg, Festung
k'chef	Namenregister
Khali	Onkel mütterlicherseits
Khalti	Tante
la	»nein«
Lala	höfliche Anrede für fremde Frauen: »meine Herrin«
l'musiba l'khla	die dunkle Katastrophe
l'qurein	Kalbshaxe
Maghreb al arabi	die westlichen Länder der arabischen Welt (Maghreb): von Libyen bis Mauretanien
Marrakschi	Mann aus Marrakesch
Marrakschia	Frau aus Marrakesch
Massa	Ort im → Sous-Gebiet
Moschee	islamische Kultstätte
Muadhin	Ausrufer auf der → Moschee, kündigt Gebetszeiten an und spricht Gebete vor
Muslim, Muslima	Anhänger, Anhängerin des Islam

Oum el Banine	»Mutter der Kinder« – Hilfsorganisation in Agadir
petite bonne	Dienstmädchen, Sklavin
Rifyin	Berber aus dem Rif-Gebirge im Norden Marokkos, im Gegensatz zu den → Sousyin im Süden
safarians	Marokkaner, die im Ausland leben
Saharaoui	Mann, der aus der Wüste Sahara stammt
salam aleikum	»Friede sei mit euch«; Grußformel
salat	Gebet
salat al-istisqa'	Regengebet (2. Koransure, Vers 60)
Sayed	Herr
shahada	islamisches Glaubensbekenntnis: *Aschadu-anna la ilaha illa-llahu wa aschadu-anna Muhammadan rasulu llahi* = »Ich bezeuge, dass es keinen Gott gibt außer Allah. Ich bezeuge, dass Mohammed der Gesandte Allahs ist.« Wer diesen Satz laut vor Zeugen spricht, ist Muslim.
shawwal	zehnter Monat im islamischen Kalender
sherif, sherifa	Heiliger, Heilige in angeblich direkter Abstammung von Religionsgründer Mohammed
Shliha	kleine Berberin
shokran	»danke«
s'hour	marokkanischer Wodu

Si, Sidi	Herr
silat ar-rahim	islamische Pflicht, eine gute Beziehung zur Familie zu bewahren
Souk	Marktplatz
Sous	Region bei Agadir, benannt nach dem Sous-Fluss
Sousyin	Berber aus der → Sous-Region im Süden Marokkos im Gegensatz zu den → Rifyin im Norden
sunna	Sammlung von → *Hadithen*
tahara	rituelle Reinheit
Tajine	Eintopfgericht, das in einem Tongefäß auf Holzkohle zubereitet wird
talba	Gruppe gläubiger Männer, die den Koran vortragen
talib	Koranlehrer
Tan-Tan	Stadt im Süden Marokkos
Tashl'hit	Berberdialekt, Sprache der → Amazigh
Tasuk'hit	schwarzhäutige Frau (Berbersprache)
Tath'boust	dicke Frau, dicke Plunze (Berbersprache)
u'Allah	»im Namen Allahs«
umrah	kleine Pilgerfahrt nach Mekka
Wadi	Trockental
ya'rabbi	Ausruf: »O Gott, erhöre mich!«
Yiliyen	Berberkönig (etwa 100 v. Chr.)

Stammbaum der Familie Saillo

Fatima ⚭ Mohammed Saillo
† 1960   † 2002

Mohammed el Fakhir ⚭ Rahma
† 1974   † 1997

Zaina ⚭ Hassan Saillo
*1939   *1938

Houssein Saillo ⚭ Safia el Fakhir
1939-2001   1950-1979

Mustafa	*1966
Ali	*1967
Fatima	*1969
Habiba	*1970
Aziz	*1972
Mohammed	*1976
Rachid	*1977
Hafida	*1980
Houssin	*1985

Mouna-Rachida ♥	*1966
Rabiaa	*1968
Jamila	*1970
Jaber	*1972
Ouarda	*1974
Ouafa	*1975
Asia	*1977

†	gestorben
*	geboren
⚭	verheiratet
♥	adoptiert

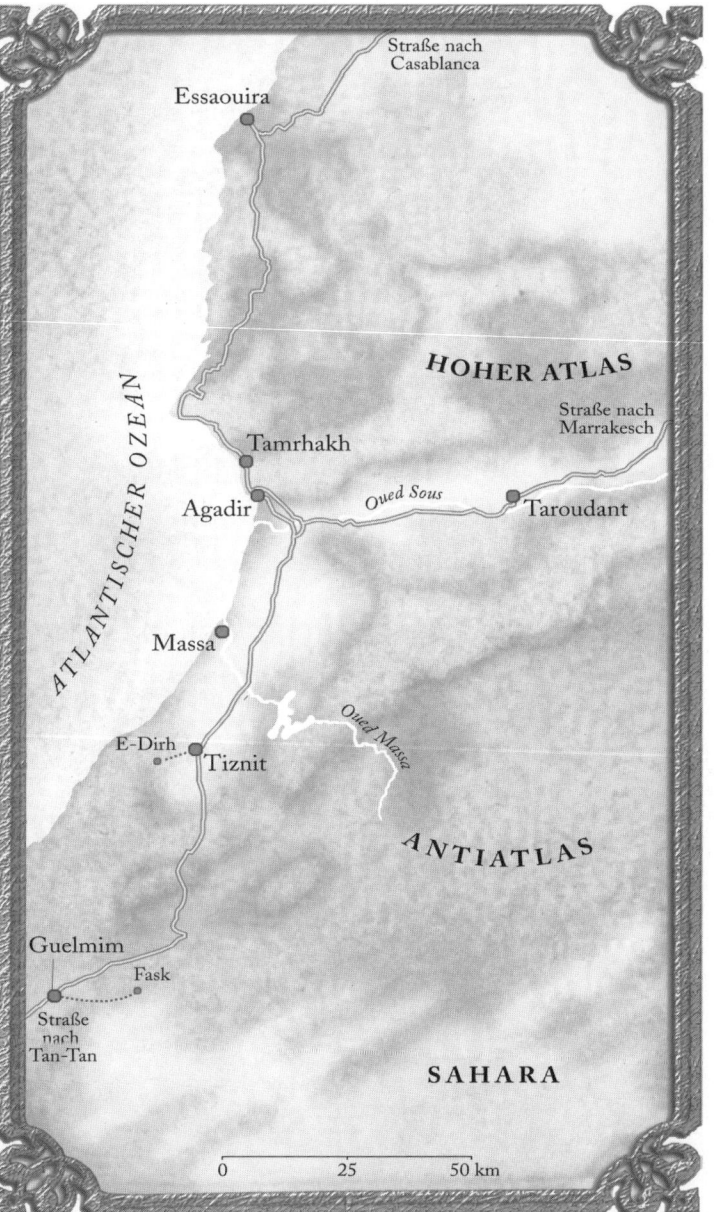